Олег Радзинский

# СЛУЧАЙНЫЕ ЖИЗНИ

2026

**Радзинский, О.**

Случайные жизни. / Олег Радзинский. – BAbook, 2026. – 320 с.: ил.

ISBN 978-1-969573-53-8

Отпечатано в Германии

*Каждый живет свою жизнь. Некоторым выпадает прожить несколько жизней – как автору книги Олегу Радзинскому. Советское привилегированное детство в писательской семье со знаменитой фамилией и антисоветская мятежная юность, тюрьма и ссылка, учительство в московской школе и путешествия по джунглям Южной Америки, лесоповал в Сибири и карьера банкира на Уолл-стрит – такого хватило бы на многих. Олег Радзинский прожил эти жизни один, и теперь читатели могут прожить их вместе с ним.*

*Маме и двум папам*

*«Но кажется, что это лишь игра
С той стороны зеркального стекла...»*

Борис Гребенщиков

# Содержание

## ЖИЗНЬ ПЕРВАЯ: СОВЕТСКИЙ РЕПИС.
### 1958–1973

Детство реписа ...................................................... 9

Бабушка Лия и мандарины ................................... 14

Жизнь не удалась .................................................. 18

Конфликт города и деревни .................................. 19

## ЖИЗНЬ ВТОРАЯ: СОВЕТСКИЙ МАЖОР.
### 1973–1978

Невероятная легкость бытия ................................. 27

Советские мажоры ................................................ 29

Конец невероятной легкости бытия ...................... 32

## ЖИЗНЬ ТРЕТЬЯ: АНТИСОВЕТСКИЙ АГИТАТОР.
### 1979–1982

Диссидентство как самоутверждение...................... 37

Мы наш, мы новый мир построим ......................... 41

Пацифист Радзинский ........................................... 45

Дед-кадет ............................................................. 56

Подследственный Радзинский .............................. 59

Жизнь диссидента, рассказанная им самим ........... 63

Любовь нечаянно нагрянет… ................................ 69

Но от осени не спрятаться, не скрыться… ............. 72

## ЖИЗНЬ ЧЕТВЕРТАЯ: ПОСТОЯЛЕЦ «НАЦИОНАЛЯ».
### 1982–1983

Все ночи, полные огня… ....................................... 76

Камера № 117 ....................................................... 79

Сижу за решеткой в темнице сырой… ................... 85

Вопросы и ответы ................................................. 91

Новая власть ........................................................ 95

Палата № 4 ........................................................... 99

Шпионы ...............................................................104

Большая «хата».......................................................................108

Глоцер-2..................................................................................114

Операция «Полотенце»........................................................116

Письма из счастливого прошлого......................................123

Следствие установило….......................................................127

А судьи кто?...........................................................................131

Судный день .........................................................................134

Признан виновным...............................................................138

Опять по пятницам пойдут свидания… ..........................139

## ЖИЗНЬ ПЯТАЯ: ОСОБО ОПАСНЫЙ.
### 1983

Спецэтапом идет эшелон из столицы в таежные дали… ......143

Погрузка..................................................................................147

«Столыпин» ...........................................................................150

Коля Фрунзенский и прочие страдальцы.........................156

Монстр Ризванов ..................................................................160

Свердловка.............................................................................164

32-й пост .................................................................................170

Бунт .........................................................................................175

Дорога дальняя .....................................................................185

Тобольск..................................................................................191

Академгородок.......................................................................195

Последний причал ................................................................197

Голодовка................................................................................202

Подстрекатель .......................................................................205

## ЖИЗНЬ ШЕСТАЯ: ССЫЛЬНЫЙ.
### 1983–1987

Большой Кордон.....................................................................213

Эсэсовец Кальтенбруннер и бандеровец Пасюк...............216

Декабристка............................................................................219

Дочка.......................................................................................222

Женихи и невесты .................................................................226

Записки неохотника ..............................................................235

Полинезиец Матвей ..............................................................238

Смена сезонов и перемена мест .........................................240

Срубили нашу елочку ............................................243
    *Из других жизней*...........................................*244*
Соборность ........................................................247
Болезнь .............................................................251
    *Из других жизней*...........................................*255*
Какое время на дворе ........................................258
Киржач ..............................................................259
Руссо (но не Жан-Жак)......................................262
    *Из других жизней*...........................................*264*
Лихорадка .........................................................268
Война и мир .......................................................270
Сюжетный поворот ...........................................273
Отъезд ...............................................................279

**ИЛЛЮСТРАЦИИ** ........................................**280**

# Жизнь первая:
# СОВЕТСКИЙ РЕПИС

*1958–1973*

## Детство реписа

Все советские дети были счастливы одинаково. Каждый несоветский ребенок был несчастлив по-своему.

Советское детство – безоблачное и беззаботное – парило над школами и пионерлагерями, детскими садами и московскими дворами, придавленными зимой снегом и шумящими пыльной листвой тихим задумчивым городским летом, когда дворы пустели – дети уезжали в пионерлагеря и по сельским родственникам. Москву заносило тополиным пухом, словно продолжал идти снег, но снег тот был мягкий и пушистый. И как тополиный пух, наше детство было мягким и пушистым; оно обволакивало, убаюкивало и обещало, что такой же будет и юность.

Несоветские дети жили много хуже: они не могли учиться в школах, потому что за образование нужно было платить. Они не могли болеть и подолгу оставаться дома, чихая, кашляя и отпаиваясь горячим молоком с медом, потому что за лечение нужно было платить. Их несоветские родители были безработными или батраками на плантациях сытых противных буржуинов, которых у нас давно прогнал Мальчиш-Кибальчиш. Да и сами дети должны были разносить буржуинам газеты, мыть буржуинские машины или работать на буржуинских заводах. Советские же дети учились и играли, выполняя тем самым свой советский детский долг.

Кроме безмятежности, в советском детстве всегда оставалось место подвигу: тот же Мальчиш-Кибальчиш, Тимур и его команда, Павлик Морозов и его тезка Павел Корчагин звали, манили, трубили в горны и обещали нечто бóльшее, чем игра во дворах и манная каша в детских садах. Они обещали причастность к чему-то несравнимо грандиознее, чем ты сам, обещали возможность возвеличивающей тебя жертвы и увековечивания твоей памяти в гранитном монументе, к которому придут пионеры и положат цветы, а затем застынут в пионерском салюте, вскинув детские руки к отглаженным и ладно сидящим пилоткам с красной звездочкой. Подвиг, как советское знамя, реял над нашим детством. Но даже подвигу не удавалось испортить его безмятежность и связанное с ней ощущение безопасности: подвиг подвигом, а сейчас кино и мороженое.

Дети, как любили напоминать наши учителя и воспитатели, были единственным привилегированным классом в СССР. Оттого и советское детство было таким счастливым.

Мое детство оказалось привилегированным вдвойне: я рос не простым советским ребенком. Я рос реписом.

«Репис» – на жаргоне сотрудников Литературного фонда СССР, Литфонда, – означало «ребенок писателя». Жены писателей назывались столь же малопонятно, но более неблагозвучно – «жёпис». Жёписы были наши мамы. Если, конечно, они сами не были писательницами.

Интересно, что для мужей писательниц не существовало похожего термина, например, «мупис». Мужья оставались без названия – неопределенное семейное приложение к жрицам словесности – и в качестве таковых, как и писательские жены, могли пользоваться всеми благами, дарованными советской властью творческой интеллигенции. Которая, кстати, и была настоящим привилегированным классом в СССР.

Советская власть, как никакая другая, ценила творческую интеллигенцию. Эту традицию советская власть переняла у власти царской, которая также ценила искусство, и русские цари лично занимались судьбами писателей, приближая их ко двору либо ссылая в разные отдаленные места империи. Творческой интеллигенции выпала задача создать симулякр советской жизни в словах, картинах, скульптуре, музыке и кино. Ей поручили рассказать стране, как трудно та жила раньше, как – под мудрым руководством партии – преодолела эти невзгоды, пройдя через пламенные горнила революции и разных войн, и как хорошо, идя от свершений к свершениям, страна живет сейчас, а главное, каким замечательным станет ее будущее. За это творческой интеллигенции предоставлялись разные блага: квартиры с дополнительной площадью, ведь творцам нужно место, чтобы творить; путевки в дома творчества и прочие привилегии. Между властью и творческой интеллигенцией существовал социальный контракт: мы дадим вам дополнительные блага и даже позволим определенные творческие вольности, а вы оставайтесь лояльны. Или по крайней мере нейтральны. Этот контракт действовал до конца советской жизни и умер, став ненужным. Как стала ненужной и сама творческая интеллигенция.

Нынешней российской власти не нужна идеологическая обслуга, поскольку у нее нет идеологии. Она никого не боится и не собирается ни перед кем отчитываться. Ее социальный контракт не с интеллигенцией, а с олигархами: оставайтесь лояльны или нейтральны, и вам позволят вести вашу олигархическую жизнь. Или не позволят.

При советской власти писатели жили особенно хорошо. У писателей были своя поликлиника, где они могли всласть лечиться, чтобы сохранить столь ценимую советской властью творческую активность, свои детские сады и пионерлагеря, в которых взрастали реписы, свои дома творчества и дома отдыха, где писатели творили, а устав – отдыхали.

Поликлиника Литфонда на метро «Аэропорт» была самым посещаемым писателями местом: там можно было получить оплачиваемый бюллетень. Этот бюллетень относился в Литфонд, где окололитературные дамы – многие из них жёписы – выписывали квиток на оплату, и писатели отправлялись в кассу, чтобы получить заслуженные недугом рубли. Получив, литераторы шли в свой Центральный Дом на улице Воровского, где когда-то заседали московские масоны, а теперь находился известный всей творческой Москве ресторан ЦДЛ, и просаживали там заработанные болезнью деньги. Оттого, думаю, бюллетени и оплачивались щедро, что знала власть: принесут рублики обратно и потратят на водку и жюльены.

В детстве я не видел вокруг никого, кроме писателей, их жёписов и реписов. Иногда в мое детство забредали театральные режиссеры (мой отец был драматург, а мама – актриса), но они оставались гостями в нашей тщательно отгороженной от действительности жизни, и жизнь эта тянулась параллельно настоящей жизни страны, не пытаясь с нею смешаться, а подменяя ее другой – придуманной, написанной, книжной. Наша жизнь была полна литературных аллюзий, метафор и образов, и оттого другая, *настоящая* жизнь казалась много скучнее, бледнее, беднее. Настоящая жизнь была интересна лишь как отголосок жизни книжной, как слабое отражение мира, описанного литературой. В жизни моей семьи Тургенев продолжал жить в русской деревне, и деревня та все еще стояла у тихих речек с навсегда поселившимися в ней Хорями и Калинычами, с усадьбами, где бесконечно тянулись детство, отрочество и юность Николиньки Иртеньева и где в прудах росли кувшинки, а не квакали лягушки. Единственные лягушки, допущенные в нашу жизнь, были заколдованные царевны. И вся жизнь казалась оттого заколдованной, вечной, застывшей в ожидании новых литературных героев. Этими литературными героями должны были стать мы сами. Нас ждали постаменты.

Детство мое – а за ним и вся жизнь – могло пройти совершенно по-другому.

Мне исполнилось четыре года, когда, устав от моих бесконечных бронхитов, родители решили, что пора перестать укутывать меня шарфами и мучать банками, а нужно докопаться до причины моего кашля, и докопались: я оказался астматиком. После разных обследований и осмотров врачи посоветовали увезти меня из Москвы: ребенку необходим морской климат, сообщили они родителям. Их рекомендация носила чисто теоретический характер, поскольку кто же поедет из Москвы в морской климат? Да и куда?

Куда, однако, нашлось: аул Головинка под Сочи, в устье реки Шахе, впадающей в Черное море на окраине поселка. Меня привезли туда ранним июнем, мама сняла две комнаты у черкесской семьи и оставила меня с бабушкой Лией. В августе бабушку Лию сменили приехавшие в отпуск родители, а в сентябре им на смену приехала другая бабушка – Соня.

Так – с несущими вахту родственниками – я прожил в Головинке до школы, проводя там восемь – десять месяцев в году и уезжая в Москву на Новый год и в июне, чтобы отправиться с родным писательским детским садом в летний лагерь в Переделкино, где пятилетние дети обсуждали, какими тиражами печатаются их родители. «Чтобы не отставал от жизни, – говорила мама. – А то совсем одичал». Папа звал меня «кавказский пленник».

Я и вправду одичал в Головинке. До позднего октября я бегал босиком с черкесскими детьми, собаками и козами. Мы купались в море, прыгая с волнореза и презрительно посматривая на бледных туристов-дикарей, задорого покупающих полуспелую алычу у местных женщин в черных платках, бродивших с ведрами вдоль рассыпанных по пляжу приезжих тел.

Все приезжие назывались «курортники». Курортников можно было распознать по отсутствию загара и наличию полотенца. Никто из уважающих себя местных не пользовался полотенцами. Мы располагались или на крупной, нагретой кавказским солнцем гальке, или на волнорезе и оттуда наблюдали курортную жизнь, купаясь до посинения и обсыхая на теплом морском ветру. Из жизни отдыхающих – это было мое черкесское детство. К семи годам, когда я распрощался с Головинкой и окончательно вернулся в Москву – школа! – я сносно говорил на адыгейском, мог прыгать в море ласточкой и хорошо сидел на лошади, хотя в ночное – на ночной выпас лошадей – бабушки меня не отпускали.

С лошадьми получилось не сразу. Мы поселились у тети Фатимы и дяди Джантемира, у которых было шесть дочерей, но не было сыновей.

Вернее, был один, но умер в младенчестве, и жизнь их проходила в окружении черноглазых красавиц и ожидании их замужеств и уходов в семьи мужей. Я же, блондин с льняными волосами и голубыми глазами, что по причине редкости нравилось местному населению, был мальчик, и тетя Фатима и дядя Джантемир хлопотали, пытаясь впихнуть в меня побольше жирной баранины и козьего молока.

Я был мужчина. А мужчина должен сидеть на лошади. Понимая это, дядя Джантемир где-то через неделю после начала нашей северокавказской жизни вывел из сарая свою кобылу Зарку, позвал меня и, легко подкинув, посадил на нее верхом.

До этого я видел лошадей только в книжках. Вообще все, что я видел до этого, я видел в книжках. Или мне об этом читали. Зарка была смирная старая кобыла и спокойно стояла подо мной, но я был страшно напуган: сверху казалось, что я сижу очень высоко над землей и неминуемо упаду.

Дядя Джантемир сунул мне в руки уздечку и похлопал по спине.

— Абрек, — приободрил он меня (я не знал, что такое «абрек», и думал, что он так произносит мое имя Олег), — хочешь прокатиться?

Я не хотел. Я хотел вниз, на землю, и убежать в сад, где сидела ничего не подозревающая бабушка Лия и читала любимого ею Стендаля. Она читала Стендаля мне вслух, поскольку ребенок должен вырасти на хорошей литературе. Я тоже так считал и был готов слушать про жизнь в Пармской обители, лишь бы меня сняли с огромной страшной лошади и поставили на землю.

— Прокатись, — уговаривал меня безжалостный и, судя по всему, не разделяющий бабушкиных литературных вкусов дядя Джантемир, — уздечку держи крепко. Ногами ее по бокам — и пойдет.

Я боялся, но я был вежливый московский ребенок. Я был репис. Я не хотел обидеть старшего, тем более старшего, который мог снять меня с лошади и поставить на землю. Оттого я и произнес фразу, ставшую потом в ауле легендой и передававшуюся из дома в дом:

— Скажите, а если ногами по бокам, родственники этой лошади не обидятся? — спросил я.

С той минуты дядя Джантемир меня полюбил.

Он и тетя Фатима не отпускали меня ни на секунду, пытались отравить обилием еды и поручили шефствовать надо мной своему пятилетнему племяннику Мухе, жившему в соседнем доме. Долгое время я думал, что Муха — настоящее имя, и только года через два узнал, что это сокращение от Мухаммед. В делах же, которые Мухе не доверялись, — например, пойти в горы набрать желудей – за меня отвечала их пятнадцатилетняя дочь Мадина, сводившая с ума своей красотой окрестное мужское население и приезжих.

– Бэла, – прищурившись на Мадину, говорила моя литературная бабушка-драматург Лия, сидя в саду под навесом из винограда. – Вылитая печоринская Бэла.

Перед бабушкой лежали три книги. Читать одну казалось недостаточно. Почитав, бабушка откладывала книгу и выносила из дома пишущую машинку. Она громко стучала по клавишам в саду, разговаривая сама с собой, и сочиняла истории про жизнь, которая никогда не случилась. Чтобы в мире было больше книг и меньше жизни.

Бабушка Лия не выглядела как бабушка. В юности она слыла красавицей, что подтверждали портреты, висевшие на стенах ее московской квартиры. Бабушка Лия была брюнетка со светло-серыми глазами и – в пору нашей жизни в Головинке – в свои с небольшим пятьдесят все еще сохраняла фигуру танцовщицы. Она была похожа на Весну с картины Боттичелли «Аллегория Весны», но тогда я этого не знал. Она была красива той семитской красотой, что старые итальянские мастера придавали библейским женщинам, рисуя их с итальянских матрон.

Интересно, что сама бабушка Лия почти стала итальянкой. Ее жизнь, как и моя, могла повернуться совсем по-другому. Если бы не мандарины.

Мандарины во всем виноваты.

# Бабушка Лия и мандарины

В 1917-м, когда революция заполыхала в России, бабушке Лии было семь лет. Она росла второй дочерью в семье Берке Квартирмейстера и его жены Мариам в приморском городе Новороссийске и, как большинство детей, думала, что проживет там всю жизнь.

Мой прадед Берке Квартирмейстер – часовщик и ювелир – был донельзя странным для провинциальной еврейской жизни человеком: высокий стройный красавец со светло-пепельными волосами и зелеными глазами, Берке был франт и бабник. Никакие эвфемизмы типа «ценитель женской красоты» к Берке не подходили: он попросту был бабник.

Мариам – маленькая, темноглазая, похожая на напуганную газель – все ему прощала. Она была младше мужа на двадцать лет и боготворила его. Берке вел светскую жизнь, играя в местном любительском театре и играя в биллиард на деньги. Он одевался у старого французского портного, шившего ему на заказ костюмы и рубашки по картинкам из позапрошлогодних модных парижских журналов, а Мариам, Маня, с двумя дочерями – Дорой и Лией – ждала его с ужином дома. Иногда Берке пропадал по нескольку дней, неожиданно уезжая с одной из актрис театра, скажем, в Одессу – вероятно, репетировать. Маня никогда не спрашивала, где он провел эти дни, и молча подавала на стол. Ужин всегда ждал Берке дома, как ждала его дома и сама Маня.

Берке любил спорт: он играл в крикет и стал первым человеком в России, освоившим водные лыжи.

Берке зарабатывал много денег, выполняя муниципальные заказы: он делал городские часы, некоторые из них еще ходят, как большие вокзальные часы в Бердянске. Часы Берке висели по всей южной России и отсчитывали время его веселой жизни, пока не наступила революция. Тут часы пробили и остановились.

Берке Квартирмейстер не полюбил революцию. У него не было особых политических пристрастий, и он не отдавал предпочтения ни красным, ни белым. Он просто хотел, чтобы за часы платили. Платить же больше никто ни за что не собирался. И те, и другие – по разные стороны идеологических баррикад – брали, что хотели или считали нужным. Оттого Берке затосковал и решил эмигрировать в Италию.

Один из его партнеров по биллиарду, осевший в итальянском портовом городе Триесте, видно, напоминавшем ему родной Новороссийск, прислал Берке письмо о беззаботной итальянской жизни. Дольче фар ниенте – сладкое ничегонеделанье, искусство, доведенное итальянцами до совершенства, – манило Берке из разорванного гражданской войной Новороссийска, где не оставалось ни любительского театра с любвеобильными женами местных чиновников, под руководством Берке пробующими себя на сцене и вне ее, ни веселой и доходной игры в биллиард, ни милых его сердцу водных лыж с облегающим стройное мускулистое тело купальным костюмом.

В августе 18-го года после недолгих и хаотичных боев деникинская Добровольческая армия взяла Новороссийск, назначила Черноморским военным губернатором полковника Кутепова и начала расстрелы сочувствующих большевикам граждан. По городу поползли слухи о готовящихся еврейских погромах, и казаки из 3-го Донского казачьего корпуса недобро покачивались на лошадях, патрулируя центр и порт. Берке понял, что водных лыж ожидать не приходится. Он вздохнул и объявил Мане, что они едут в Италию.

Берке договорился с капитаном греческого грузового судна и, заплатив ему денег, ночью погрузил Маню и девочек в лодку и на веслах, чтобы не стрекотать мотором, направился к стоявшему на рейде «греку». Белые запретили выезд из города без разрешения вновь собранной ими управы. Белые хотели восстановить славную дореволюционную жизнь империи, а для этого были нужны подданные. Оттого подданным не позволялось убегать от готовящейся для них славной жизни.

Ранним утром – еще в полутьме, висящей зыбкой дымкой над стальной черноморской водой, – греческое грузовое судно снялось с рейда и отправилось на юг, чтобы выйти через контролируемые турками Босфор и Дарданеллы в Средиземное море. В трюме судна сидели Берке, Маня, Дора и Лия Квартирмейстеры. Они плыли в свою новую итальянскую жизнь. Так бы и получилось, кабы не мандарины.

Доплыв до Батума, «грек» встал на погрузку. Батум был оккупирован турецкими войсками, упразднившими за ненадобностью Закавказскую Демократическую Федеративную Республику, и, несмотря на недавние бои, в городе царила обстановка опереточного веселья, которой способствовало многоязычие толпы, экзотичность пейзажа и театральность турецких униформ.

Берке следил за жизнью, разыгрывавшей для него очередной спектакль, и через два дня решился сойти на берег, чтобы купить девочкам мандарины. Ни Дора, ни Лия мандарины никогда не ели и ждали возвращения отца с нетерпением.

Берке вернулся часа через четыре, без мандаринов, но с новым планом жизни. «Маня, – закричал он еще с трапа, – собирай вещи, мы сходим здесь. Остаемся в Батуме». Маня, не спросив ни о чем мужа, молча пошла собирать вещи.

Они погрузились в ожидавшую их в порту повозку с грустным аджарским возницей и отправились в гостиницу.

Что случилось? Где мандарины? И как же сладкая жизнь в Триесте? Все это мой прадедушка Берке мгновенно забыл, и вот почему: отправившись за мандаринами, он встретил на рынке также пришедшего за мандаринами (а возможно, вовсе и не за ними) бежавшего из Одессы человека по имени Йося Либергауз, который с ним познакомился, напоил Берке вязким сладким турецким кофе в кофейне на набережной, а затем предложил ему остаться в Батуме и совместно – «на паях» – открыть кинотеатр. Берке послушался Йосю, остался в Батуме и открыл кинотеатр.

Через год в батумский порт вошли корабли со странным, невиданным Берке флагом – Юнион Джек. С одного из кораблей сошел генерал Кук--

Колисс, объявивший себя военным губернатором, а город и прилегающий к нему округ – зоной британской оккупации. В городе стало еще многолюднее и веселее, цены на продукты взлетели в очередной раз, и в кинотеатре у Берке и Йоси музыкальная программа перед демонстрацией немых фильмов с похожими на кукол актерами зазвучала песнями на английском.

Маленькая Лия пробиралась на задние ряды и смотрела одно и то же кино в двадцатый раз. Она внимательно разглядывала публику, заполнявшую темный зал, и придумывала им жизни, похожие на мелькавшие на экране фильмы. Британские офицеры приходили смотреть кино с местными дамами, брошенными отступившей Кавказской армией, и Лия помнила, как те же дамы раньше приходили в кино с оттоманскими военными, и гадала, с кем дамы придут в следующий раз. Утром она и Дора отправлялись в гимназию для девочек, где мадам Костанеди учила их быть девочками, и две старые грузинские девы, проведшие давно закончившуюся юность в Марселе, погружали их в таинственный мир французских глаголов. После гимназии Лию ждал урок фортепиано с маэстро Чхеишвили и игры с Дорой в большом тенистом саду, где у старой смоковницы жил привязанный к ней тонкой цепью попугай-ара, купленный неизвестно зачем Берке на базаре. Возможно, Берке надеялся, что попугай выучится говорить, но говорить попугай отказывался и недобро глядел на мир выпученными глазами-бусинками. Девочкам запрещалось к нему подходить близко: попугай клевался и убил у них на глазах подбежавшего к нему соседского щенка.

Британцы скоро ушли, и турецкая армия снова заняла Батум, способствуя очередному росту цен и подъему энтузиазма у посещавших кинотеатр дам. Вся эта мелкобуржуазная идиллия длилась до марта 21-го года, когда генерал Мазниашвили выбил турок из города, восстановив Грузинскую Демократическую Республику. Восстановил он ее, правда, ненадолго, поскольку уже через три дня в празднующий очередное освобождение город вошли войска 9-й Стрелковой дивизии Красной Армии и освободили Батум от дальнейших освобождений на следующие семьдесят лет.

Спектакль батумской жизни закончился – опустили занавес.

Томные дамы перестали посещать кинотеатр, который скоро реквизировали под революционный лекторий, и Берке заскучал от победившей революции. Пару месяцев он раздумывал, не последовать ли ему за своей младшей сестрой Бетти в принадлежавшую туркам Палестину, но, пока он раздумывал, ревком под управлением Сергея Кавтарадзе закрыл границу.

Берке Квартирмейстер в очередной раз горько вздохнул и увез семью в Краснодар.

Опереточная жизнь в Батуми навсегда наложила на мою бабушку Лию отпечаток театральности существования. Она в конце концов стала драматургом и писала легкие, искрящиеся неглубокой радостью музыкальные комедии, пользовавшиеся в 50-е и 60-е годы большим успехом и шедшие во всех музыкальных театрах страны. Позже, устав от театра, бабушка Лия обратилась к детской литературе, и ее книга «В стране невыученных уроков», написанная в качестве поучения для меня, приобрела огромную популярность и была включена в школьную программу. Так бабушка Лия стала классиком при жизни.

Итальянкой бабушка, правда, все же не стала, и в том виноваты мандарины.

# Жизнь не удалась

В последний год моей приморской жизни, когда пришло время окончательно возвращаться в Москву, за мной приехали родители. Тетя Фатима и дядя Джантемир накрыли стол, долго поили маму и папу домашним вином «изабелла», расспрашивали про жизнь в столице (в основном про цены) и, когда над садом нависла вишневая южная тьма, решив, что момент пришел, приступили к главному:

— Алла, — обратился к моей маме дядя Джантемир, понимая, что, в отличие от его семьи, в нашей все решает мама, — вы с Эдвардом молодые еще. Продай, хорошо?

— Что? — спросила мама. — У меня ничего нет, дядя Джантемир. Я ничего из Москвы не привезла, только вам подарки.

— Олежку продай, — вступила тетя Фатима. — Вы молодые, себе еще родите, а я не могу уже.

— Ему здесь хорошо, — аргументировал свою просьбу заботой обо мне дядя Джантемир, — он не кашляет, как у вас в городе, на море будет жить, фрукты свежие всегда. Молоко от козы.

— А вы с Эдиком приезжайте, отдыхайте бесплатно, на него смотрите, — предложила тетя Фатима. — Только не в сезон: в сезон курортникам сдаем.

— Ему у нас лучше, — закончил дядя Джантемир. — Продайте, да?

— А за сколько? — поинтересовался мой отец, которого страшно забавляла эта ситуация. — Какая ему, по-вашему, цена?

– Эдька! – закричала мама. – Прекрати свои идиотские шутки! Люди здесь неправильно понимают. Никогда! – повернувшись к хозяевам, отрезала мама. – Олег наш и будет нашим. Я скорее умру.

Смерти моей маме никто не желал, и потому я остался у своих родителей.

Вечером того дня, ложась спать, мой папа задумчиво бормотал:

– Интересно все-таки, сколько они хотели предложить?..

Меня не продали, а увезли обратно в московское детство, где оно постаралось затеряться меж уютных книжных страниц, не торопясь выбраться на холодный ветер настоящей жизни. Я не стал черкесским абреком, и мое детство продолжалось в симулякре, тщательно выстроенном из книг и населявших их героев. Так бы оно и продолжалось, но у жизни оказались свои планы относительно моего воспитания.

# Конфликт города и деревни

Я не заметил развода родителей: последний год совместной жизни папа появлялся дома все реже. Это объяснялось тем, что ему удобнее работать в другом месте. Потом он перестал появляться совсем, и меня возили к его родителям – бабушке Соне и дедушке Стасе – встречаться с ним раз в неделю. Он не знал, о чем со мной разговаривать, спрашивал, что я читаю, и потом долго говорил об этих книгах сам с собой. В нашей семье все чувствовали себя уютнее, говоря о книгах.

Мама скоро вышла замуж, и с нами стал жить другой папа – папа Тема. Рустем Губайдулин вырастил меня, и я верю, что если во мне и есть что-то хорошее, этому меня научил папа Тема. Он и мама работали вместе на телевидении в литературно-драматической редакции (литдраме) и придумали первый советский ситком – «Кабачок 13 стульев». И стали писать для него сценарии вместе со своим другом и коллегой Толей Корешковым. Они писали сценарии по очереди: каждый месяц – другой человек. За сценарий платили сто пятьдесят рублей, что стало ощутимым подспорьем к ста двадцати рублям их редакторской зарплаты, и скоро мы переехали из комнаты в коммунальной квартире в Сокольниках в купленную на заработанные зрительским смехом деньги кооперативную квартиру на окраине тогдашней Москвы – в Дегунине.

Кооператив этот был ведомственный, выстроенный для работников недавно созданного в то время Министерства газовой промышленности

СССР, ставшего впоследствии российской компанией «Газпром» (и национальным достоянием). В министерстве каким-то важным инженером-разработчиком трудился отец папы Темы. Он и помог родителям купить трехкомнатную квартиру в этом кооперативе, в которой прошли мое поменявшееся детство, затем и юность.

Мы были единственной семьей в доме, не имевшей отношения к газовой, да и к никакой другой промышленности; остальные жители могли говорить о трубах, прокладке, укладке и суровом Севере, мы же могли говорить только о книгах. Тут я повстречался с настоящей жизнью, и она мне решительно не понравилась.

Дегунино в конце 60-х годов все еще было деревней. Вдоль Коровинского шоссе стояли недавно построенные коробки девяти и двенадцатиэтажных домов, но чуть вглубь лежала деревня Коровино с деревянными избами, огородами, грязными дворами и жившими в них курами, козами и коровами. Население делилось на «новостроечных» и «деревенских», и конфликт между ними обозначился в первый же день в школе, куда я отправился в четвертый класс.

Деревенские не любили новостроечных. Рациональных причин для нелюбви не было, но когда рациональность мешала нелюбви? Как, впрочем, и любви. Они нас не любили, и все.

Деревенские были сплоченной группой, знали друг друга с детства, и их родители и деды знали друг друга с детства. Между ними тоже шла непонятная нам, приезжим, вражда: жившие за карьером, поросшим лопухами и жестким кустарником, воевали с жившими ближе к шоссе, но эти мелкие местные распри были мгновенно забыты перед лицом увлекательной нелюбви – к нам, новостроечным. Они часто нас били, но все с меньшим ожесточением, и к середине года этот конфликт между городом и деревней потерялся, стерся среди других, более актуальных школьных конфликтов. Кроме того, город последовательно и неизбежно наступал на деревню, избы сносили, и деревенским давали квартиры в построенных на месте их изб девятиэтажках. Все знали, что в девятиэтажках квартиры дают, а двенадцатиэтажки – ведомственные кооперативы, и в них квартиры покупают. Оттого конфликт между деревенскими и новостроечными скоро подменился глухой классовой враждой населения девятиэтажек к нам, кооперативным. Нелюбовь, как вода, находит способ всюду проникнуть и заполнить собой открывшееся пространство: было бы кого не любить.

А кого не любить – всегда найдется.

Каждое утро я отправлялся в другой мир, в странную, непонятную реальность, где не говорили о книгах. В этом мире дети дрались, мирились, отнимали друг у друга выданные на школьный обед деньги и интересовались, кто сильнее кого. И совсем не интересовались жизнями книжных героев. Или биографиями создавших этих героев писателей, их влиянием на жизнь страны, их противостоянием этой жизни, или, на худой конец, кто что в каком театре поставил, и что цензура в лице московского управления культуры «пропустила», а что «не пропустила», то есть всем тем, что наполняло наши семейные разговоры и заботы. В этом мире не говорили о новых рассказах Шукшина, его самобытности, почвенности, нелитературности, о новых романах Трифонова или конфликте Аксенова с властью, о театре «Современник» и его конфликте с властью, о конфликте писателей-деревенщиков с «городскими» писателями, о Василии Белове и Андрее Битове, о Таганке и конфликте Любимова с властью, или о том, что в очередной раз не позволили снять Тарковскому. В мире, куда я отправлялся по утрам, были важны другие конфликты, и их реальность, их нелитературность утверждала себя синяками на моем удивленном этим миром лице каждый день.

Я знал только один путь борьбы с неприятной мне жизнью: убежать в книги поглубже. Оттого, придя из школы, я не садился за скучные уроки, а, погуляв с собакой – шотландским колли, подаренным мне на десятый день рождения, поскольку я тогда зачитывался шотландским писателем Вальтером Скоттом, – утаскивал полную сахарницу и кирпичик любимого бородинского хлеба на диван, где читал, читал, читал. Родители приходили домой, когда я уже спал, – у них часто были ночные тракты – записи передач, а я уходил в школу, когда они еще спали, потому мы виделись редко – на выходные.

Моими родителями стали прочитанные и многократно перечитанные книги, меня вырастили Айвенго, герои рыбаковских «Кортика» и «Бронзовой птицы», гувернер Карл Иванович из толстовского «Детства» и прочие населявшие мою жизнь персонажи.

Такой ущербной, раздвоенной жизнью я и продолжал жить, не осознавая ее ущербности, отказываясь от предложенного мне реального существования и подменяя его придуманным другими людьми миром. Или скорее мирами, оттого что жизнь в лесковских рассказах была вовсе иной, нежели жизнь Дэвида Копперфильда, рассказанная им самим. Я жил во многих мирах и жалел тех, кому выпало жить лишь в одном, и притом неприятном, мире повседневности.

Мир этот, однако, вскоре сумел пробудить меня от моего литературного сна, но – в отличие от заколдованных принцесс – не поцелуями, а кулаками.

1 сентября следующего года, надев суконную, жаркую не по погоде школьную форму, я отправился в пятый класс. Тут – на торжественной линейке – выяснилось, что в нашем классе теперь будет учиться Юра Конкин.

Конкина все знали: он был хулиган, которого постоянно наказывали и обсуждали на педсоветах. Конкин был коровинский, деревенский. Он уже однажды учился в пятом классе, но учителей это не убедило, и его оставили на второй год. Конкину было все равно: он водился с большими ребятами и курил.

На третьей, длинной, перемене Конкин собрал мальчиков вокруг себя. Он был не выше остальных, но как-то шире в плечах. Его форма была старой, прошлогодней, и от нее пахло. Конкин не носил пионерский галстук: он был исключен из пионеров.

– Значит, так. – У него был хрипловатый, приятный голос. – Всем на обеды деньги дают?

Давали всем, кроме Саши Капитаненко: его мать была алкоголичкой, и Сашу кормили по специальному талону, который раз в неделю он получал в учительской. Остальным давали по сорок копеек: пятнадцать на суп, пятнадцать на второе и десять на компот и булку.

– Значит, так. – Когда говорил, Конкин немного брызгал слюной. – Сегодня ешьте, а завтра принесли мне по десять копеек. Соберу на большой перемене.

– На что? – поинтересовался длинный и худой Гена Ермолаев. – На что собираем?

– Ты чо, мудак, что ли? – Конкин не понижал голос, когда говорил матом, как делали другие мальчики в нашем классе. – В ебло захотел? Сейчас оформлю.

Ермолаев не хотел. Остальные, подумав, решили не интересоваться, на что Конкин собирает деньги, и разошлись тихо, размышляя, от чего лучше отказаться – от супа или от компота.

Я не очень понял, что произошло, и решил посоветоваться с папой Темой.

Тот выслушал все и не удивился.

Он оглядел меня как-то по-новому и затем, подставив открытую ладонь, попросил ударить в нее со всей силы.

– Зачем? – не понял я.

Обычно мы обсуждали, где находятся какие столицы, какая страна с кем граничит, или говорили о любимых и не очень писателях. Раньше в нашей семье никто никого никогда не бил по ладоням.

– Хочу посмотреть, какой у тебя удар, – сказал папа Тема.

Я замахнулся и ударил. Получилось звонко и как будто сильно.

– Плохо, – вздохнул папа Тема. – Будем учиться.

В конце 30-х его отца, известного инженера, и политработницу-мать отправили в лагеря, а папу Тему – в детский дом для детей врагов народа. Нравы там мало отличались от тюремных, и он выжил, потому что научился драться, и драться жестоко.

В тот вечер он показал мне, как правильно ставить ноги перед ударом, как отталкиваться и разворачивать бедро, чтобы ударить всем весом, а не просто рукой. Он учил меня бить коротко и без замаха. Он учил меня бить куда больнее.

– Завтра, – сказал папа Тема, – когда твой второгодник подойдет за деньгами, скажи ему, что от тебя пусть денег не ждет. Он начнет «качать», – это я не понял, но слушал внимательно, – тут сразу бей. Старайся попасть в подбородок, чтобы он потерял равновесие, а потом в нос, чтобы в кровь. Бей, не бойся; с мамой я поговорю.

Думаю, маме он так никогда ничего и не сказал.

Утром перед школой я занервничал. Я не хотел драться: я боялся и надеялся, что Конкин не придет в школу. Потом решил, что проще не ходить в школу самому.

Я постучал в дверь родительской спальни и сказался больным.

– Глупости. – Мама потрогала мой лоб сухими со сна губами. – Ничего у тебя нет. Абсолютно здоров.

Расстроившись, я пошел на кухню, и туда сразу вышел папа Тема. Он сел напротив и молча смотрел, как я ем гречневую кашу с молоком.

Затем сказал:

– Не бойся, все через это проходят. Сейчас побежишь – всю жизнь будешь бегать.

На большой перемене мальчики собрались вокруг Конкина в дальнем углу и сдавали ему по десять копеек. Ермолаев отдал первым и остался стоять рядом, кивая каждый раз, когда очередной мальчик протягивал деньги.

Я не пошел. Я ушел в другой конец коридора, ближе к учительской, и надеялся, что Конкин про меня забудет.

Он не забыл и отыскал меня сам. Конкин был в хорошем настроении и не собирался конфликтовать.

– Гони гривенник, – сказал Конкин. – Я после географии сваливаю.

– Нет. – От страха я не услышал свой голос.

— Чего нет? – удивился Конкин. – Тебе что, на обед не дают?

— Мне дают. – Помня вечерний урок, я поставил ноги параллельно и чуть согнул колени, отступать было некуда. – Это я тебе не даю.

Конкин стоял в фас, чуть сбоку, удобно, под правую руку. Он смотрел на меня удивленно и не знал, что сказать, не ожидая такого поворота дел. Я понял, что не могу больше ждать, оттого что был напуган и хотел убежать.

Я ударил Конкина точно в центр подбородка с правой руки, правильно перенеся вес на левую ногу; этот удар я вчера отрабатывал больше часа. Затем слева боковым и снова с правой прямым, но оба удара ушли в воздух. Я остановился: не понял, что произошло.

Конкин лежал на полу. Он упал после первого удара и стукнулся затылком о пол. Я не знал, что делать: такую возможность мы с папой Темой не обсуждали. По плану, Конкин должен был оставаться на ногах, чтобы в него можно было бить сериями, сдвигаясь в сторону после каждых трех ударов, пока он терял время на разворот. Но Конкин лежал на полу и никуда не разворачивался.

Нас обступили, и где-то совсем недалеко уже были слышны голоса взрослых.

Конкин медленно поднялся на ноги, странно помотал головой из стороны в сторону и молча бросился на меня. Он сбил меня с ног, и мы покатились по полу. Конкин старался освободить руки и ударить в лицо, но я цепко держал пальцы замком у него на спине, не давая вырваться. Затем нас обоих – за воротники школьных пиджаков – поднял учитель физкультуры, и все кончилось.

Меня особенно не ругали и ни о чем не спрашивали: всем в учительской было ясно, что виноват, как всегда, Конкин. Меня скоро отправили в класс, а Конкина оставили до прихода завуча.

В классе все глядели на меня с удивлением, и Ермолаев крутил у виска пальцем.

Они ждали меня после уроков, на узкой тропинке, что вела от школьного двора к гаражам. Их было трое: Конкин, худой шестиклассник по кличке Аким и Ермолаев. Когда я их увидел, я хотел – еще мог – свернуть в сторону и пройти между домами. Но потом вспомнил слова папы Темы и решил не бежать.

Все равно завтра в школу.

Мне мешал портфель. Я не знал, куда деть портфель. Конкина я теперь не очень боялся, но их было трое. В конце концов я решил, что портфелем можно будет закрыться как щит.

Первым ударил шестиклассник. Этого я не ожидал: я думал, мы с Конкиным будем драться один на один. Они набросились на меня и стали бить со всех сторон. Я успел ударить в ответ пару раз, но не сильно, без прицела, мажа и не причиняя особого вреда. Конкин и Аким прижали меня к стене гаража, держа за руки, и Конкин кивнул Ермолаеву. Тот всю драку прыгал вокруг и махал длинными руками, выкрикивая что-то на выдохе.

— Давай, — приказал Конкин. — Дай ему, Ермола.

Ермолаев съежился и, странно взвизгнув, ударил меня по лицу раскрытой ладонью. Аким засмеялся.

Конкин плюнул на мой портфель и сказал:

— Еще раз прыгнешь — изуродую, блядь. Ты мне теперь рубль должен.

Вечером, когда мама начала допытываться, я соврал что-то про велосипед. Мать хотела намазать меня зеленкой, но я не дал. Было больно, но с зеленкой на лице я не мог пойти в школу.

Папа Тема пришел с работы, как всегда, поздно; я уже лежал в постели, но не мог заснуть. Поговорив с мамой на кухне, он прошел в мою комнату и сел на кровать. Мы помолчали в темноте, потом папа Тема включил свет.

Он осмотрел меня и спросил:

— Он один тебя так?

Я рассказал про события прошедшего дня, и папа Тема стал смеяться. Я не понял: я ожидал жалости и сочувствия.

— Глупый, — отсмеявшись, сказал папа Тема. — Он же тебя испугался, сразу. Вставай, будем учиться.

В тот вечер он научил меня бить носком ноги под колено, а потом серию из двух боковых. И мы выработали план.

На следующее утро я пошел за школу, где курили. Там уже стояли ребята постарше, пряча окурки в кулаках, и с ними курил Конкин. Я оставил портфель за углом и пошел прямо к курящим. Я здесь раньше никогда не был: все мальчики в школе знали, что это место лучше обходить.

Конкин стоял ко мне спиной, и другие не обратили на меня внимания: я был никто и не мог им ничем угрожать. Они громко матерились между собой и о чем-то незлобно смеялись.

Я подошел к Конкину сзади и позвал:

— Юр!

Конкин обернулся, и мне показалось, что он чуть дернулся от неожиданности. Я подождал, пока он полностью развернется: он был нужен мне в фас. Затем я вдохнул и на выдохе ударил Конкина правым кулаком в лицо.

Нас никто не разнимал. Мы дрались молча, окруженные курящей шпаной, которая тоже молчала.

Конкин победил: он сбил меня с ног и, сев верхом, долго бил по лицу, пока я старался ловить его руки. Потом прозвенел звонок, и Конкин меня отпустил.

Мы оба бежали в класс с разбитыми лицами, и Конкин, задыхаясь от злости, подвывал сзади:

– Рубашку, падла, рубашку порвал. Меня мать за эту рубашку убьет, сука. Измордую после уроков, блядь. Пиздец тебе, Радзинский.

Он оказался человек слова.

Так продолжалось неделю: я находил Конкина утром и успевал ударить несколько раз. Конкин был сильнее и дрался лучше. Он обычно побеждал в утренней драке, но все с меньшим перевесом, и все чаще мне удавалось разбить ему нос или сильно ударить в челюсть. После уроков Конкин ждал за гаражами с кем-то из своих, и они били меня сколько могли. Следующим утром я снова ловил Конкина, чтобы успеть ударить хотя бы несколько раз в лицо.

Про деньги Конкин больше не заикался; он ничего не хотел – только чтобы я отстал.

В конце второй недели он начал от меня прятаться.

С тех пор я знал: бежать нельзя.

Так шло мое детство – собаки и книги, да драки из-за неясных, чужих мне конфликтов, казавшихся ненастоящими по сравнению с конфликтами и страстями, поселившимися в черных значках на белой бумаге книжных страниц.

Затем детство плавно перешло в московскую юность 70-х, озаренную невероятной легкостью бытия.

# Жизнь вторая:
# СОВЕТСКИЙ МАЖОР

*1973–1978*

## Невероятная легкость бытия

Восьмой класс – переломный момент в советской жизни тех лет. Кто не собирался учиться дальше, шел работать либо уходил в профтехучилища – ПТУ, и в девятом классе оставались лишь готовящиеся поступать в институты.

После восьмого класса я пошел в спецшколу с углубленным изучением гуманитарных предметов, в основном литературы. Пошел я туда вопреки своему первоначальному намерению, и эта, как и все последующие перемены в судьбе, произошла случайно, непреднамеренно и потому может рассматриваться как изначальная модель моей жизни.

Моих *жизней*. Так правильнее.

Не думал, не гадал. Не планировал. Само случилось. Помимо меня.

Казалось бы, пойти в школу, где преподают литературу более углубленно, чем другие предметы, было логичным для меня шагом. Но нет: к восьмому классу я собирался стать биологом, вернее, этологом – специалистом по поведению животных.

Как? Почему? Естественно, я решил стать этологом, потому что прочел об этом в книгах. Как и обо всем другом.

Лет в десять я открыл для себя Джеральда Даррелла и его веселый мир, населенный экзотичной живностью и приключениями в разных далеких странах, его всепонимающей и всеразрешающей мамой, несуразным братом Ларри и своевольной сестрой Марго. Я заинтересовался животными, стал наблюдать за поведением собак и кошек, мирно уживавшихся в нашей квартире, и скоро начал читать книги Конрада Лоренца, основателя науки этологии. Я твердо решил, что стану этологом, буду ездить по разным странам, как Даррелл, и проводить поведенческие эксперименты с собаками и волками, как Лоренц.

Мир книг – мир доступного. Сказано – сделано, и весь восьмой класс я готовился к поступлению в школу с биологическим уклоном при МГУ. Мне наняли репетиторшу по биологии и химии – несчастную, озабоченную бытовой неустроенностью аспирантку из какого-то НИИ. Раз в неделю она приезжала к нам домой, и мы погружались в мир клеток, анатомию человека и заполнявшие страницы тетради длинные химические уравнения.

Родители остались довольны моим выбором: будет в семье хоть один нормальный, не зависящий от идеологии человек, не связанный с раздвоенным, шизофреническим миром советской творческой интеллигенции, находившейся в постоянном конфликте с кормившей ее властью. Чистое, хорошее дело, говорили родители. Биологи ездят по полям и лесам, рассказывала мне мама, в жизни не видевшая ни одного биолога. Еще лучше стать океанологом, добавлял папа Тема. Все время в море. На дне. Думаю, ему нравилась идея, что под водой тебя не достанет никакая идеология.

Папа Эдик тоже одобрил мой выбор: «Подальше от всей этой омерзительной литературно-театральной возни, – сказал он. – Хоть не будешь от *этих* зависеть».

«*Этими*» была советская власть. Моя заблудившаяся в литературе семья была твердо уверена, что у всех в стране, кроме творческой интеллигенции, спокойная, уверенная и устойчивая, не зависящая от власти жизнь. Какой эта жизнь была в действительности, моя семья не интересовалась, как не интересовалась и любой не своей действительностью. На самом деле «этими», «другими», «чужими» для них была не власть, а все остальные, не жившие гуманитарным творчеством. Этих «других» они не знали и знать не хотели и придумывали их жизнь заново, населяя ее собственными тревогами, мыслями и чаяниями. Которые, в свою очередь, не знала и знать не хотела страна.

Власть же была для интеллигенции своей, родной, неотъемлемым компонентом экзистенциальной дихотомии населенного ими симулякра. Не стало той власти – не стало и их. Советская интеллигенция была по-настоящему советской: кровь от крови и плоть от плоти режима. Когда кровь та перестала течь, оказалось, что другой крови у них в жилах нет. Как не было у товарища Сталина других писателей, кроме тех, что были.

Мне могло посчастливиться вырваться из созданного творчеством химерного мира и войти в мир настоящий, кабы я стал биологом. На самом деле мой придуманный мир биологии был тоже мир книг, мир, созданный на их страницах и, скорее всего, не имевший отношения к настоящему миру. Я хотел убежать из одной химеры в другую. Из одной придуманной жизни – в другую, не менее придуманную.

Не тут-то было. Даже этого я не смог.

В восьмом классе меня отправили на районную литературную олимпиаду – то ли потому, что я хорошо учился по литературе, то ли оттого, что никто больше не хотел ехать. Мне сообщили, что я должен поехать и защитить честь школы. Я поехал и защитил.

Через две недели оказалось, что я выиграл олимпиаду, и меня отправили на московскую городскую олимпиаду по литературе. Ее я тоже выиграл, но не обратил на победу должного внимания, поскольку дело было в мае и я усердно готовился к выпускным экзаменам за восьмой класс и, главное, к вступительным экзаменам в биологическую школу.

Первый экзамен в ту школу оказался не по биологии, а по химии. Я его провалил – получил четверку. На следующий меня не позвали: получившие четверки были не нужны. Так я не стал этологом, и оттого поведение животных остается для людей загадкой.

Возвращаться в дегунинскую школу я не хотел: стыд, позор, да и неинтересно. Отыскав диплом победителя московской городской олимпиады, я отправился поступать в школу с углубленным изучением гуманитарных предметов на Кутузовском проспекте. Меня – в виду олимпиадных заслуг – приняли без экзамена, и я уверенно, хоть и незапланированно, вступил на скользкую и опасную тропу высокой гуманитарности. И катился по ней еще восемь лет аж до самой посадки в тюрьму.

# Советские мажоры

Москва 70-х годов – золотой поры советского застоя – жила удивительно богатой и насыщенной жизнью. По крайней мере так казалось населявшим ее детям известных родителей. Моя фамилия вызывала безошибочное узнавание, и путь в эту увлекательную жизнь оказался мне открыт.

Мы все были чьими-то дочерями и сыновьями и – за неимением других достоинств – старательно пользовались своими фамилиями. Больше-то у нас ничего не было.

Деньги не играли особой роли в советской жизни, поскольку их было не на что тратить. Статус определялся привилегиями, причастностью к когорте избранных и вхожих. Советская власть старательно создавала и поддерживала эту кастовость, и мы, дети РОДИТЕЛЕЙ, воспринимали подобную социальную стратификацию как данность и непреложность. Мне стыдно об этом вспоминать и в этом признаваться, но врать еще более стыдно.

Мир «центровых» был миром больших квартир в ведомственных домах внутри Садового кольца, где не полагалось случайных соседей. Все соседи носили известные фамилии и были кем-то. Забредшие в этот мир случайные люди с окраин должны были заслужить свою к нему принадлежность. Красивым девочкам из отдаленных мест столицы это давалось легче, от мальчиков же требовалось быть кем-то, кому – несмотря на отсутствие правильных родителей – дозволялось в этом мире остаться.

Такое случались нечасто: наш мир функционировал по законам дарвиновского естественного отбора, где выживание сильнейших было заменено на выживание причастных. Это я заявляю как неслучившийся биолог.

Мой опыт, однако, отличался от опыта моих друзей: я вырос в Дегунине, а не в центре. Я вырос в окружении чужих, не сливаясь с ними, но и не особо выделяясь, научившись говорить их языком, но не став ими. Мой мир до девятого класса случался летом, во время каникул, когда меня отправляли в родной пионерский лагерь Литфонда СССР, куда каждый год съезжались все, кого я знал еще с детского сада того же Литфонда. Все, кто рос в заботливо сплетенном их родителями коконе чужой стране жизни, состоящей из книг, спектаклей, сценариев фильмов, – жизни из чужих слов. Мои друзья по прослойке ходили в столичные языковые спецшколы, где сидели за партами с детьми из других советских каст; у них не отнимали на перемене деньги, и их не били после уроков у грязных гаражей. Их вообще пока не били. Эти уроки им еще предстояло выучить.

С одной стороны, я был такой же, как они: обладатель правильной фамилии, чьи родители работали в правильном месте и говорили правильным языком на правильные темы. С другой стороны, я чувствовал себя взрослее, опытнее и злее. Я был чужим среди своих, никогда, впрочем, не став своим среди чужих. Я мог сойти за своего, но им не был.

Эта отдельность от окружения, нетождественность ему стали парадигмой всей моей жизни: мое черкесское младенчество отдалило меня от детсадовского литературного окружения, мое дегунинское школьное детство воспитало меня по иным законам, чем законы московских элитных школ, и дальше я жил и продолжаю жить отдельно от окружающего меня мира. Уже больше тридцати лет я живу в чужих странах, живу жизнью этих стран, оставаясь чужим – вечным приезжим. Я говорю на чужом языке, ставшим мне вторым родным, и мои дети, родившиеся и выросшие в этих странах, выросли под чужие колыбельные и считались под чужие считалки: *Mini, mini, mani mo, catch the tiger by the toe...* Мини, мини, мани мо, кэтч дзе тайгер бай дзе то…

О чем это?

О чужом.

Моей страны больше нет. Как со свойственной ему элегантностью слов, написанных за него референтами, сказал президент Рейган: «*The Soviet Union is no more*». Нет его больше, и все тут. На месте моей страны, занимая бо́льшую ее часть, лежит другая страна – Россия. Иногда – изредка – я приезжаю туда и, как обычно, чувствую себя чужим. Я говорю на том же языке, но говорю о другом. Я не пережил с этой новой страной весь ее путь перемен, развалов, вставаний с колен и оттого не могу быть таким, как друзья моего детства и моей юности, прожившие и продолжающие проживать со своей страной все перемены, измены, горести и радости. У них есть Родина – такая, сякая, но в ней они дома, как были дома в своих центровых языковых школах и в своих центровых ведомственных домах. Они были и остаются тождественны своей жизни. Я же не был дома ни тогда, ни потом – чужой среди почти своих. Не свой среди совсем чужих.

Я привык. Даже нравится.

Тогда, в разгульных 70-х, я прибился к новой-старой группе золотой молодежи моей юности. В новой школе, находившейся во дворе дома, в котором жил дорогой Леонид Ильич Брежнев и прочая партийная элита, я нашел и старых, и новых друзей. Старше меня на год учился Паша Брюн, которого я знал по пионерскому лагерю Литфонда, – впоследствии художественный директор знаменитого *Cirque duSoleil*, с которым дружил и продолжаю дружить до сих пор. 1 сентября, опаздывая на первый урок и заблудившись в новой для меня школе, я встретил в коридоре такого же новенького и также заблудившегося, но совершенно не тревожившегося по этому пустячному поводу Сашу Лебедева, ставшего моим вечным другом. С ним и Пашей, и с другими, навсегда оставшимися моими друзьями, прошла моя золотомолодежная юность – привезенные чьими-то родителями из-за границы диски рок-групп, «Джизус Крайст Супер Стар», джинсы «Левайс», дешевый алкоголь и торопливый секс со случайными и менее случайными девочками в просторных квартирах внутри Садового кольца – пока не вернулись с работы взрослые.

Мы много пили, много курили и много говорили – радостные, упоенные своей юностью и незаработанной нами привилегированностью, будущие хозяева советского будущего, не подозревая, что будущее это окончится раньше, чем через двадцать лет.

*Nomore…*

Где друзья моей золотомолодежной юности 70-х, носители громких фамилий? Коля Данелия, Фил Смоктуновский, Настя Ефремова? Коли уже давно нет в живых, Фил – по последним сведениям – пребывает последние сорок пять лет в тяжелом наркотическом дурмане, и только Настя прожила нормальную жизнь, работая в различных театрах и театральных организациях.

Отчего мы пытались сжечь свою юность в алкоголе и наркотиках?

Мы были уверены, что будем жить вечно и будем жить хорошо. Мы готовились сменить своих мам и пап на их ответственных и интересных постах и жить как жили они – заботливо отгородившись от чужой жизни. Я старался, пытался проникнуться этой уверенностью, но опыт другой жизни мешал, напоминая, что нужно быть готовым драться, когда у тебя потребуют деньги, выданные на обед. Когда тебя будут бить за то, что ты живешь не в том доме, или просто будут бить. Так, ни за что.

Я уже знал, что бежать нельзя.

# Конец невероятной
# легкости бытия

Не случившись как биолог, я смирился с уготованной мне участью кого-нибудь окололитературного – то ли редактора, то ли критика, хотя в душе я – конечно же – хотел стать писателем. Ничего более ценного, более желанного и достойного я представить не мог.

Писатели в моем представлении были не только демиургами, создававшими и населявшими собственные миры. Они были носителями определенной миссии, определенного взгляда на мироздание, на отношения между богом и человеком и между человеком и обществом. Писатели взывали к каждому исполнить свой долг.

Жизнь как служение.

Все было сказано пушкинскими строками:

*Восстань, пророк, и виждь, и внемли,*
*Исполнись волею моей,*
*И, обходя моря и земли,*
*Глаголом жги сердца людей.*

Вот так – ни больше, ни меньше. Особенно ни меньше. На меньшее я был не согласен.

Взрастившая нас русская литература XIX века несла в себе огромную опасность для социальной ткани советского общества, оттого что требовала от читателя исполнения миссии, восстановления справедливости и защиты униженных и оскорбленных. Наши деды, начитавшись этой литературы, пошли на баррикады сначала в 1905-м, затем в 1917-м, потому что осознали свой долг перед угнетенным самодержавием народом. Русская классическая литература требовала, взывала, жгла сердца и умы людей глаголами и другими частями речи, и мы, внуки и правнуки совершивших революцию, ощущали свою миссию, свой долг: рассказать правду. Сорвать завесу лжи и восстановить в мире справедливость. Общественный конфликт между «узурпировавшей» власть группой партийных функционеров и «угнетенным» народом воспринимался как конфликт космический, как борьба добра и зла, оттого что русская литература втолковала нам апокалиптическое видение мира, создав образ конечной битвы между светом и тьмой с шагающим впереди революционной матросни Иисусом Христом – в белом венчике из роз. Русская литература XIX века, как никакая другая, ощущала себя наследницей библейских пророков. Она велела читателю не просто читать, а выбрать сторону и действовать в соответствии с возложенным на него долгом, поскольку долг тот возложен свыше:

*Как труп в пустыне я лежал,*
*И бога глас ко мне воззвал…*

Мы внимали божьему гласу, доносившемуся до нас через рупор российской словесности. Мы не могли не выполнить долг, ибо по его исполнению Федор Михайлович и Лев Николаевич обещали нам никак не менее, чем *«слава в вышних Богу, и на земле мир, в человецех благоволение»*. Мы ощущали себя солдатами на поле боя, где разыгрывалась вселенская битва добра со злом. Мы становились участниками Битвы.

Отчего нам было просто не читать книги и сочувствовать героям в их переживаниях? Не могли: гнал нас в атаку на силы зла моральный императив. По крайней мере тех из нас, кто внял гласу сверху, а не остался лежать в пустыне. Тех, кто ощущал себя духовной жаждою томимым.

Русская литература поломала много жизней. Я думаю, советская власть могла победить диссидентское движение, только отменив преподавание русской литературы в школах. Странно, что никто в КГБ до такого не додумался.

Жизнь моя по мере углубления в литературу становилась все менее и менее веселой, менее мажорной или, пользуясь нынешними социологическими терминами, менее *мажорской*. Веселье последних двух лет школы, прошедших в угаре московской золотомолодежности, в бесконечных полупьяных сборищах в пустовавших больших кооперативных квартирах чьих-то очередных привилегированных родителей, сменилось трезвостью начала студенческой жизни.

Я – уютно катясь по проложенному судьбой и семьей биографическому руслу – поступил на филологический факультет МГУ, а куда же еще? Солнце должно было выйти для меня поутру следующего дня, застав меня младшим редактором какого-нибудь никому не нужного литературного журнала или литературным критиком, пишущим ненужные статьи о не нужных стране книгах. Чем не жизнь? Ан нет: глагол прожег дырку в сердце, и глас воззвал меня к действию. Я вытянулся по струнке и четко ответил: «Есть!»

Самиздат был непременной частью жизни нашей семьи: родители приносили и прятали в разных местах квартиры полуслепые копии перепечатанных книг Солженицына, Зиновьева, Даниэля и Синявского. Я находил эти наскоро и неумело спрятанные страницы и читал их запоем, ощущая причастность к Битве. Потом так же легко эти страницы нашли оперативники КГБ, проводя у нас обыски.

Филологический факультет МГУ в середине 70-х был женским царством. Возможно, таковым он и остается. Тогда же соотношение полов было примерно 20:1 не в пользу сильного пола. Или, наоборот, в пользу сильного пола, учитывая редкость и ценимость мальчиков на факультете.

Учили нас прекрасно, и учиться было интересно. Лекции по развитию русского языка читал профессор Панов, высказывания которого мы считали фрондой. Ничего особо смелого Панов, конечно, не говорил, но мы – повсюду ищущие оппозиционность – интерпретировали его слова, как нам хотелось.

На лекции по изменению орфоэпических норм – правил произношения – Панов среди прочего приводил примеры отвердения переднеязычных зубных звуков [д] и [т] перед мягкими губными, как, скажем, [в].

Михаил Викторович говорил тихим занудным глухим голосом, и мы ловили каждое слово:

– Произносительной нормой русского языка ранее считалось мягкое произношение переднеязычных зубных перед мягкими губными, как в словах «дьверь» и «Тьверь». В дальнейшем переднеязычные отвердели, и теперь допускается произносить «дверь» и «Тверь». Впрочем, в слове

«Тьверь», – подумав, добавил Панов, – произошли более радикальные фонетические изменения: теперь оно произносится «Калинин».

Мило, остроумно, но при чем тут политика? Мы же все наделяли политическим смыслом, оттого что власть наделяла политическим смыслом любое общественное деяние. Мы были хорошими учениками советской власти, приняв ее правила игры.

Советская власть методично и последовательно лишала своих граждан общественного пространства. Все, абсолютно все к 70-м годам рассматривалось пережившей оттепель 60-х властью через призму политической лояльности либо отсутствия оной. Советская власть старательно зачищала любые, самые невинные проявления несанкционированной общественной активности, запрещая преподавания йоги, закрывая кружки уныло тянущих звук «ОМ» кришнаитов, не разрешая выступления рок-групп и закатывая бульдозерами выставки неформальных художников, оттого что в стране времен застоя царила паранойя монополии власти на любую инициативу.

Общественное поле перестало существовать, автоматически превратившись в поле политическое. Власть оказала себе медвежью услугу, вытолкнув в это политическое поле множество совершенно не оппозиционно настроенных людей, объявив их инициативы скрыто нелояльными по отношению к власти, хотя ничего нелояльного в этих общественных и творческих инициативах изначально не планировалось. Оттого советская власть, казавшаяся себе вечной, так быстро пала: к ее концу многие люди считали свое – подчас бытовое, подчас бытийное – недовольство политической оппозицией и легко распрощались с надоевшей им властью, как легко мы снимаем тесную обувь, придя домой.

Нынешняя российская власть, судя по всему, повторяет ту же ошибку, объявляя общественные инициативы граждан скрытой политической оппозицией. Все эти движения по проверке плагиата в диссертациях чиновников, все инициативы по запрету мигалок или протесты водителей-дальнобойщиков против платных дорог рассматриваются властью как вызов, как борьба с ее монополией на реформы, на критику и, объявленное таковым, таковым становится. Если у общества нет другого, кроме политического, пространства, все становится политическим. Частная жизнь граждан перестает быть частной, и подавление своей частной жизни граждане начинают воспринимать как репрессии. А репрессии рождают оппозицию.

Беда любой тоталитарной, как и авторитарной, власти, что она не сознает пределов собственной компетенции, считая, что все имеет к ней отношение, что все в ее ведении и должно ею контролироваться. Как «у России нет границ», так и у власти нет границ, и она ослабляет себя, простирая свой контроль все дальше и дальше. Козьма Прутков уже высказался относительно того, можно ли объять необъятное. И был прав.

Советская власть считала малейшее проявление неофициоза оппозиционным по умолчанию. Мы поверили власти и тоже начали считать любое отступление от канона навязываемой нам государственности смелым вызовом. Странно вспоминать, но театральные постановки на Таганке, бывшие просто формальными изысками любимовской режиссуры, казались нам верхом смелости, возведенной на площади баррикадой сопротивления официальной косности и ретроградству. Милая студенческая клоунада руководимого Марком Розовским Театра МГУ «Наш дом» рассматривалась как серьезное политическое высказывание, и мы, изголодавшиеся по свободной инициативе, искали ее везде, искали во всем. А как поется в старой советской песне, кто ищет – тот всегда найдет.

Я нашел достаточно быстро, потому что был окружен творческой интеллигенцией, сталкивающейся с тоталитарным контролем власти каждый день. Многие чаяния творческой интеллигенции были именно *творческими*, но поскольку все воспринималось властью сквозь призму идеологии, то и становилось таковым. Творческое высказывание превращалось в политическое и начинало жить как политическое заявление, как вызов. Сделав все политическим, советская власть победила в конце концов саму себя.

Я начал с распространения самиздата, следуя советскому диссидентскому правилу: прочитал сам – дай прочитать другому. Принцип размножения, умножения диссидентов был прост: узнал сам – расскажи другим. Я узнавал сам и рассказывал.

Я старательно играл в подполье, гордясь собственной смелостью. Больше всего в этой игре мне нравился я сам, вернее, моя кажущаяся тождественность тем, о ком я читал в правозащитной литературе.

Власть же отнеслась к этой игре более ответственно, приняв ее за нечто серьезное, заслуживающее внимания. Это лестное для меня внимание в конце концов обрело форму отеческой заботы, и 23 ноября 1982 года Комитет государственной безопасности СССР арестовал меня по обвинению в антисоветской агитации и пропаганде, что являлось особо опасным государственным преступлением, подпадавшим под статью 70 (1) УК РСФСР.

# Жизнь третья:
# АНТИСОВЕТСКИЙ АГИТАТОР

*1979–1982*

## Диссидентство
## как самоутверждение

У меня нет претензий к Комитету государственной безопасности СССР: меня посадили за дело. Из тридцати четырех эпизодов, вмененных мне следствием в обвинительном заключении в качестве доказательства моих преступных деяний, я был не согласен, и до сих пор не согласен, лишь с одним: я никогда не призывал к уничтожению коммунистов. Я говорил о необходимости, с моей точки зрения, уничтожения коммунизма в его тоталитарной, советской интерпретации, но никогда, никогда не призывал к физическому уничтожению коммунистов. Суд, однако, признал меня виновным по этому пункту обвинения, как и по остальным тридцати трем.

Все, в чем меня обвинили, я действительно делал и не скрывал этого во время следствия. Я признал свои действия как факт, но отказался считать их преступлением, потому что как можно считать преступлением распространение книг и идей? Следствие же базировалось на оценке распространяемых мною чужих книг и собственных рассказов, статей и высказываний как антисоветских, что позволяло квалифицировать мои действия как антисоветскую агитацию и пропаганду.

С квалификацией я спорить не мог: я действительно был антисоветчиком, но не считал это преступлением и уж тем более не собирался раскаиваться. Наоборот, я был крайне горд, что ко мне относятся настолько серьезно: обвиняют по статье 70-й, то есть в особо опасном государственном преступлении, а не в «легкой», по диссидентским представлениям, статье 190-й.

Статья 190-я предусматривала намного меньший срок и оттого не считалась особо серьезной. Мое же тщеславие было удовлетворено полностью: мое дело вел КГБ СССР, а не просто республиканский КГБ, статья у меня была тяжелая и почетная, чего же еще можно желать? Я чувствовал себя важным, взрослым человеком, которому воздали «по заслугам его».

Впервые КГБ обратил на меня внимание на втором курсе университета: меня неожиданно вызвали в районный военкомат. Я недоумевал, поскольку учился в МГУ и как студент был освобожден от призыва. Явившись в военкомат, я сдал повестку дежурной девушке, не забыв сделать комплимент, как ей идет военная форма. Девушка заулыбалась, запротестовала, но осталась довольна.

Ее расположение ко мне, однако, быстро прошло, когда она взглянула на поданную ей повестку. Девушка (она и вправду была мила) проверила лежавший перед ней список, нашла в нем нечто ее удивившее и позвонила куда-то по телефону. Назвав мою фамилию, она выслушала короткий ответ, кивнула, повесила трубку и, не глядя на меня, отдала повестку обратно.

— В шестой, — сообщила девушка металлически отвердевшим голосом.

Я понял, что осведомляться, что она делает после службы и можем ли мы делать это вместе, не стоит, и пошел в шестой.

Там меня ждал некто в гражданском. Некто был старше меня лет на десять и выглядел сурово. Он сидел за столом, на котором лежала одинокая папка. Он взял повестку и, кивнув на стул напротив, скомандовал: «Садись».

Меня покоробило обращение на «ты»: я этого не любил. Некто, впрочем, явно был нечувствителен к моим эмоциям, поскольку молча читал (или делал вид, что читает) какие-то материалы в раскрытой перед ним папке, не глядя на меня. Я подождал минуты три, затем вынул из портфеля даденный мне на два дня томик Борхеса, раскрыл его и тоже принялся читать. Какое-то время мы сидели и читали каждый свое.

— Так, — сказал наконец некто, — Радзинский.

Обнаружив знакомство с моей фамилией, он снова замолчал, разглядывая меня, словно пытаясь увидеть что-то, что я прячу. Я тоже молчал. Поскольку некто явно не собирался продолжать беседу, я пожал плечами и снова принялся за чтение.

То ли некто не любил Борхеса, то ли был возмущен моим легкомыслием, но он встал и с шумом закрыл папку. Сказать он ничего не сказал, но сделал какой-то странный жест рукой, словно указывая на угол маленькой комнаты с покрашенными блеклой зеленоватой краской стенами. Я оглянулся на угол, не нашел там ничего достойного внимания и снова взялся за чтение.

— Читать перестали! — отрывисто приказал некто. — Радзинский. Сюда не читать пришел.

Ему явно не давались полные предложения с существительными и с придаточными предложениями. Как филолог, я это отметил.

Я вежливо закрыл книгу, но не убрал ее в портфель.

Мы помолчали еще немного. Затем некто оперся на стол руками и чуть подался вперед.

— Что ж ты так? — спросил некто.

Подумав, я счел вопрос скорее риторическим и, стало быть, не требовавшим ответа.

Некто остался недоволен повисшей в комнате паузой и продолжал в характерном для него своеобразном синтаксическом стиле:

— Студент МГУ. Ты почему? У нас сведения.

Глаголы он тоже, видать, не любил. Его тон не оставлял сомнений: некто был мною недоволен.

— Почему не отвечаешь? Сказать нечего? — поинтересовался некто.

— Представьтесь, пожалуйста, — потребовал я. — И объясните, по какому поводу вы меня вызвали.

— Я тебе представляться не обязан, — отрезал некто, обнаружив способность говорить полными предложениями. — Здесь вопросы задаем мы.

Я было хотел процитировать фразу Марка Твена о том, что во множественном числе о себе говорят либо королевские особы, либо люди, больные глистами, но вовремя остановился.

Некто сел на стул и продолжил:

— Что не нравится? Студент МГУ. Родители уважаемые. В армию захотел? Там тебе не МГУ.

С этим я спорить не мог: он явно знал, о чем говорил. Подготовленный был товарищ.

— Пока вы не представитесь, я беседовать с вами не буду. И объясните, по какому поводу меня вызвали.

— Петров, — неожиданно представился некто. — По поводу твоей антиобщественной деятельности. Запрещенную литературу распространяешь. У нас сведения. Достоверные.

Я к тому времени прочел много правозащитной литературы, объяснявшей, как нужно вести себя на допросе.

Так я и повел:

– Удостоверение покажите, пожалуйста, – потребовал я и добавил: – По закону обязаны.

Лапидарный строй речи был явно заразителен.

Некто Петров покачал головой, расстроенный моим формальным отношением к вроде бы уже завязывавшейся беседе, и, неожиданно достав из внутреннего кармана пиджака узкое красное удостоверение личности, помахал им передо мною, зажав большим толстым пальцем название выдавшей удостоверение организации. Затем убрал его обратно в карман.

– Вы открыть должны, – сказал я.

– Открывать не просил, – уличил меня в некорректности Петров. – Просил показать – я показал.

Формально он был прав: я просил показать, а не открыть удостоверение. Этот раунд словесной дуэли я проиграл.

Победа дала Петрову возможность проявить великодушие.

Он остался доволен собою и решил сменить тактику:

– Олех, – обратился ко мне Петров по-дружески, напирая на звук «х», так что получилось «Олех-х-х». – Зачем тебе? Родители такие. Ты что, думаешь, эти тебе друзья? Они тебя вовлекут, а сами в кусты. А ты пострадаешь.

Эх, был Петров провидец. Но я его не послушался.

Он продолжал рисовать разные варианты моего возможного будущего короткими, подчас назывными предложениями, пока я молчал, ожидая вопросы по существу. Мне очень хотелось проявить героизм и отказаться давать показания о других людях, но некто Петров мне такой возможности не дал и ни о чем, кроме риторических обращений типа «Зачем тебе это? Почему просто не учишься?», не спрашивал. Он вообще ничем особо не интересовался.

У него, вероятно, было задание провести со мной профилактическую беседу, он и проводил. Никакой информации ни о других, ни о собственно моей «преступной» деятельности он не пытался выведать. Был, вероятно, не любопытен.

Тогда я решил сам его расспросить.

– А почему вы меня в военкомат вызвали? – поинтересовался я. – Военкомат тут при чем?

– Пока в военкомат, – многозначительно уточнил Петров. – Будешь продолжать – вызовем в другие организации. Другой будет с тобой разговор.

Как в воду глядел.

Думаю, был он мелкий гэбэшник из районного отдела госбезопасности, которому поручили меня пугнуть. К сожалению, у него это не получилось, и я продолжал свою антигосударственную и антиобщественную деятельность, приободренный вниманием КГБ.

# Мы наш, мы новый мир построим

С раннего детства я страдал бесконечными гастритами, колитами, гастродуоденитами и прочими желудочными недугами. Я особенно не обращал на них внимания, ел (а главное, пил) что хотел и продолжал себе жить. В начале третьего курса я заболел, и притом серьезно.

Меня продержали в больнице более трех недель. Я и раньше лежал в больницах, но в этот раз врачи были по-настоящему озабочены: устраивали бесконечные консилиумы, вызывали важных профессоров, которые долго смотрели на рентгеновские снимки, а потом больно мяли мой живот. В конце концов вынесли вердикт: множественное поражение кишечножелудочного тракта, язва, панкреатит и прочие прелести. Необходим строгий режим питания, покой и отсутствие нагрузок.

После семейного совета я согласился с доводами родителей и оформил академический отпуск в МГУ. Я должен был пропустить год учебы.

Год этот стал для меня очень важным: моя однокурсница Наташа Табачникова, ставшая впоследствии известным театральным деятелем, поговорила со своей замечательной мамой Идой Феодосьевной, и меня взяли работать на готовившуюся в то время выставку «60 лет советского кино». Моя должность отчего-то значилась как инженер.

Я работал среди взрослых людей, и требовали с меня по-взрослому. Работа, как и все, связанное с кино, была странной смесью творчества и администрирования. Я – самый младший и некомпетентный член команды под руководством бывшего представителя Совэкспортфильма в Бельгии Отари Тейнешвили (зачем там нужен был такой представитель?) – занимался в основном мелкими административными проблемами, мотаясь между офисом в центре и ВДНХ, где монтировалась экспозиция. Свобода передвижения и посещения была полная, никто не интересовался моим графиком: сделал бы работу. Тут, на выставке, я и познакомился с Н.

Н., киновед из НИКФИ (Научно-исследовательский кинофотоинститут), организации, курировавшей нашу выставку, намного старше и опытнее меня, был типичный московский интеллигент тех лет: саркастичный, хорошо, но однобоко образованный и страстно не любивший советскую власть. После какого-то моего критического замечания в офисе Н., видно, отметил меня как «своего» и в одну из совместных поездок на ВДНХ провел со мной осторожную беседу, прощупывая – до какой степени я «свой».

Судя по всему, я выдержал экзамен, потому что дня через два он молча вручил мне напечатанную в Голландии книгу генерала Григоренко «Мысли сумасшедшего». Я так же молча ее взял.

Прочитал за два дня и принес обратно.

– Уже перепечатал? – спросил Н. – Так быстро?

Перепечатал? Я и не думал об этом: просто прочел.

– Перепечатай, хотя бы три экземпляра, больше – плохо видно, – сказал Н. – И дай другим.

Так я узнал принцип диссидентской деятельности: не просто ознакомление, а распространение.

У Н., судя по всему, был налаженный канал доставки «тамиздатовской» литературы: весь год моей работы на выставке он снабжал меня настоящими книгами, а не перепечатанными с них полуслепыми листочками, которые я видел у родителей с детства. Теперь по вечерам по очереди с мамой мы перепечатывали данные нам на несколько дней книги, одновременно их читая. Таким образом у нас скопилась обширная библиотека первых экземпляров; второй мы отдавали Н., а третий и четвертый шли «в народ». Народ обычно перепечатывал со своих экземпляров, и книги отправлялись дальше – рассказывая, объясняя, требуя.

Многие из книг, которые дал мне Н., я читал и раньше, но в перепечатанной «самиздатовской» форме. Отчего-то настоящие книги – с обложкой, наборным шрифтом, в компактном формате (удобнее прятать!) – казались мне более... настоящими, и написанное в них влияло на меня сильнее, чем машинописные копии. Странный эффект, но факт.

Н. никогда не рассказывал мне, откуда достает книги, да я и не спрашивал. Оставшись наедине, мы часто говорили о прочитанном. Однажды я спросил его, как жить дальше с грузом всей этой правды.

– Два пути, – сказал Н. – Или на площадь и в тюрьму, или уезжать. Каждый выбирает сам.

Интересно, что выбрал он? Закончив работу на выставке, я потерял с ним связь и не знаю, что с ним стало. Зато знаю, что выбрал я.

На пятом, дипломном курсе я устроился работать. Я не боялся диплома, оттого что половина у меня была уже написана – в курсовых работах. Тему я выбрал еще на втором курсе – «Библейские образы в русской литературе второй половины XIX века» – и старательно писал курсовые на разные интерпретации этой темы, подбирая материал, составляя библиографию, оттачивая аргументы, поэтому – пятый курс в отличие от многих дипломников оставлял мне сравнительно много свободного времени. А деньги были нужны.

Меня взяли по специальности – преподавать литературу и русский язык в знаменитой 127-й школе рабочей молодежи в Дегтярном переулке. Молодежь в 127-й школе была, впрочем, сплошь нерабочая. Здесь учились дети творческой и иной элиты, не вписавшиеся по разным причинам в нормальные дневные школы. Этих детей – перед институтами – нужно было куда-то засунуть для получения диплома о среднем образовании, а свободное время потратить на репетиторов – или просто потратить. Нужно сказать, что мои ученики тратили его весьма успешно.

Многие из них собирались последовать за своими родителями и стать художниками, музыкантами, литераторами, актерами. Другие же не собирались стать никем и наслаждались сниженными требованиями по естественнонаучным и математическим предметам, не особенно, впрочем, утруждая себя предметами гуманитарными. Кроме того, в школе учились студенты школы-студии при ансамбле Моисеева, участники Большого детского хора Всесоюзного радио и Центрального телевидения и другие студенты – участники разных исполнительских коллективов, которые по причине творческой загруженности не могли учиться в нормальных дневных школах.

Танцоры и певцы были наиболее честной рабочей молодежью: они даже не старались делать вид, что учатся. Певцы использовали время школьных уроков для сна, а танцоры-моисеевцы, придя в класс, доставали из сумок еду, запрещенную им драконовским танцевальным режимом питания, и сосредоточенно ели булки и сладости, подбадривающе кивая мне, что, мол, продолжайте, Олег Эдвардович, вы нам не мешаете. Поев, они тут же засыпали.

В школе царила полулицейская, полуполицейская обстановка, оттого что наш директор Моршинин одновременно хотел сделать школу флагманом столичного образования и боялся, как бы предложенные реформы не были рассмотрены властью как идеологический вызов. Я спокойно функционировал в этой шизофренической атмосфере, потому что привык к подобной двойственности с детства: так жила вся советская творческая и гуманитарная интеллигенция.

Я помнил уроки Н. и потому, отыскав нескольких учеников, которые не засыпали на моих уроках, пригласил их на факультативные занятия к себе домой на выходные, где, понятное дело, вручил им перепечатанные полуслепые копии самиздата, наказав дать читать другим. Постепенно я и еще один преподаватель, тоже бывший студент филфака МГУ Сережа Л., организовали регулярные лекции по «закрытым» темам русской и советской истории и по запрещенным властью произведениям. К этим лекциям мы усердно готовились, перепечатывая запрещенную литературу, чтобы на выходные раздать ее «детям». Дети, бывшие младше нас всего на пять-шесть лет, покорно брали вручаемое им переходящее знамя свободы и, судя по всему, ничего не читали.

Вскоре нашлись и те, кто читал. В 1981 году мне удалось убедить Моршинина, назначенного, кстати, наблюдать за идеологической чистотой в нашей насквозь богемной школе, что необходимо преобразовать школу рабочей молодежи в Центр образования взрослых. Он заразился этой идеей, поняв ее потенциал для собственной карьеры, и я быстро – буквально за три дня – написал концепцию Центра, которую мы с ним и представили созванной для этого коллегии Академии педагогических наук.

Идея Центра была проста: работающим людям, не преследующим цели формального образования, негде получить знания по интересующим их дисциплинам. Мы предлагали создать Центр, отвечающий таким потребностям, направленный на три сегмента взрослой аудитории:

– для не окончивших среднюю школу – программа среднего образования (то есть то, что наша школа уже и так делала;

– для окончивших среднюю школу – широкий спектр факультативов институтского уровня по гуманитарным и научно-естественным дисциплинам, а также юриспруденции;

– для тех и других – студии, обучающие профессиональным навыкам художественной фотографии, промышленного дизайна, театрально-постановочного дела, вокала и т. д. и т. п.

Почему предпочтение было отдано именно этим предметам? Очень просто: я исходил из возможности привлечь своих друзей: юриспруденцию, например, должен был преподавать мой близкий друг, ныне знаменитый российский адвокат и ресторатор Саша Раппопорт. Театральная же студия была доверена другому ближайшему другу детства, впоследствии выдающемуся деятелю российского театрального авангарда Боре Юхананову.

После создания Центра моя аудитория сильно расширилась: лекции по русской и советской литературе стали посещать взрослые люди, приезжавшие после работы послушать про диалог Достоевского и Чернышевского о судьбах России и революции, про Андрея Платонова и Осипа Мандельштама. Мои публичные лекции были на грани дозволенного в советское время. Те же, кого я считал заслуживающими доверия, приглашались на воскресные факультативы, где я рассказывал о других авторах и, естественно, раздавал литературу, о которой рассказывал.

Мне и моему соратнику по этой миссии, коллеге-преподавателю и выпускнику родного филфака МГУ Сереже Л., удалось к началу 80-х годов наладить регулярное размножение и распространение запрещенной литературы. Другой выпускник филфака, Слава З., подрабатывавший в издательстве МГУ, где я и сам периодически подрабатывал корректором, обеспечил нам доступ к копировальной машине.

Ксероксов тогда было совсем мало. Одну такую машину и закупила типография МГУ, находившаяся прямо напротив «стекляшки» – корпуса гуманитарных факультетов, где мы со Славой учились. Мы встречались на факультете, находили пустую аудиторию, я вручал Славе очередную запрещенную книгу и через день-два получал от него обратно книгу и ее десять копий. Эти копии сразу шли в дело, расходясь между слушателями организованного мною факультатива.

Сам себе я казался важным диссидентом, руководителем подпольного кружка, бойцом сопротивления тоталитарному режиму. Я рвался в бой. Хоть – на время – и формально стал пацифистом.

# Пацифист Радзинский

Диссиденты в те годы делились на две большие группы: те, кто собирались эмигрировать и оттого старались стать неудобными для власти, чтобы их отпустили, и те, кто были действительно озабочены положением с правами человека в стране, эмигрировать не собирались и активно за эти права боролись. Они – Сергей Ковалев, Александр Подрабинек, Юрий Орлов, Анатолий Марченко и многие, многие другие – в отличие от меня были настоящими борцами: они боролись за свободу других, «за нашу и вашу свободу»; я же боролся за собственный «героический» образ.

Я ощущал себя солдатом на поле боя между добром и злом, а солдаты не дезертируют. Борьба с тоталитарной идеологией рассматривалась мною в рамках абсолютного, апокалиптического нравственного конфликта, и, зараженный этим катастрофическим мировоззрением – подарок от русской литературы с ее библейским мессианством, – я никуда не собирался уезжать, хотя знал многих, кто собирался.

Когда они спрашивали меня, отчего я не хочу эмигрировать, я, картинно посуровев, гордо отвечал что-нибудь героически-патетическое:

– Вот прогоним большевиков, тогда и поедем.

Или:

– Если все уедут, кто будет бороться?

Я «делал жизнь» не «с товарища Дзержинского», а «с товарища Солженицына» и известных правозащитников – Владимира Буковского, Юрия Орлова, генерала Григоренко, академика Сахарова. Эта причастность к бóльшему, чем ты сам, причастность к долгу, к служению, внушенная классической русской, а затем и советской литературой – «гвозди бы делать из этих людей», – давала мне ощущение собственной нужности и важности, собственного места в строю.

И я спешил его занять.

Среди тех, кто планировал уезжать, было множество хороших, достойных людей: они попросту не хотели жить в тоталитарной стране, а бороться с этим тоталитаризмом по разным причинам не собирались. Кто-то считал это делом безнадежным, кто-то не верил, что представление части интеллигенции о демократии соответствует представлению бóльшей части советского населения о хорошей жизни, а кто-то не чувствовал себя дома в СССР. Одним из таких был мой друг Сережа Батоврин.

Сережа – старше меня на год – был взрослее и умнее на двадцать. Его отец, дипломат Юрий Батоврин, служил в советской миссии при ООН в Нью-Йорке, где Сережа и рос до шестнадцати лет. Затем отца перевели в Москву, и семья вернулась на родину. Родина Сереже как-то не показалась, и он решил уехать обратно в жизнь, которую знал и любил: в Нью-Йорк.

Сережа рассказывал мне, что ярчайшим впечатлением его детства стала нью-йоркская демонстрация протеста против ввода советских войск в Чехословакию в 1968 году. Он, одиннадцати лет от роду, смотрел из окна особняка советской дипломатической миссии на занявшую улицы многотысячную толпу с транспарантами, осуждающими советскую оккупацию, и пытался соотнести образ агрессора с образом самой справедливой страны в мире, которой служил его отец. И то, и другое не могло быть правдой. Вернувшись в Москву, Сережа решил выяснить, что же является истиной.

Родина не замедлила дать Сереже ответ. К восемнадцати годам, будучи сложившимся художником-концептуалистом, он быстро нашел в Москве других нонконформистов и вместе с ними организовал выставку на чьей-то квартире. На второй день выставки ее посетили любители искусства в штатском, картины конфисковали, а Сережу, пытавшегося объяснить «искусствоведам» из КГБ, что ничего крамольного в данной художественной инициативе нет, отправили в психбольницу. Так советская власть превратила нейтрального художника в ярого диссидента.

Устроив пару выставок, написав несколько манифестов советского художественного нонконформизма и став завсегдатаем московских психбольниц, Сережа Батоврин решил найти более благодарную аудиторию для своего творчества: он решил эмигрировать. И его было не остановить.

Эмигрировать в те годы можно было только в Израиль. У Сережи имелись для этого основания: его мама Любовь Леонидовна была наполовину еврейка, а его жена, подруга моих детства и юности Наташа Кушак, была просто еврейкой. Не наполовину.

Проблема заключалась в его отце: чтобы уехать на постоянное место жительства, требовалось согласие родителей. Власть обосновывала это долгом взрослых детей заботиться о родителях, когда те достигнут преклонного возраста. По сути же, это был удобный механизм отказа в выезде.

Сережин отец – карьерный советский дипломат, – конечно, отказался дать сыну такое разрешение. Сережа, а с ним и Наташа стали отказниками, даже не успев подать документы на выезд. Никакого другого способа уехать, кроме как стать крайне неудобными власти, им не осталось.

Я знал Наташу всю свою сознательную жизнь: ее отец был известный детский поэт Юрий Кушак, и наше пионерлагерное детство при Литфонде СССР подружило нас навсегда. Наташа и познакомила меня со своим сначала возлюбленным, а потом мужем Сергеем Батовриным. Оба в это время были активно вовлечены в московское художественное нонконформистское подполье, устраивавшее неофициальные выставки и разнообразные художественные акции, при разношерстности стилей объединенных неодобрением властями подобных инициатив.

Выставки меня мало интересовали: я считал это неэффективным способом борьбы с тоталитарной идеологией в основном по невежеству и неспособности оценить нефигуративную (как, впрочем, и фигуративную) живопись. Я был воспитан на слове и верил только слову и в слово. Мое ущербное эстетическое воспитание не позволяло мне понять художественную ценность советского нонконформизма, политическая ценность которого, с моей точки зрения, была невысока: художественный нонконформизм не имел отношения к распространению литературы, к мессианскому служению ознакомлению людей с истиной, то бишь к тому единственному, что я знал и ценил. Я на полном серьезе воспринимал свою деятельность как возложенную свыше миссию, считая ее продолжением исполнения завета, данного Иисусом апостолам в Евангелии от Матфея 28:19–20:

19. Итак идите, научите все народы, крестя их во имя Отца и сына и Святаго Духа,

20. уча их соблюдать все, что Я повелел вам…

Вот так. Ни более и ни менее. Оставалось найти апостолов.

Таковыми должны были стать слушатели моих факультативов, и особенно одна группа – физики из академгородка в Долгопрудном Витя Блок, Юра Хронопуло, Боря Калюжный и Гена Крочик. Все они были кандидаты и доктора наук, много старше меня, но приходили на мои факультативы послушать то, что им никогда не рассказывали, и получить книги, которые никогда не читали.

Физики апостолами становиться отказались, поскольку не собирались оставаться в СССР. Эмигрировать они не могли, оттого что у них был разной степени допуск к секретным сведениям, а людей с допуском советская власть не отпускала. Потому они должны были найти другой способ.

Я знал многих отказников – тех, кому не разрешили эмигрировать, но Сережа Батоврин был одним из самых громких и ярких. Кроме того, он и Наташа были моими личными друзьями. Физики же жили в городе Долгопрудном и никого из диссидентско-отъезжанской среды не знали. Я привел их к Батовриным, и вместе с Сережей они основали ставшую знаменитой Группу за установление доверия между СССР и США.

Потом я слышал множество споров о том, кто придумал Группу Доверия. Думаю, идея была плодом коллективного творчества, хотя по провокационной гениальности замысла идея эта очень смахивала на батовринскую. Сережа обладал поразительным умом в области идеологической борьбы: он, как никто, умел разозлить власть, сохраняя при этом относительную безопасность для участников процесса. Кроме того, он действительно был пацифистом и сторонником ненасильственного сопротивления. Сережа Батоврин был пацифист-хиппи с мозгом Макиавелли, и это сочетание позволило ему нанести власти ощутимый удар.

Советская власть, хотя и подписала Хельсинкскую декларацию прав человека в 1975 году, серьезно к ней не относилась и все обвинения в нарушении прав человека воспринимала привычно и легко, объявляя их клеветой и вмешательством во внутренние дела страны. Никакие возмущенные заявления иностранных деятелей и даже санкции на советскую власть не действовали, оттого что она, отчасти справедливо, полагала, что иностранные государства не пойдут на серьезный конфликт из-за посаженных диссидентов. Международной аудиторией советской власти были не западные политики, а западная интеллигенция и пацифистские движения, боявшиеся ядерной войны и потому поддерживавшие советские инициативы по разоружению.

Политические и общественные права граждан были не важны, важны были ракеты. «Сколько у папы Римского дивизий?» – интересовались вслед за товарищем Сталиным советские руководители. Обвинения в нарушении прав человека были неопасны в отличие от перевеса в ядерных вооружениях. Кроме того, шла война в Афганистане, и СССР хотел сохранить среди западной общественности образ борца за мир. Вот на этот образ, на государственную монополию советской власти и лично дорогого Леонида Ильича как основного миролюбца земного шара и посягнул Сережа Батоврин.

В начале июня (или в конце мая?) Сережа – с соблюдением правил конспирации – созвал у себя дома пресс-конференцию иностранных корреспондентов, на которой Группа Доверия огласила свое обращение.

Вот оно:

## ОБРАЩЕНИЕ К ПРАВИТЕЛЬСТВАМ И ОБЩЕСТВЕННОСТИ СССР И США

СССР и США обладают средствами убивать в масштабах, способных подвести итоговую черту под историей человеческого общества.

Равновесие страха не может надежно гарантировать безопасность
в мире. Только доверие между народами может создать твердую уверенность в будущем.

Сегодня, когда элементарное доверие между двумя странами полностью утрачено, проблема доверия перестала быть просто вопросом двусторонних отношений. Это вопрос – будет ли человечество раздавлено собственными разрушительными возможностями или выживет.

Эта проблема требует сегодня немедленных действий. Однако совершенно очевидна неспособность политиков обеих сторон в ближайшее время договориться о каком-либо заметном ограничении вооружений и тем более о существенном разоружении.

Соблюдение политиками объективности в вопросах разоружения затруднено их политическими интересами и обязательствами.

Сознавая это, мы не хотим обвинять ту или иную сторону в нежелании содействовать мирному процессу и тем более в каких-либо агрессивных планах на будущее. Мы убеждены в их искреннем стремлении к миру и предотвращению ядерной угрозы. Однако поиск путей разоружения несколько затруднен.

Все мы разделяем равную ответственность перед будущим. Энергичное движение за мир общественности многих стран доказывает, что миллионы людей это понимают.

Но наша общая воля к миру не должна быть слепой. Она должна быть осознана и выражена конкретно, с учетом всех требований, предъявляемых реальной действительностью.

Мир озабочен своим будущим. Все понимают, что для предотвращения угрозы нужен диалог.

Сложившиеся принципы ведения двустороннего диалога требуют немедленного изменения. Мы убеждены в том, что пришло время для мировой общественности не только ставить вопросы о разоружении перед теми, кто принимает решения, но и решать их вместе с политиками.

Мы выступаем за четырехсторонний диалог – за то, чтобы в диалог политиков равномерно включились советская и американская общественность.

Мы выступаем за последовательное и в конечном счете полное уничтожение запасов ядерного оружия и других средств массового истребления, за ограничение вооружений общего типа.

Мы видим ближайшую программу общего поиска в следующем:

1. В качестве первого шага к устранению ядерной угрозы мы призываем всех, кто не желает смерти ближнему, вносить частные конкретизированные предложения по двустороннему ограничению и сокращению вооружений и в первую очередь по установлению доверия. Мы призываем направлять каждое предложение правительствам обеих стран и представителям независимых общественных групп, борющихся за мир, одновременно.

Мы надеемся на внимание к нашему призыву особенно со стороны советского и американского народов, правительства которых несут ответственность за безопасность в мире.

2. Мы призываем общественность обеих стран создавать смешанные международные общественные группы, основанные на принципах независимости, в функции которых входили бы прием и анализ частных предложений по разоружению и установлению доверия между странами, отбор наиболее интересных и реалистических предложений, информирование о них населения и рекомендация их для рассмотрения правительством обеих стран, а также информирование населения о возможных последствиях применения ядерного оружия и по всем вопросам, касающимся разоружения.

3. Мы обращаемся к научной общественности, в частности к независимым международным организациям ученых, борющихся за мир, с призывом к работе над научными проблемами, непосредственно связанными с сохранением мира. Например, на данном этапе чрезвычайно важно разработать единый математический метод оценки вооружений противостоящих сторон. Мы призываем ученых создавать независимые исследовательские группы с целью научного анализа предложений, поступающих от общественности.

4. Мы обращаемся к политическим деятелям и представителям печати обеих стран с призывом воздержаться от взаимных обвинений в намерении использовать в агрессивных целях ядерное оружие. Мы убеждены в том, что такие обвинения лишь разжигают недоверие между сторонами и тем самым делают невозможным какой-либо конструктивный диалог.

5. Необходимые гарантии установления доверия мы видим в том, что СССР и США должны обеспечить условия для открытого обмена мнениями и для информирования общественности обеих стран по всем вопросам, касающимся процесса разоружения.

Мы призываем правительства СССР и США создать специальный международный бюллетень (с правительственными гарантиями распространения в обеих странах), в котором обе стороны вели бы диалог, вступали в дискуссии, открыто освещали среди других вопросов следующие:

а) анализ переговоров о разоружении и материалы переговоров;

б) обмен мнениями и предложениями о возможных путях ограничения вооружений и разоружении;

в) обмен предложениями по установлению доверия;

г) обмен информацией о возможных последствиях применения ядерного оружия.

Такой бюллетень должен предоставить возможность независимым общественным движениям за мир вступать в общую дискуссию, публикуя неподцензурные материалы, в частности, предложения по разоружению и доверию и информацию о мирных движениях и проводимых ими мероприятиях.

Мы обращаемся к правительствам и общественности СССР и США, т. к. убеждены в том, что каждый, кто понимает, что будущее нуждается в защите, должен иметь реальную возможность его защищать!

---

Казалось бы, никакой крамолы. Но советская власть прекрасно понимала, что ей предлагают, — мало того, от нее требуют – поделиться монополией на мирные инициативы. Что от нее требуют расширения контактов между обеспокоенной общественностью обеих стран (читай «свободы передвижения и обмена неподконтрольными мнениями») и открытости оценок ядерного вооружения.

И кто требует? Из числа подписавших Обращение отказниками не были только мои друзья физики, поскольку вследствие имевшейся у них секретности даже не могли подать документы на выезд, и я сам. Все остальные, подписавшие Обращение, были отказниками с многолетним стажем.

Почему я подписал Обращение? Я не был пацифистом, я не верил в угрозу ядерной войны, но не потому что досконально изучил предмет и думал, что это невозможно, а потому что интересовался только правами человека и ничем больше. Ядерная угроза, о которой советским людям говорили с детства и которую, как нам объясняли, несли в себе «агрессивные действия американского империализма», представлялась мне очередной ложью советской идеологической машины, очередной советской страшилкой. Тем не менее я подписал Обращение, суть которого была для меня чужой, как и сама идея пацифизма, идея непротивления злу насилием.

Злу я собирался противиться как раз насилием. Подставлять вторую щеку я не собирался. Я и первую не собирался подставлять.

Сережа дал мне текст Обращения – посмотреть до пресс-конференции, и я принес этот текст своему другу и соратнику по борьбе со злыми большевиками Сереже Л. Он и его жена Оля были по-настоящему религиозными и принципиальными людьми. Прочитав Обращение, оба отказались его подписать.

– Я не собираюсь никого призывать доверять этому режиму, – объяснил Сережа Л. – Я сам им не верю и не хочу, чтобы им верил Запад. Они обманут, как обманывали всегда. Ты же знаешь: не верь, не бойся, не проси.

Я знал: это была тюремная поговорка, принцип общения с властью, процитированный Александром Исаевичем в «Архипелаге», принцип, по которому жили Сережа Л. и Оля. Жил по нему и я, но Обращение все же подписал.

Возможно, я был единственным из подписавших, кто не верил в суть Обращения. Все остальные вполне могли быть пацифистами, знавшими об угрозе ядерной войны куда больше, чем я, и обеспокоенные ее вероятностью. Власть, однако, не поверила в искренность членов Группы Доверия и начала репрессии практически сразу после пропущенной ею пресс-конференции.

Батоврина посадили под домашний арест. У него в подъезде дежурили гэбэшники – двое внизу, двое на лестничной клетке. Когда я вместе с еще одним членом Группы Марком Рейтманом пришел к нему через день после пресс-конференции, нас задержали и доставили в местное отделение милиции. Нас ни о чем не спрашивали, а просто продержали в отделении часа три, а потом отпустили, о чем в тот же день сообщили «вражеские» голоса. Милиционеры, кстати, отнеслись к нам сочувственно, поскольку в это время в СССР шла почти открытая война между МВД и КГБ, между министром внутренних дел Щелоковым и председателем КГБ Андроповым. Окончание этой войны я впоследствии наблюдал воочию в Лефортовской тюрьме.

Сейчас, по прошествии многих десятилетий, я понимаю, что самым сильным фактором, способствовавшим моему участию в Группе, было тщеславие. Группа предоставила мне совершенно иной уровень признания моей оппозиционности: пресс-конференции, иностранные корреспонденты, упоминание моего имени в трансляциях «Голоса Америки» и Би-би-си и лестное внимание со стороны КГБ, до этого, как я выяснил во время следствия, знавшего о моих диссидентских усилиях, но не обращавшего на них особого внимания ввиду их малой эффективности. Теперь же я не просто распространял запрещенную литературу среди мало интересовавшихся этой литературой мальчиков и девочек из 127-й школы (не)рабочей молодежи – теперь я стал настоящим борцом сопротивления, и, самое главное, об этом узнали множество людей. Членство в Группе подтвердило мой статус *настоящего* диссидента, и я в своем представлении стал равен героям литературы, которую распространял.

Так увлеченно я писал роман о собственной героической жизни, причем не на бумаге, а в этой самой жизни. Никаких других стимулов и причин участия в Группе Доверия у меня, надо признаться, не было.

Мы продолжали устраивать пресс-конференции, выступать с новыми и вполне полезными и квалифицированными инициативами в области разоружения и установления доверия между двумя сверхдержавами. Я был самым младшим и самым малознакомым с предметом членом Группы и, кроме общего шума и героического пафоса, никакого особого вклада в ее деятельность не внес.

Среди членов Группы было множество серьезных ученых, хорошо знавших тему разоружения и предлагавших дельные вещи. Кабы власть была умной, она бы последовала принципу Владимира Ильича: «Если врага нельзя победить, с ним нужно подружиться». Власть могла бы скомпрометировать и разоружить Группу, признав ее полезность и включив ее членов, скажем, в какую-нибудь очередную инициативу Советского комитета защиты мира, утопив Группу в бюрократических проволочках и официальном болоте борьбы за мир.

Власть, однако, умной не была, и расчет Сережи Батоврина оказался абсолютно верным: членов Группы, выступавшей за мир и против ядерной войны, начали репрессировать, что, естественно, показало западной общественности истинное лицо миролюбивого советского режима.

Меня задержали в конце июня 1982 года после встречи с очередным иностранным корреспондентом на Белорусской площади. Я передал ему уже не помню какие материалы о нашей борьбе за мир во всем мире и пошел прочь в сторону Тишинки. На полпути я заметил слежку не особенно прячущихся оперативников и, подстегнутый адреналином и собственной значимостью, попытался от нее оторваться.

Сделал я это со свойственной мне неопытностью: зашел в первый попавшийся подъезд, собираясь пролезть на чердак дома и по нему пройти до следующего люка, там вылези, посидеть немного на лестнице в другом подъезде, пока растерянные гэбэшники будут меня искать, проверяя квартиры в первом подъезде, а затем, посрамив врагов, спокойно выйти на улицу и удалиться в известном лишь мне направлении.

Люк на чердак оказался закрыт на большой висячий замок. А я оказался в западне. Вошедший через какое-то время за мною в подъезд гэбэшник лениво прошел мимо одиноко сидевшего на подоконнике лестничного пролета мастера конспирации и остановился этажом выше. Особенно не скрываясь, он сообщил по рации коллегам, ждущим во дворе, что я в подъезде.

Ситуация была унизительной, и, подождав минут двадцать, я вышел на улицу. Здесь меня и «взяли», заломив руки, и посадили в стоявшую наготове машину.

Меня отвезли сначала в квартиру родителей одной милой и ничего не подозревавшей девушки, с которой мы в ту пору часто в этой квартире ночевали, пока ее родители проводили летнее время на даче. Как назло, именно в этот вечер родители были дома, а девушка как раз на даче, куда я и собирался после встречи с корреспондентом. Кэгэбэшники, объяснив родителям, что я мог прятать в их квартире материалы антисоветского содержания, начали обыск, я же гордо сидел на стуле в кухне, отказываясь говорить, пока мне не предъявят ордер на обыск. Один из оперативников устало объяснил, что ордер на обыск мне предъявлять не обязаны, поскольку проводят обыск не у меня, а у других людей. Люди же эти, несмотря на мои советы потребовать такой ордер, ничего не требовали, а испуганно молчали, иногда робко предлагая кэгэбэшникам чай. Я же молчал вполне героически, периодически сообщая гэбэшникам, что подам на них в суд за нарушение закона.

Оперативники были молодыми ребятами, кроме одного: лысого пожилого дядьки в зеленой рубашке навыпуск по летнему времени, похожего по типажу на бюрократа-крючкотвора из советских фильмов 30-х годов. Он не участвовал в обыске, сперва прохаживался по квартире, наблюдая за действиями оперативников и иногда отдавая негромкие указания, а затем удалился на кухню, где легко и умело втянул в беседу ошеломленных происходящим хозяев квартиры. Он явно был начальством, и командовавший группой (и представившийся мне при задержании) капитан периодически к нему подходил и что-то сообщал на ухо. Дядька благосклонно кивал и отирал лицо большим носовым платком.

Он единственный откликнулся на предложение чая и с удовольствием пил его, сидя на табурете в кухне, обсуждая с перепуганными родителями моей подруги нежданно жаркое лето, перспективу грибной осени и прочие радости дачной жизни.

Когда я в очередной раз потребовал от гэбэшников предъявить ордер на обыск, лысый, шумно прихлебнув чая, укоризненно сказал:

— Да хватит уже, Олег. Не устали еще от ерунды этой? А я ведь дедушку вашего знал. Удивительный был человек: энциклопедия. Теперь таких уже нет.

Я опешил: он знал моего дедушку? Как? Откуда? И которого из двух?

Лысый, впрочем, не стал томить меня неизвестностью. Он втянул толстыми губами смородиновое варенье, гостеприимно предложенное трясшимися от страха хозяевами квартиры, облизал ложку и продолжил:

— Да уж, Станислав Адольфович… Сегодняшним-то за ним тянуться и тянуться. Сколько знал всего человек.

# Дед-кадет

Дед мой, отец отца, родился в Одессе в 70-х годах XIX века, куда ранее эмигрировал из Лодзи его отец Абрам Радзинский. Семья Радзинских — промышленники, владевшие в Лодзи и окрестностях текстильными фабриками, происходила из маленького польского городка Радзина Подлясского, отсюда и фамилия.

Радзинские, собственно, это даже и не фамилия, а прилагательное: радзинские хасиды. Хасиды, проживавшие в Радзине Подлясском, отличались от других хасидов тем, что красили одну из восьми нитей в каждой кисти таллескотна — поддевке с кистями, надевавшейся правоверными иудеями-мужчинами, — специальной синей краской. Эту краску — тхейлет, секрет изготовления которой был утрачен более двух тысяч лет назад, приготовляют из особого моллюска хилозона, и секрет этот заново открыл лишь в середине XIX века раби Гершон-Ханох из Радзина. Раби Гершон-Ханох приказал всем проживающим в Радзине Подлясском хасидам красить одну нитку каждой кисти таллескотна в небесно-голубой цвет, и те послушно принялись за дело. Никакого особого смысла это, как и многие другие религиозные установления разных конфессий, не имело, но соблюдалось радзино-подлясскими хасидами строго и считалось — как все бессмысленно-ритуальное — крайне важным. А как еще: тем они отличались от других польских хасидов — нерадзинских.

Семья Абрама — впоследствии для благозвучия переименовавшего себя в Адольфа (эх, знал бы он!) — красить нити в маленьком провинциальном городке не собиралась, но сохранила, видать, навык, что помогло им по переезде в Лодзь открыть красильню тканей для обосновавшихся в городе текстильных фабрик. Со временем Радзинские начали скупать задолжавшие им за покраску фабрики и вскоре твердо заняли ведущее место в лодзенском текстильном мире. Они производили ткани и продавали их по всей Европе, хотя основным рынком была, конечно, родная Российская империя.

Жить бы и жить Абраму Радзинскому в милом комфортабельном польском городе, наслаждаясь семейным положением текстильного магната. Ан нет: Абрам был неспокоен душой и стремился вдаль. Семья, учуяв его неспокойство, послала Абрама для установления торговых связей в Одессу. Тот связи установил, но решил в Лодзь не возвращаться. Он обосновался в шумном интернациональном портовом городе – черноморском Марселе, быстро потратил в местных французских ресторанах имевшиеся у него деньги, после чего обнаружил, что а) денег больше нет и б) он ничего не умеет. А что делает нормальный ничего не умеющий молодой польский хасид, оставшийся без денег в чужом месте? Правильно: он открывает банк.

Абрам-Адольф финансировал производство, закупку и транспорт зерна, что на хлеборобной Украине было делом хлебным. Он быстро пошел в гору, купил дом, завел прислугу, затем купил еще пару доходных домов в центре города и вел жизнь рассеяно-светскую, мило коверкая русские слова польским акцентом. Будучи человеком абсолютно нерелигиозным, он водил компанию как с местными еврейскими воротилами, так и с бессарабскими помещиками, кому он ссуживал деньги до продажи урожая. В доме одного из бессарабских евреев, торговавших зерном, Абрам-Адольф встретил его дочь – Фелицию. Она была черноглаза, тонка станом и младше его лет на двадцать.

Отец Фелиции особо не сопротивлялся вспыхнувшей любви, чему, думаю, сопутствовал тот факт, что он задолжал абрамовскому банку кучу денег. А может, просто желал счастья дочери.

Вскоре у Радзинских родился сын, названный на польский манер Станислав. Это и был мой дед.

Дед рос избалованным единственным ребенком, окруженным вниманием и богатством. У него был гувернер-француз – сбежавший с французского корабля матрос, оттого дед вырос, говоря на трех языках: польском, французском и русском. Абрам-Адольф никогда не говорил с сыном на идиш, и еврейство, а уж тем более хасидизм, в доме не упоминались. Мать Фелиция тоже не была религиозна, и оттого дед мой рос «безродным космополитом», богатым одесским плейбоем, мечтавшим о Париже и Варшаве.

Он учился в знаменитом Ришельевском лицее, втором – после Царскосельского – питомнике российской элиты, куда его отдали по совету друга семьи и знаменитого доктора, почетного лейб-медика высочайшего двора Российской империи Иосифа Бертенсона, который и сам оканчивал Ришельевский лицей. Сын доктора – Моисей (Мусик) Бертенсон – учился там же вместе с моим дедом и был его другом на протяжении всей жизни.

Вместе с Мусиком дед, будучи человеком интеллигентным, что в России всегда означало «оппозиционно настроенным», вступил перед Первой мировой в Конституционно-демократическую партию и с упоением принялся за кадетскую журналистскую деятельность вместо того, чтобы трудиться по полученной им в Варшавском университете профессии юриста.

Через три года, впрочем, грянула Февральская революция, и дед Станислав, радуясь падению ненавистного ему самодержавия, решил баллотироваться в какой-то возникший революционный орган. Его политическая жизнь закончилась, однако, крайне скоро: с залпом «Авроры» в далекой столице. Дед вздохнул и вскоре уехал в Москву, чтобы затеряться в большом городе и его шумной жизни. Он пошел работать в только что созданную газету «Гудок», где трудились его друзья – Ильф и Петров, Катаев и Олеша, Паустовский и Багрицкий.

Славное было время, да кончилось быстро: в середине 20-х деду припомнили кадетское прошлое, и он понял, что нужно сидеть тихо, не лезть в журналистику, и принялся за переводческую работу, перелагая на русский французских и польских авторов. Так он и жил – переводами и инсценировками, не высовываясь и сторонясь власти.

А друг Мусик Бертенсон не успел вовремя спрятаться и скоро поехал в Северлаг, куда дед каждый месяц отсылал ему посылки под вымышленными фамилиями. Переводческой деятельностью дед также занимался под вымышленным именем – Уэйтинг, то бишь русской калькой английского слова *waiting* – «ожидающий». Вся его жизнь и прошла в ожидании: когда же в России наступит любимая им конституционная демократия. Так он до нее и не дожил. Может, и к лучшему.

Власть периодически припоминала деду его славное кадетское прошлое, и тогда он исчезал из Москвы, удаляясь в длительные творческие командировки. Последний раз им заинтересовались в начале 50-х, когда по стране прокатились процессы по «делу еврейских космополитов». Дед – человек опытный – уехал в Ереван, где и прожил до смерти Сталина. Когда он вернулся, его пару раз допросили для порядка, но ГБ было не до старого кадета: рушился их мир. К тому периоду, думаю, и относится знакомство пожилого лысого гэбэшника с моим дедом-кадетом.

# Подследственный Радзинский

Оперативники, проводившие обыск, споро и умело осматривали книжные полки и ворошили ящики с постельным бельем. Ничего не обнаружив, они извинились перед родителями девушки, погрузили меня уже в другую ждавшую во дворе машину и поехали ко мне домой – в родное Дегунино.

Я тихо торжествовал, поскольку в ожидании обыска убрал из нашей квартиры все материалы Группы, да и любую запрещенную литературу к одному из своих друзей. Моя бедная мама, которая только приехала с гастролей Театра миниатюр, в котором работала заведующей литературной частью, не особенно удивилась появлению в нашем доме КГБ. Ей предъявили ордер на обыск, который мне почему-то предъявить отказались. Скорее всего, КГБ предпочитал иметь дело со взрослыми и ответственными людьми.

Обыск закончился к трем часам ночи. Ничего, кроме запрятанных родителями самиздатовских копий и пары изданий парижского журнала «Континент», они не нашли. Мне вручили повестку в следственный отдел КГБ СССР, за которую я, как и водится, отказался расписаться, сообщив гэбэшникам, что утром же подам на них в суд за незаконные действия по моему задержанию, поскольку они не показали мне ордер на арест. Они вздохнули и – время было позднее – удалились, оставив повестку у зеркала в прихожей.

На следующий день, когда я, предварительно обзвонив всех знакомых и сообщив им о перенесенных тяготах жизни борца с режимом, вышел из дома, то обнаружил стоявшую у нас во дворе машину с тремя оперативниками. Один – с добрым круглым лицом – вежливо поинтересовался, собираюсь ли я ехать на допрос в КГБ. Не удостоив его ответом, я двинулся дальше, но тут же был посажен в машину и доставлен в следственный отдел КГБ СССР – Энергетический переулок, д. 3. Этот адрес я впоследствии хорошо выучил, поскольку там находился и продолжает находиться следственный изолятор КГБ – знаменитая Лефортовская тюрьма, Лефортовка, – в которой я затем провел долгое время. Об этом потом.

Двое оперативников отконвоировали меня в приемную следственного отдела, где пошептались с дежурным, который тут же куда-то позвонил. Я молча сидел, осматривая других посетителей, не понимая, почему они пришли сюда по доброй воле.

Минут через десять в приемную вышел молодой светловолосый мужчина лет тридцати с небольшим в сером, ладно сидящим на его спортивной фигуре костюме, который, взглянув на меня мельком, словно проверяя, правильного ли привезли человека, забрал у дежурного какую-то бумагу.

Затем похожий на молодого Роберта Редфорда светловолосый подошел ко мне и представился:

– Круглов. Вот ваша повестка, Олег Эдвардович.

Он протянул мне точно такую же, как оставшаяся у зеркала в прихожей, повестку. Я ее не взял и не удостоил его ответом. Круглов, ничуть не расстроившись, кивнул оперативникам и вместе с непонятно откуда материализовавшимся в приемной конвоиром в форме КГБ повел меня внутрь Лефортовки.

Я торжествовал, внимательно осматривая окрестности и готовясь дать достойный отпор кровавым гэбэшникам. Окрестности следственного отдела, впрочем, меня разочаровали – обычные лестница и коридоры с закрытыми дверями кабинетов без фамилий их владельцев.

Кабинет Круглова оказался на третьем этаже.

Меня усадили за маленький прямоугольный стол у двери, Круглов расписался на какой-то бумажке, и конвоир удалился.

– Чай будете? – предложил Круглов.

Я молчал, продумывая стратегию допроса. Я не собирался отвечать ни на какие вопросы, но мне было интересно, что они знают обо мне и о Группе.

– Позвольте еще раз представиться, Олег Эдвардович, – сказал не обескураженный моей неприветливостью Круглов. – Меня зовут Сергей Борисович Круглов, я старший следователь следственного отдела КГБ СССР. Предупреждаю вас об ответственности за дачу ложных показаний.

Показаний – ни ложных, ни правдивых – я давать не собирался и оттого не ответил.

Круглов подошел к моему столику и положил передо мной какую-то официальную бумагу.

Я посмотрел: это было официальное предупреждение об ответственности за дачу ложных показаний в ходе допроса.

– Подпишите, пожалуйста, – попросил Круглов.

– Ничего подписывать я не буду.

Круглов сел за свой стол и, позвонив кому-то по телефону, попросил зайти. Пришедший – еще моложе – подписал как свидетель, что я в его присутствии отказался от подписания предупреждения об ответственности за дачу ложных показаний, с которым следствие меня ознакомило, и удалился.

— Назовите ваши фамилию, имя, отчество, — попросил Круглов.

— А вы не знаете?

— Знаю, — признался Круглов. — Но так положено.

Надо сказать, что в приемной у меня изъяли паспорт, который я – как и все диссиденты, ожидающие задержания в любой момент, – всегда носил с собой. Теперь он лежал на столе перед Кругловым.

— В паспорт посмотрите, — посоветовал я, гордый своей иронией.

— Олег Эдвардович, — положив ручку на стол, сказал Круглов. — Нам с вами предстоит долгое общение, поэтому я хотел бы установить параметры отношений. Я задаю вам вопросы, вы на них отвечаете. Или не отвечаете. Какие-то вопросы будут относиться к сути дела, какие-то я обязан задать для проформы. Это – вопрос для проформы, так что вы на него можете ответить без всякого ущерба для своего достоинства.

— А в чем суть следствия? – поинтересовался я и тут же, испугавшись, что меня сейчас втянут в беседу, добавил: – Никаких показаний я давать не собираюсь.

— Следствие проходит по уголовному делу, открытому следственным отделом КГБ СССР по статье 70-й, — сообщил Круглов. — Вы вызваны следствием в качестве свидетеля.

Тут я заликовал: вызван в КГБ, настоящий КГБ, а не в какой-то придурочный военкомат к малограмотному, плохо формулирующему фразы гэбэшнику, да еще и по 70-й! Вот он, момент славы. Свершилось, и я в присных.

— Никаких показаний в отношении следствия против других людей я давать не собираюсь, — твердо пояснил я Круглову.

— А в отношении других людей я вам никаких вопросов и не собираюсь задавать, Олег Эдвардович, — миролюбиво уточнил Круглов.

— То есть как? – не понял я. – Вы проводите следствие по 70-й против кого-то, а меня вызвали как свидетеля. Значит, собираетесь задавать вопросы о деятельности обвиняемых по этому делу. А мои моральные принципы не позволяют мне отвечать на вопросы, касающиеся деятельности других.

«Моральные принципы» были неубиенным диссидентским аргументом, что знал каждый, читавший правозащитную литературу.

— Тогда, Олег Эдвардович, никаких проблем у нас с вами не будет, — по-редфордовски обаятельно улыбнувшись, заверил меня Круглов. —

Поскольку дело открыто против вас. Так что мои вопросы будут касаться именно вашей деятельности.

Такого поворота я не ожидал. По 70-й против меня? Я тут же необычайно возгордился собой и представил, как сообщаю об этом иностранным журналистам и с каким уважением начнут теперь ко мне относиться соратники по борьбе.

— Как же я могу проходить свидетелем по делу, открытому против меня? — Я решил уточнить, правильно ли понял Круглова.

— Пока свидетелем, — пояснил Круглов. — Возможно, мы с вами сейчас все выясним, и вы свидетелем и останетесь. Если начнете отвечать на вопросы.

— Тогда я тем более отказываюсь отвечать, — гордо отрезал я. — Не собираюсь давать никаких показаний против себя самого.

Круглов помучился со мною еще минут двадцать, пока я молчал, глядя мимо него в окно, затем предложил подписать протокол допроса, в котором было правдиво написано, что я отказался отвечать на предложенные следствием вопросы. Я отрицательно покачал головой: подписывать ничего не буду.

— Олег Эдвардович, — предложил неунывающий Круглов, — давайте сделаем так: идите домой, подумайте хорошо, посоветуйтесь с родителями, а я вам пришлю повестку, и мы поговорим еще раз. Хорошо?

Ничего хорошего я в этом не видел, но обрадовался, что меня отпустят домой. Я уже представил пресс-конференцию, посвященную лично мне. И как небрежно, как героически я буду рассказывать восхищенным иностранным журналистам о давлении КГБ и моем стоическом сопротивлении. Вот такой я был тщеславный и глупый юноша. Даже обидно в этом признаваться.

Круглов вызвал конвоира и вместе с ним доставил меня в приемную, где передал дежурному паспорт, а тот, сделав отметку в журнале, передал его мне. Не знаю, почему Круглов не отдал паспорт мне напрямую; вероятно, было не положено.

В приемной меня ждали уже знакомые оперативники. Они любезно предложили подвезти меня домой – «Нам же по пути». Я не удостоил их ответом, и один из них отправился за мной в метро, другие же погрузились в ожидавшую их машину.

Так началась моя четырехмесячная жизнь под наружкой – гласным наружным наблюдением, продолжавшимся до ареста.

# Жизнь диссидента,
# рассказанная им самим

Почему, отчего КГБ отнесся ко мне так серьезно? Они не только открыли против меня дело по статье, подходящей под «особый раздел» Уголовного кодекса, и поручили его вести следственной группе из четырех человек, оторвав их, должно быть, от больших государственных задач, но также установили за мной гласное наружное наблюдение из трех сменявших друг друга групп. Эти люди дежурили в машине «Жигули» перед моим подъездом, проводя дни за играми в карты (если я сидел дома), а ночи – за распиванием спиртного. Поскольку они наблюдали за мной, а я за ними, я быстро установил, что они пользовались туалетом в находящейся в нашем дворе районной поликлинике. У них были настоящие рации, посредством которых они держали контакт, когда один или двое сопровождали меня в передвижениях по городу общественным транспортом, а другие следовали в*Е*рхом – в машине.

Этим людям платили зарплаты, на бензин тратились деньги советских трудящихся, наблюдение было круглосуточным. И зачем? Я был совершенно не опасен, не представлял никакой угрозы – к чему все эти расходы и затраты человеко-часов? Редкие – даже по высоким советским меркам – безалаберность и бесхозяйственность. И это в 1982-м, когда страна, обессиленная бессмысленной трехлетней войной в Афганистане, подорванная безнадежной гонкой вооружений с Соединенными Штатами, начала испытывать настоящий продовольственный голод. Когда напрягаясь из последних сил, родная держава посылала своих сыновей если не погибать за свободу дружественного афганского народа, так загибаться на строящейся более пятидесяти лет Байкало-Амурской магистрали? Стране было куда тратить, как любили говорить с ударением на последний слог малограмотные люди – средств*А*, кроме как на бесполезную слежку за никому не нужным мной.

Представьте: выхожу я из дома, и тут же из запаркованной во дворе машины вылезает сотрудник 7-го управления КГБ (наружное наблюдение) и подчас радостно, подчас недовольно здоровается и вопрошает: «Куда идем, Олег?» – и затем, не получив ответа, двигается за мною. А за нами, нарушая правила уличного движения, едет машина с его коллегами.

Я, нужно признаться, упивался собственной значимостью: ни у кого из знакомых мне диссидентов такого не было. Их задерживали, сажали под домашний арест, отправляли в психбольницы, наконец, сажали, но никому из них, как мне казалось, советская власть не оказывала столь лестного внимания. Я воспринимал это как признание своей важности, как выданную мне награду и высокое государственное доверие.

Под таким пристальным наблюдением я находился четыре месяца – до ареста в конце октября. Какие-то оперативники менялись, какие-то оставались, и в конце концов у нас установились невысказанные, но принятые обеими сторонами правила общения:

– я с ними не здороваюсь и делаю вид, что их не существует;

– они со мной здороваются, но не пытаются вступить в беседу;

– если я встречаюсь с известными КГБ диссидентами, то можно ожидать, что скоро появится милиционер в форме, который потребует у всех присутствующих документы, после чего моих друзей заберут в ближайшее отделение, где будут держать несколько часов, а потом отпустят, а «мои» оперативники посадят меня в машину и отвезут домой;

– любые контакты с иностранцами окончатся так же;

– я не пытаюсь от них убежать, а они не вмешиваются в мою «неполитическую» жизнь.

За четыре месяца общения я узнал их индивидуальные склонности и наделил определенными, казавшимися мне уместными именами. Один из них – постарше, лысый – стал для меня Майором. Отчего Майором? Не знаю, просто звал его Майором и все.

Майор выглядел всегда устало и озабоченно. Он не занимался поездками в общественном транспорте, поручая это более молодым и менее усталым и озабоченным коллегам. Майор оставался в машине, и именно он принимал решения, на какие мои встречи смотреть сквозь пальцы, а какие прервать и доставить меня домой. Майор ездил в машине на переднем пассажирском сиденье, здоровался со мной кивком и много обеспокоенно курил.

Другой оперативник, продержавшийся в «моей» группе с начала до конца, был молодой здоровый парень с круглым милым лицом и пышными пшеничного цвета волосами. Я окрестил его Тракторист, потому что по типажу он прекрасно подходил на роль тракториста в советском фильме про счастливую колхозную жизнь. Тракторист, собственно, и задержал меня 23 октября 1982 года, доставив в следственный отдел КГБ СССР, откуда меня уже не отпустили. Сделал он это совершенно беззлобно, без всякого пафоса, но и без особого сожаления. Пока же у нас с ним установились ровные отношения: он всегда громко со мною здоровался, не унывая от моего холодного «героического» молчания, старался встать поближе в переполненных дегунинских автобусах и вообще проявлял заботу.

Помню, ко мне в гости приехали физики и товарищи по пацифистскому движению Витя Блок и Боря Калюжный. Они жили в Долгопрудном – под Москвой, где в ту пору стоял настоящий продуктовый голод. Всласть наговорившись о планах борьбы с режимом (соблюдая конспирацию, все главное мы писали на бумаге), Витя и Боря, оба значительно старше меня, женатые и отцы детей разного возраста, поинтересовались, продается ли в нашем продуктовом магазине сливочное масло. Я – по причине бессемейности и занятости важными (анти)общественными делами – не имел об этом никакого представления и предложил пойти посмотреть.

Мы вышли из подъезда и направились в сторону магазина, и тут же к нам присоединился Тракторист.

Думаю, первоначально операА собирались, как обычно, вызвать милицию и задержать физиков, но, увидев, что мы идем в магазин, решили, что, скорее всего, наш поход не несет в себе опасности для государственного строя СССР. В магазине Тракторист держался совсем близко, внимательно следя, не собираемся ли мы с кем-то конспиративно встретиться, но поскольку никого, кроме усталых и озлобленных очередями советских патриотов, там не было, он быстро успокоился. Мы встали в длиннющую очередь за сливочным маслом, предварительно выяснив, что дают две пачки в руки. Я должен был, как и мои друзья, приобрести две пачки и отдать одну Вите, а другую Боре.

Тракторист, убедившись в незлокозненности наших намерений и по-человечески поняв нужду физиков в животных жирах, где-то в середине очереди протерся сквозь наседающую и жаждущую сливочного рая толпу и предложил свои услуги:

– Олег, давай сейчас наши ребята подойдут, и мы каждый возьмем вам еще по две пачки. Можем и без очереди.

Мы, понятное дело, отказались гордым незамечанием его существования, хотя по лицам моих друзей было видно, каких трудов им это стоило. Принципы, однако, были важнее. А могли бы и лишнего масла хапануть.

Был еще один оперативник, которого я прозвал Фашист. Больше всего Фашист походил на рекламу «настоящего арийца»: он еле умещался в маленьких «Жигулях» ввиду своего двухметрового роста, был необыкновенно широк в плечах и совершенно альбиносен. Фашист вел себя холодно и недружелюбно. Он, единственный из всех оперативников, никогда со мной не здоровался и вообще не удостаивал меня вниманием: я был объект наблюдения и не более.

С Фашистом связан забавный случай: как-то в конце сентября я возвращался домой в переполненном автобусе.

Тут нужно сделать отступление и сказать, что в связи с началом следствия меня уволили с работы в 127-й школе и не взяли в журнал «Вопросы литературы», куда я собирался распределиться после окончания филфака. Также меня не приняли и в аспирантуру МГУ, хотя мой академический руководитель профессор Журавлев еще в мае сообщил мне, что вопрос о моей кандидатуре практически решен. Он оказался прав: вопрос о моей кандидатуре был решен, да только в другом месте и другими людьми.

Я не пытался устроиться на работу, понимая, что подведу людей, если скрою от них факт подследственного положения, а если не скрою, работу точно не получу. Так что и стараться не стоило. Поэтому я перебивался репетиторством, и перебивался неплохо: у меня было четыре ученика, с каждым я занимался два часа в неделю – час русским языком, час литературой, получая пять рублей в час. Таким образом, я зарабатывал сорок рублей в неделю, или сто шестьдесят рублей в месяц. Это было много больше, чем мне платили по ставке преподавателя школы.

Так вот, возвращаюсь я с урока в битком набитом 194-м автобусе под заботливым оком Фашиста, способного даже в такой толкучке организовать для своего большого тела свободное пространство. На моей остановке толпа выносит меня из автобуса, а за мною величаво и неспешно спускается Фашист, о которого, как о скалу, разбиваются спешащие люди. Я же, движимый инерцией, налетаю на желающего влезть в автобус и пахнущего принятым после работы дешевым спиртным здорового мужика в телогрейке.

Мужику такое мое поведение не понравилось, и он, забыв про автобус, схватил меня за грудки и, проявив глубокое знакомство с определенными пластами русской лексики, потребовал объяснения:

– Ты чо, блядь, слепой? Куда, на хуй, лезешь? Пиздюлей захотел?

Я знал, что не могу позволить себе драку. Поэтому оглянулся на застывшего неподалеку в нордическом спокойствии Фашиста и поинтересовался:

– Это провокация?

Фашист принял решение мгновенно. Он обернулся на машину со своими коллегами и, вероятно, получив телепатический приказ, шагнул вперед, легко оттеснив меня (и еще человек пять желающих погрузиться в автобус), сгреб огромными руками телогреичный ворот, поднял хмельного мужика в воздух и ощутимо больно стукнул его об афишную тумбу, оставив держать на весу. В это время из машины выскочил и, растолкав толпу, встал рядом с Фашистом еще один рослый оперативник.

Бедный мужик, быстро протрезвев, перебирая ногами сырой осенний московский воздух, помотал головой, оценивая обстановку, и вполне дружелюбно обратился ко мне:

– Борода, – сказал он, улыбаясь мне, как старому доброму приятелю, которого неожиданно встретил на улице, – Борода, я ж не знал, что ты с ребятами!

Так весело протекала моя жизнь под наружкой, освещенная пылающим над моей глупой головой нимбом «важного» борца с кровавым большевистским режимом, осветленная уважением друзей по этой самой борьбе и согретая страхом за меня родителей. Длиться вечно так не могло, я это понимал, но особенно об этом не думал. Об этом думали моя мама и оба папы.

Я никогда не ощущал родительской любви. Не потому, что родители меня не любили, не заботились обо мне, а просто потому, что они никогда о своей любви не говорили, и, главное, потому, что они всегда были заняты работой. Я рано выучил, что их работа намного важнее меня, и это казалось мне естественным порядком вещей. Мама и папа Тема пропадали целыми днями в «Останкино», часто работая по воскресеньям (суббота всегда была рабочим днем), приходили они, когда я уже спал, а если у них и выдавалось редкое совместное свободное воскресенье, то проводилось оно не со мной, а с друзьями-телевизионщиками, и разговоры шли опять о работе, о глупом телевизионном начальстве, о новых книгах и новых спектаклях или об ужасной советской власти, не позволявшей эти книги писать, а спектакли ставить. Обо мне родители не говорили никогда, никогда не интересовались моими проблемами, вспоминая о своей родительской роли, лишь когда мои проблемы становились их проблемами – например, когда я в двенадцать лет сломал позвоночник или когда меня исключали из очередной школы и нужно было срочно искать другую. С мамой мы разговаривали в основном о литературе, упиваясь совместной любовью к Достоевскому, с папой Темой мы говорили о политике и играли в шахматы. А также подолгу рассматривали географические атласы, путешествуя в дальние земли, расположенные в картографической проекции Меркатора, и зная, что нам никогда туда не попасть живьем.

После обыска и первого допроса родители старались не говорить о будущем, словно их молчание могло его отменить.

Папа Эдик был занят собой и своим творчеством. Кроме того, я ему был неинтересен. Думаю, первый раз он по-настоящему мною заинтересовался именно тогда – когда КГБ возбудил против меня дело. Я стал ему интересен как новый сюжет.

Из всех трех родителей он оценил ситуацию наиболее реалистично:

— Тебя посадят, — сообщил он в первую же нашу встречу после того, как следователь Круглов проинформировал меня о моем статусе подследственного. — Если еще осталась возможность эмигрировать — уезжай. Попробуй поговорить с ними: скажи, что ты согласен тихо уехать, если они закроют дело и тебя выпустят. Только ничего не подписывай, они потом используют это против тебя.

Я, конечно, гордо отказался, сообщив ему, что ни в какие сделки с КГБ вступать не буду, как нам, героям, и положено.

Папа Эдик молча выслушал меня, ни разу не перебив (большая редкость!), и сказал:

— Тогда готовься. Они, — папа всегда обозначал власть или личным местоимением третьего лица во множественном числе, или указательным местоимением «эти», думая, должно быть, что, отказывая ей в имени собственном, он делает ее менее настоящей, — они тебя посадят. Обязательно. И я ничего не смогу сделать.

Интересно, что, несмотря на уверенность в собственном бессилии в создавшейся ситуации, папа Эдик с первого дня моей посадки пытался на эту ситуацию повлиять: он записывался на приемы к разным гэбэшникам, курировавшим советскую культуру, и объяснял, что я а) глуп, молод и неразумен и б) сильно болен. Гэбэшники сочувственно выслушивали папины рассказы о моей язве желудка и сломанном в детстве позвоночнике, понимающе кивали и в ответ жаловались на мой несговорчивый характер, на мой отказ сотрудничать со следствием и раскаяться в содеянном.

— Как же можно его отпустить, Эдвард Станиславович? — вопрошали гэбэшники, предварительно заверив отца, что по-человечески они его понимают. — Статья-то серьезная.

В общем-то они были правы.

Все это, однако, еще не случилось, а таилось в моем будущем, прячась за его многовариантностью. Хотя папа Эдик был прав: никаких многих вариантов у моего будущего уже не было. Знал он родную страну.

Я особенно по этому поводу не расстраивался: тюремное будущее виделось мне еще одной, пока не прочитанной (да и не написанной пока) книгой, которую суждено прочесть. Я жил настоящим, и оно мне нравилось.

И было отчего: почет и уважение со стороны власти, признание ею моих диссидентских заслуг, личные опер*A*, сопровождавшие меня повсюду. Как тут не радоваться? Были и другие причины.

Милая театральная девушка, у несчастных родителей которой проходил первый июньский обыск, по их настоянию порвала со мной отношения и исчезла из моей жизни. Я, признаться, не горевал, оттого что в моей жизни скоро появилась другая.

# Любовь нечаянно нагрянет...

Мой друг Саша Лебедев предыдущей весной – перед тем, как удалиться в советскую армию, чтобы, думаю, окончательно подорвать ее боеспособность, – зашел ко мне на работу с двумя девочками. Девочки заканчивали десятый класс, и официальным предлогом нашей встречи стала Сашина искренняя озабоченность их будущим и особенно последующим поступлением в институт. Тот факт, что обе были удивительно – даже по высоким московским меркам начала 80-х – хороши собой, делал Сашину заботу еще более искренней.

Саша попросил меня рассказать девочкам о тяготах вступительных экзаменов по русскому языку и литературе, причем беседа эта непременно должна была состояться у него дома, где – вот ведь совпадение! – как раз в тот вечер не было родителей. Домашний уют, с Сашиной точки зрения, являлся важным элементом продуктивного общения.

Одна из них стала его женой, другая – моей.

Я, впрочем, о нашей первой встрече с Алёной скоро забыл, оттого что она не проявила ко мне (как и к поступлению в институт) никакого интереса, да и вообще я в то время жил с другой, намного взрослее и опытнее этой похожей на олененка красивой десятиклассницы. Скоро в мою жизнь вмешался Комитет государственной безопасности, и на какой-то момент стало не до девушек. Тут-то я снова встретил Алёну.

Я узнал ее не сразу: она стала еще красивее, еще ярче и выглядела еще моложе своих семнадцати лет.

Я шел по Пушкинской площади в сопровождении гэбэшников, московский август близился к концу, отдавая городу последнее летнее тепло, и – как обычно перед сменой сезонов – воздух был напоен предвкушением скорых перемен: спешащих москвичей и гостей столицы ждали новые школы, новые рабочие места и новые послелетние знакомства. Я – как и положено большим политическим деятелям – наверняка думал о чем-то важно-державном, но тем не менее заметил идущую навстречу красивую тоненькую девочку, неумело покачивавшуюся на высоких каблуках-

шпильках. Мы встретились взглядами, прочли в глазах друг друга обещание будущего счастья... и я пошел дальше, понимая, что не могу сейчас
никого пустить в свою жизнь.

Не тут-то было.

– Олег? – окликнула меня девушка. – Радзинский? Вы Олег Радзинский?

Я признался: это я. Не врать же.


Через много-много-много лет итальянский поэт и сценарист Тонино
Гуэра преподал мне урок, как действовать в подобных обстоятельствах,
когда не хочешь признаваться, что ты – это ты: мы писали с ним сценарий
фильма «Парад-алле» у него в Пеннабилле и, истощенные творчеством
и трудностью общения – Тонино не говорил по-русски, а я по-итальянски,
и его бедная жена Лора переводила нам друг друга с пулеметной скоро-
стью, – пошли гулять по городку.

Когда мы проходили главную площадь перед старой церковью, на
ней остановился автобус с итальянскими туристами, шумно высыпавшими
поглядеть на окрестные достопримечательности. Тонино заторопился, но
одна туристка внимательно к нему присмотрелась и побежала к нам.

– Пиу велоче, пиу велоче, – заторопил меня Тонино, ускорив шаг.

– Синьоре! – закричала туристка. – Синьоре, вой – Тонино Гуэра?

– Но! – закричал в ответ Тонино: – Ио соно суо фрателло! (Я – его
брат!)


Я не сказался тогда своим братом, и мы с Алёной долго говорили –
о прошедшем лете, об общих друзьях, о ее планах – под неусыпным, но
довольным оком моих сопровождавших. Их эта ситуация радовала, поскольку, как люди опытные, они понимали: когда тебе двадцать с небольшим, никакая политическая борьба не может соперничать с красивой де-
вушкой. Значит, на сегодня можно расслабиться.

Так мы говорили о всякой ненужной ерунде, а наши глаза в это время
договаривались совсем о другом.

Я взял у Алёны ее номер телефона, пообещав позвонить через два
дня – в пятницу, и мы попрощались. Я смотрел, как она уходит, покачива-
ясь на каблуках – черноглазая тростинка, и внутри у меня что-то словно
оторвалось, словно уходило вместе с ней.

Алёна уже почти дошла до подземного перехода, когда я окликнул ее.

Она остановилась, подождала.

– Представляешь, – сказал я, взяв ее за руку, – у меня уже наступила пятница.

– У меня тоже, – призналась Алёна, и ее длинные черные пушистые ресницы качнулись, соглашаясь: да, уже пятница.

Наш вспыхнувший и охвативший, захвативший нас роман радовал не только нас, но и гэбэшников: они знали, что в дни, когда мы встречаемся, им можно отдыхать – до утра я никуда не денусь. Они приветливо здоровались с Алёной, тактично отставая от нас метров на десять, пока мы – отдельно от всего мира, потерявшись друг в друге – бродили по осенней Москве. Нашу любовь заботливо охранял родной Комитет, и я совсем перестал думать о будущем и о том, что меня в этом будущем ждало.

Кому интересно будущее, когда есть такое настоящее?

Следователь Круглов, однако, обо мне не забыл и регулярно – раз в неделю – присылал повестки с требованием явиться на допрос. Я эти повестки выбрасывал в мусор и никуда не ходил. Не до Круглова мне: у меня любовь.

Однажды Алёна приехала ко мне вечером, и когда я открыл ей дверь, моя кошка Машка выскочила на лестничную клетку и побежала вниз. Алена отчего-то любила эту кошку, обладавшую на редкость скверным характером, и многократно заявляла, что вообще-то приезжает повидаться с ней, а не со мной. По ночам Машка приходила к нам в комнату и внимательно следила за нашей любовью зелеными блестящими глазами, то ли завидуя, то ли учась, то ли сравнивая со своими дворовыми романами. Алёна подолгу с ней разговаривала, и Машка, обычно диковатая и живущая своей обособленной кошачьей жизнью, позволяла Алёне брать себя на руки и чесать за ухом. Мне же Машка позволяла только себя кормить.

– Беги за ней! – закричала Алёна, встряхивая длинными черными кудрями и разбрызгивая вокруг застрявший в них дождь. – Беги за ней сейчас же, там ливень! Она утонет! Она заболеет и умрет!

Алёна любила преувеличивать. Свойство бурного темперамента.

– Потом схожу, – пообещал я и потянул ее в комнату. – Сама придет. Иди сюда, я соскучился.

– Нет, – твердо сказала Алёна, выдернув руку. – Сначала найди Машку! А то ничего не будет.

Это была серьезная угроза, и никакие мои уговоры и ласки не поколебали Алёниной любви к животным. Минут через десять я убедился, что *действительно* ничего не будет, пока я не принесу обратно противную кошку, и огорченно поплелся на улицу.

Как только я вышел под проливной дождь, из машины выскочил Тракторист и, подняв ворот, пошел за мной вокруг дома. От него пахло бензиновым теплом, дешевой колбасой и водкой: в предвкушении спокойной ночи гэбэшники уже принялись за ужин.

– Машка! Машка! – звал я, пытаясь хоть что-то разглядеть в заливающем глаза дожде. – Машка! Машка! Кс-кс-кс!

Тракторист внимательно оглядывался вокруг, стараясь понять, с кем я пытаюсь установить контакт и не несут ли мои действия оперативную опасность.

Так мы прошли два круга, оба промокли до нитки, и тут Тракторист тронул меня за рукав:

– Олег, ты кошку свою ищешь? Серая такая?

Я кивнул.

– Ты не волнуйся, – заверил меня Тракторист, – мы видели: она с черным котом в подвал сиганула.

Машке, видать, тоже хотелось счастья.

– Точно она? – строго спросил я. – Серая, пушистая, с белой полосой?

– Она, она, – закивал Тракторист. – Мы ее хорошо знаем. Иди домой, чо те мокнуть?! Не волнуйся: мы за ней проследим.

Я поверил и пошел домой: в конце концов, они были профессионалы.

# Но от осени не спрятаться, не скрыться…

О борьбе за мир и установлении доверия между грозящими друг другу ядерным уничтожением сверхдержавами я, признаться, совсем позабыл. Изредка, вспомнив о своем статусе непримиримого борца со всяческим тоталитарным злом, я писал что-нибудь вдохновительное для Группы Доверия и передавал своим друзьям. В ответ они передавали мне сведения о недавних обысках и пресс-конференциях, а также новые материалы, выпущенные Группой. Кроме того, они доставляли мне последние выпуски «Хроники текущих событий» – главного информационного бюллетеня советских диссидентов, в котором сообщалось о репрессиях властей.

Для такого обмена информацией у нас существовала тщательно продуманная физиками из Долгопрудного конспиративная процедура, которая на удивление исправно работала. Рассказывать о ней я не буду, потому что какая же это тогда конспирация?

Власти, нужно сказать, не дремали и продолжали начатый в 70-х годах процесс тотального искоренения правозащитного движения в СССР: были посажены братья Александр и Кирилл Подрабинеки, оба получившие в заключении еще по одному сроку; в шестой раз был арестован и осужден на десять лет Анатолий Марченко, погибший впоследствии в Чистопольской тюрьме; сидели члены Московской Хельсинкской группы физик Юрий Орлов, биолог Сергей Ковалев, сын Ковалева Иван и жена Ивана Татьяна Осипова; сидели создавшие первый независимый советский профсоюз «Свободное межпрофессиональное объединение трудящихся» Владимир Гершуни и Валерий Сендеров и многие, многие, многие другие.

Власть не боялась диссидентов. Не боялась она и общественного мнения и критики Запада. Власть боялась раздоров внутри элиты, понимая, что по мере ослабления брежневского режима лидер которого находился в навеянном снотворными таблетками психотропном полусне, региональные элиты могут поддаться разбегу центробежных сил, а там – страну не удержать. Потому, думаю, первое большое выступление пришедшего на смену Брежневу председателя КГБ Юрия Андропова в честь 60-й годовщины СССР было посвящено ведущей роли русского народа и его державообразующей функции.

Свободного профсоюзного движения по типу польской «Солидарности» власть тоже не очень боялась: его активисты были «страшно далеки от народа» и оттого не могли причинить особого вреда.

Отчего же власть так зверствовала и губила судьбы искренне озабоченных положением страны и прав ее граждан диссидентов?

Я думаю, власть действовала по инерции, свойственной тоталитарным и авторитарным режимам: заведенный еще ЧК механизм репрессий, раскрутившийся чудовищным, истребляющим миллионы людей маховиком массового уничтожения при Сталине, продолжал тикать, отсчитывая загубленные человеческие судьбы: ещеодин-ещеодин-ещеодин. КГБ нужно было оправдать свое существование, свой бюджет, свою почти мифическую власть, и Комитет продолжал усердно сажать диссидентов, многие из которых были истинными патриотами своей страны, но не правящего ею режима. Кроме того, начав войну в Афганистане, Советский Союз – оплот справедливости и главный борец за мир во всем мире – скомпрометировал себя в глазах развивающихся стран – своих потенциальных союзников в борьбе с западным империализмом – и решил закрутить гайки внутри страны, чтобы никакая критика извне не затуманила головы совет-ских граждан.

Закрутили. Да только резьба сорвалась.

Также – в предвкушении борьбы за преемничество после ожидаемой всеми со дня на день смерти дорогого Леонида Ильича – обострилась борьба если не за кресло наследника, уже предназначенное Андропову, то за кандидатуру наследника наследника между двумя кланами в Полит-бюро: первым секретарем Ленинградского обкома Романовым и первым секретарем Московского горкома Гришиным. Романов считался сторонни-ком жесткой, андроповской линии, Гришин же воспринимался карасеиде-алистической советской интеллигенцией как потенциальный либерал. И тот и другой были, конечно же, законченные мерзавцы, и ничего хоро-шего ждать от них не приходилось. Комитет в преддверии дворцовой борьбы продолжал усердно зачищать общественно-политическое поле под доблестным руководством истинного сына партии товарища Андропова, подавившего в свое время Будапештское восстание 1956 года. Этот опыт борьбы с взявшейся за оружие оппозицией навсегда сформировал Юрия Владимировича, и, возглавив КГБ, он решил никогда не доводить до по-добного, а уничтожать всякое инакомыслие в зародыше.

Последовательный был товарищ. Верный ленинец.

Я же – почти как дорогой Леонид Ильич – жил в полусне: осень, палая листва, шелест подошв сопровождавших меня гэбэшников, свидания с Алёной. И зеленоглазая кошка Машка, свидетельница нашей отчаянной любви, в которой я топил нечасто, впрочем, посещавшие меня мысли о неминуемо надвигающейся развязке.

Свеча горела на столе. Свеча горела.

И догорела.

Утром 23 октября 1982 года, лишь только минутная стрелка пере-секла двенадцать, а часовая семь, в дверь позвонили. Алёна не просну-лась – ее вообще было невозможно разбудить, разве что поцелуями, как заколдованную принцессу, – а мы с Машкой пошли открывать дверь.

На пороге стояли Тракторист и Майор. За ними – еще двое незнако-мых мне оперативников.

– Утро доброе, – приветливо поздоровался Тракторист. – Вот.

Он протянул мне официально выглядящий маленький прямоуголь-ник серой бумаги. Я таких уже видел-перевидел – это была очередная по-вестка от Круглова. «Странно, – подумал я. – Зачем они сами принесли?» Обычно повестки приходили по почте.

— Расписываться не буду, — заученно сказал я. Вроде как и не получал.

— Ну и не надо, — миролюбиво согласился Тракторист. — Одевайся тогда, поедем. Мы тебя доставим. Паспорт возьми.

— Никуда я с вами не поеду. — Я постарался закрыть дверь.

Майор, ожидавший, должно быть, такое развитие событий, шагнул через порог и придержал дверь.

— Не обостряй, — тихим глухим голосом сказал Майор. — Наше дело маленькое: сказали доставить — доставим.

Почему-то я сразу ему поверил.

— Олег, — продолжал Тракторист, — пойми, мы здесь ни при чем: служба такая. У нас приказ: если откажешься — доставить. Будем выполнять.

Я подумал было отказаться, но представил себе, как они будут скручивать меня и почти голого (на мне, признаться, кроме трусов, ничего не было) тащить в машину, как будет рыдать Алёна... и решил поехать. В конце концов, съезжу, откажусь давать показания и вернусь. Жаль, конечно, день терять: у Алёны выходной.

— Сейчас оденусь, — пообещал я. — Только не шумите.

— Да мы че, — понимающе кивнул Тракторист. — Мы ниче. Паспорт не забудь.

Я хотел закрыть дверь, но Майор не дал:

— Здесь подождем, — сказал он. — Не тяни только.

Я тихо оделся, поцеловал спящую Алёну и написал ей записку: «Пошел по делам. Скоро вернусь. Целую, жди меня».

Как обещал, так и сделал: вернулся. Через пять лет.

Она ждала.

# Жизнь четвертая:
# ПОСТОЯЛЕЦ «НАЦИОНАЛЯ»

*1982–1983*

## Все ночи, полные огня…

Статья 70(1) УК РСФСР, по которой меня посадили, относилась к разделу «ОСОБО ОПАСНЫЕ ГОСУДАРСТВЕННЫЕ ПРЕСТУП-ЛЕНИЯ» наравне с изменой родине (ст. 64), вредительством (ст. 69) и прочими ужасными антигосударственными деяниями. Только этим я могу объяснить, что во дворе дома, сливаясь с предрассветными сумерками поздней московской осени, меня ждала черная «Волга», а не какие-то старые «Жигули», на которых ездили мои оперА. Особо опасным преступникам полагался комфорт.

Вместе со мной на заднее сиденье «Волги» уселись Тракторист и один из незнакомых гэбэшников, зажав меня с обеих сторон: оба были массивные мужчины. Другой незнакомый опер сел на пассажирское сиденье впереди. Шофер тронул машину, и я поехал в новую увлекательную жизнь.

Подъехав к Лефортово, мы остановились у входа в приемную, куда я приезжал на июньский допрос. Тракторист взял у меня паспорт и вместе с повесткой, в получении которой я отказался расписаться, пошел к окошку дежурного.

В приемной, несмотря на раннее время, уже сидело много людей. Черноволосый мальчик лет семи спал, положив голову на колени старой женщине в платке. В приемной было тепло, и, должно быть, женщина не снимала платок из религиозных соображений.

Мы продолжали стоять. Затем одна из дверей открылась, и появился знакомый мне следователь Круглов. Он был выбрит, подтянут, свеж, и от него веяло хорошим настроением, упругой энергией и уверенностью в правоте своего дела. Он, как я узнал позже, вообще был приятный человек.

Круглов поздоровался со мной, взял у дежурного мой паспорт и повестку и кивнул магически появившемуся рядом высокому парню в форме КГБ с голубыми погонами и какими-то лычками. Тот встал у меня за спиной, чуть слева.

– Пойдемте, Олег Эдвардович, – вежливо пригласил Круглов.

Перед тем, как мы прошли в маленькую, раскрывшуюся словно по волшебству дверь, я оглянулся: Тракториста в приемной уже не было.

Кабинет Круглова, где я потом провел много времени, был длинный, узкий и оканчивался окном за его заваленным бумагами столом. Круглов сидел за столом спиной к окну, а допрашиваемый сидел к нему лицом за маленьким прямоугольным столиком из светлого ламината у входной двери и смотрел на окно, за которым уже почти рассвело. Допрашиваемый был я.

– Чай будете? – радушно предложил Круглов.

Я сразу понял, что в КГБ СССР работают заботливые гостеприимные люди. Было приятно, что меня так хорошо встречают, но я отказался.

– А вы ведь, наверное, и позавтракать не успели, – продолжал не смутившийся моим отказом Круглов. – Я, правда, к чаю ничего особенного предложить не могу… – Он пошарил по столу под бумагами, затем открыл ящик стола и, улыбнувшись, вытащил какую-то коробку: – Разве вот печенье, овсяное!

– Спасибо, не голоден, – соврал я, хотя овсяное печенье – мое любимое, и отказаться было непросто. – Я дома чай попью.

Круглов перестал улыбаться: это был вызов. Я таким образом ставил его перед необходимостью сказать, арестован я или нет. Если он пропустит эту фразу, то вопрос еще не решен. А если с сожалением в голосе заверит меня, что дома чай пить придется не скоро, стало быть, арестован.

Я хотел ясности.

– Олег Эдвардович, вы почему на допросы не являетесь? Я вам повестки присылал.

Словно завуч в школе ругает за прогулы.

– Сергей Борисович, я уже объяснил, что мне нечего вам сказать.

Круглов молчал, зачем-то достал прятавшийся под другими лист бумаги, что-то молча прочел и положил обратно. Было ясно, что прочитанное пришлось ему не по душе.

– Думаю, вы ошибаетесь, – вздохнув, заверил меня Круглов. – Вам даже очень есть, что мне сказать.

Я пожал плечами и не ответил. Хотелось вкусно пахнущего сладким овсяного печенья.

– Значит, вы категорически отказываетесь являться на допросы и давать показания по открытому против вас уголовному делу? – решил уточнить Круглов.

– Отказываюсь, – подтвердил я. – Категорически.

Не врать же.

– Олег Эдвардович, – с сожалением в голосе сказал Круглов, – тогда в интересах следствия я вынужден вас задержать.

Арестовали. Мне неожиданно стало легко – ясность, конец вакуума ожидания, в котором я пребывал четыре месяца. Ура.

– Раз вынуждены, то, конечно, задерживайте, – согласился я.

Круглов позвонил по телефону, коротко попросил кого-то зайти, и дальше мы с ним сидели минут десять молча, глядя мимо друг друга. Не знаю, о чем думал Круглов, но я ни о чем особенно не думал, даже об Алёне. Мне было хорошо и покойно: все закончилось, теперь ясность и борьба. Как в прочитанных мною книгах. Я самонадеянно считал себя абсолютно готовым к тюрьме: я ведь столько об этом читал.

В кабинет вошел мужчина лет сорока с небольшим – коренастый, в незнакомой мне темно-синей, почти черной форме с вышитыми скрещенными мечами и щитом на воротнике кителя.

Круглов встал и немножко вытянулся: пришел старший.

– Садись, Сережа, – ласково позволил вошедший. Сам он уселся на стул у стены рядом со столом Круглова.

– Спасибо, Виктор Иванович, – поблагодарил Круглов. Сел.

Пришедший взглянул на меня без особого, впрочем, любопытства. Повернулся к Круглову:

– Что, отказывается отвечать на вопросы следствия?

– Отказывается, Виктор Иванович, – подтвердил Круглов. – Радзинский также отказывается являться на допросы, несмотря на многочисленные повестки.

– Ну, это совсем нехорошо, – расстроился Виктор Иванович.

Он повернулся ко мне:

– Почему по повесткам не являетесь?

– Представьтесь, пожалуйста.

– Старший прокурор отдела по надзору за соблюдением Закона о госбезопасности Илюхин Виктор Иванович.

– По надзору за КГБ? – не понял я.

– По надзору за соблюдением сотрудниками следственных органов КГБ Закона о госбезопасности, – пояснил Виктор Иванович. Он повернулся к Круглову: – Вот, Сережа, наглядный пример, как эти правозащитники хорошо знают закон: он даже не представляет, что есть целый отдел Прокуратуры СССР, который занимается надзором, который следит, чтобы в отношении таких, как он, не нарушалась законность.

Я и вправду этого не знал. Было любопытно: то есть за КГБ кто-то надзирал? Интересно.

– Виктор Иванович, в связи с отказом Радзинского являться на допросы вынужден просить вашу санкцию на его задержание с целью эффективного ведения следствия по открытому уголовному делу.

Виктор Иванович повернулся ко мне:

– Ну, – весело сказал он, – последняя возможность, Радзинский. Будем являться на допросы?

Мне тоже было весело. Вообще в кабинете Круглова царила душевная обстановка приподнятого веселья, вроде как мы все играем в мой арест. Я чистосердечно заверил Виктора Ивановича, что на допросы являться не буду. Он вздохнул, развел руками и санкционировал мое задержание.

# Камера № 117

В советском ГУЛАГе тех лет, вернее, в его наследнике под экзотичным названием ГУИТУ – Главное управление исправительно-трудовых учреждений – Лефортово носило прозвище «Националь». Когда мне стало с чем сравнивать, я был вынужден согласиться: условия в следственном изоляторе КГБ СССР (изолятор №4 г. Москвы) были куда лучше, чем в остальной советской пенитенциарной системе. Нам выдавали не только матрас, подушку и тонкое армейское одеяло, но и по две простыни и наволочку. Потом, когда я пошел по тюрьмам на этапе от Москвы до Томска, и позже на лесоповале в Томской области, зэка подробно расспрашивали о жизни в Лефортове. Им было чему подивиться.

Многие зэка, интересовавшиеся условиями содержания в Лефортове, так и не поверили мне про простыни и наволочки. Им это казалось невиданной роскошью, как и еженедельная баня по пятницам: в других тюрьмах, где я сидел, водили в баню раз в десять дней. А на 32-м посту для вышкарей – приговоренных к смертной казни – в Свердловской пересылке, куда мне привелось потом попасть, нас «купали» раз в две недели.

Но буквально все слышали, что в Лефортове не бьют на следствии и следователь – «следок» – обращается на «вы». Это вызывало бурное восхищение арестантов, привыкших, что менты на допросах выбивают нужные показания и при этом, представьте, не говоря тебе «вы».

С другой стороны, в Лефортове не было некоторых вольностей, доступных в других тюрьмах: никто не чифирил, потому что контролеры – охранники – не торговали чаем, а в передачах его не разрешали; заключенные не «гоняли коней», то бишь не было привычной для других тюрем зэковской почты с ее «дорогами» – самодельными веревками из полотенец, перекинутых между камерами и закрепленными за «решки» – решетки на окнах. Вообще никакой межкамерной коммуникации в Лефортове не было, кроме рассказов сокамерников о тех, с кем они сидели до прихода в новую камеру, причем заключенных «тасовали» тщательно, следя за тем, чтобы подельники не получили информацию друг о друге. Или, наоборот, получили, если следователи решали, что это в интересах следствия.

Когда новый арестант заходит в камеру, находящиеся там заключенные его не видят: они видят свернутый рулет матраса, который тот несет перед собой.

Так, неся перед собой выданный мне матрас с завернутыми в него подушкой, одеялом, вафельным полотенцем и постельным бельем, я вошел в 117-ю камеру на третьем этаже Лефортовской тюрьмы. В камере было три «шконки» – железные кровати с металлическими трубками вместо сетки. Две были застелены, а третья отливала приятным безматрасным блеском, и я со свойственной мне сообразительностью понял, что «шконка» та предназначена мне. Я положил на нее матрас и огляделся.

Кроме меня в камере был один человек: лет тридцати пяти, с одутловатым лицом, он сидел на кровати и курил. И без интереса смотрел на меня, ожидая, что я поздороваюсь первым. Я поздоровался.

– Какая статья? – не представившись и не поинтересовавшись, как меня зовут, спросил мужчина.

Я назвал статью, он кивнул и продолжал курить, посматривая на меня.

– Обед требуй, – докурив, посоветовал он. – Тебе ж обед еще не давали. Тебя когда «приняли»?

– Утром.

— Тогда стучись, тебе положено. Пусть обед дают. Там ни хуя хорошего не дадут, но обязаны. Ты после домашних пирожков и хавать это не станешь. Но требуй из принципа.

Надо сказать, что, по моим представлениям, было уже часа два или три дня (часы и ремень у меня забрали при аресте, пока я голый сидел в маленьком тесном боксике после обязательного мытья в душном теплом подвальном помещении лефортовской бани и врачебного осмотра, ожидая, когда вернут мою одежду после «прожарки»). Меня также заставили оторвать фильтры у сигарет: по какой-то, так и не ставшей мне ясной причине тюремная администрация считала, что сигаретные фильтры можно обжечь и сплющить, в результате чего они обязательно превратятся в острые режущие лезвия, которыми заключенный сможет нанести вред себе и окружающим. Один из загадочных мифов советской пенитенциарной мифологии.

Потом я заметил, что во всех тюрьмах, где я сидел, работники органов исправительно-трудовой системы часто делали совершенно ненужные, отнимающие много времени и энергии вещи. На всё, на любую мелочь существовали инструкции, мир за решеткой делился на положенное и неположенное. Разумных объяснений этим ненужным процедурам не было, и каждый раз когда – из присущей мне любознательности – я интересовался, почему не сделать проще или какова причина для требуемого, – мне в лучшем случае отвечали «Не положено» или «Так положено», а в худшем отвечали по-другому.

Все это, однако, было в будущем, а в настоящем я сидел на «шконке» и смотрел на сокамерника. Он встал и несколько раз ударил кулаком в квадрат «кормушки» – вырезанного в двери окошка, через которое в камеру дают еду и чайник.

Не сразу, но «кормушка» открылась, и в ней показалось лицо контролера в фуражке с голубым околышем:

— Ему обед положен, – сообщил мой сокамерник. – Мужик не ел ни хуя с утра. Ему положено. И «пайку» тоже.

«Кормушка» закрылась, контролер не сказал при этом ни слова.

— Волк*И*, блядь, – поделился со мной заботливый сокамерник. – Баланду и то жалеют. Ты не соскакивай, требуй, что положено.

Я пообещал бороться за свои права. Впрочем, довольно скоро мне дали щи с двумя плавающими в них ломтиками картошки и пшенку. Дали и «пайку» – черный хлеб вторичной выпечки (то есть хлеб, который испортился, и его перепекли еще раз) – «вторяк», и горку сахара. Так что мой сосед по камере зря роптал.

Звали моего сокамерника Володя Погосов, и он, как и большинство лефортовских заключенных, с которыми мне пришлось сидеть, проходил по 78-й и 88-й статьям – соответственно «Контрабанда» и «Нарушение правил о валютных операциях». Ими – контрабандистами и валютчиками – была полна в то время лефортовская тюрьма. 88-я из-за визуального сходства поэтически называлась «бабочка».

До посадки я никогда не видел живых контрабандистов, и контрабандист представлялся мне ползущим в темноте ночи через границу с мешком чегой-то недозволенного или, на худой конец, пересекающим водный государственный рубеж, как это описал Эдуард Багрицкий:

По рыбам, по звездам
Проносит шаланду:
Три грека в Одессу
Везут контрабанду.
На правом борту,
Что над пропастью вырос:
Янаки, Ставраки,
Папа Сатырос.
А ветер как гикнет,
Как мимо просвищет,
Как двинет барашком
Под звонкое днище,
Чтоб гвозди звенели,
Чтоб мачта гудела:
«Доброе дело! Хорошее дело!»
Чтоб звезды обрызгали
Груду наживы:
Коньяк, чулки
И презервативы...

Ни презервативов, ни коньяка, ни уж тем более чулок советские контрабандисты моего времени не возили: их грузы были куда сложнее и куда прибыльнее. И через границу они не ползли: за них это делали другие, причем зачастую совершенно официальными методами.

Вот, например, история моего третьего сокамерника по 117-й, пришедшего с допроса часа через два после моего заселения. Был он на редкость худ, высок и черноглаз. Звали его Юра Глоцер, и он стал моим другом на всю жизнь.

Юра, как и Погосов, сидел по 78-й и 88-й, стандартный джентльмен-ский набор Лефортова тех лет. Ему только исполнилось двадцать семь, но, несмотря на молодость, Юре уделялось особое внимание: его следственная группа насчитывала двенадцать человек, и возглавлял ее полковник Эду-ард Анатольевич Харитонов – заместитель начальника следственного от-дела КГБ СССР.

Итак, представьте себе, дорогой читатель, как ранним столичным утром приехавший в Москву югославский турист Шабан Пайт из любо-пытства забредает на Белорусский вокзал, где – случайно – встречает са-дящегося в идущий в Берлин поезд сирийского атташе по делам культуры с совершенно непроизносимым именем. Шабан Пайт сразу чувствует рас-положение к дипломату-сирийцу и со свойственной ему балканской щед-ростью дарит тому свой атташе-кейс. Логично ведь: раз сириец – атташе, ему положен атташе-кейс.

Сириец благодарно принимает от Шабана подарок, наклеивает на него метку «Дипломатическая почта», садится в купе класса люкс и едет в Берлин, причем в Восточный. А Шабан, представьте, спешит в Шереме-тьевский аэропорт и летит тоже в Берлин, только в Западный. Но его не оставляет мысль о милом сирийском дипломате, поэтому на следующий день он появляется на вокзальном перроне восточно-берлинского вокзала, куда как раз прибывает московский поезд. После бурной встречи почти на Эльбе Шабан предлагает, как залог вечной дружбы между братскими си-рийским и югославским народами, обменяться чем-нибудь на память. У сирийца ничего стоящего, кроме врученного ему ранее тем же Шабаном атташе-кейса нет, и, смахнув скупую мужскую ближневосточную слезу, он возвращает его Шабану. А тот – щедрая (южно)славянская душа! – отдает сирийцу привезенный из Западного Берлина небольшой чемоданчик. Про-щание, объятья, гром литавр.

Сирийцу явно не нравится Восточный Берлин, его тянет в Москву, и вечером того же дня он отбывает обратно на поезде, в очередной раз пе-ресекая госграницу СССР в Бресте вместе с подаренным ему чемоданчи-ком, на котором уже заботливо наклеен ярлык дипломатической почты. А Шабан, судя по всему, тоже не очарованный столицей ГДР, спешит к пропускному посту «Чарли», дабы возвратиться в Западный Берлин, где его, и особенно привезенный им атташе-кейс, ждут с нетерпением опреде-ленные жители города-анклава, «особой», прошу заметить, «политической единицы». И все довольны.

Но при чем тут, скажите, при чем бедный молодой московский юве-лир (и член горкома графиков) Юра Глоцер? Ни при чем.

КГБ СССР, однако, не поверил в его непричастность вывозимой в Берлин контрабанде в виде икон и получаемой оттуда свороанной в разных европейских городах «ювелирки», сплавляемой от греха подальше в Москву. Комитет со свойственной чекистам проницательностью разглядел за всей этой операцией направляющую руку юного Юрия Александровича и, арестовав прибывшего в очередной раз с дружественным визитом в Москву Шабана Пайта, быстро получил от него имена и сирийского дипломата, и бывшего совершенно ни при чем Глоцера, отличавшегося любознательностью и потому – в сопровождении двух таких же любознательных девушек – совершавшего в это время круиз на теплоходе по курсу Одесса – Батуми – Одесса. На законным образом, заметьте, заработанные тяжелым ювелирным трудом средствА.

А что? Человек хотел знать родной край.

Юру арестовали в Одессе у трапа теплохода и привезли в Москву. Здесь ему устроили очную ставку с оклеветавшим его Шабаном Пайтом. Юра выслушал наветы, попросил бумагу, ручку и облегчил свое сердце, написав чистосердечное признание в преступной деятельности... Шабана Пайта. Так и было, признавался Юра Глоцер, и он хочет встать на путь исправления, сообщив следствию, что всей этой операцией действительно руководил Шабан Пайт. Он, Юра, знал о тяжких преступлениях гражданина Пайта, но не нашел в себе сил донести о них соответствующим органам. За что и просит покарать себя в полной мере по статье 19 УК РСФСР за недоносение – «знал, но не рассказал».

Статья эта предусматривала уголовную ответственность только за недонесение о готовящихся или совершенных государственных преступлениях, бандитизме, фальшивомонетничестве, а также убийстве, изнасиловании, краже, грабеже, мошенничестве и даче взятки должностному лицу при отягчающих обстоятельствах. Контрабанды в этом списке не было, и оттого суровое наказание, полагающееся Глоцеру, сводилось к году исправительных работ (например, уборка мусора на улицах столицы) и вычетам двадцати процентов из его, и без того небольшой, официальной зарплаты ювелира.

В конце своего чистосердечного признания Глоцер просил компетентные органы отнестись к нему без снисхождения.

Никаких доказательств, кроме показаний югослава, у КГБ не было: сириец никогда не видел Глоцера и не слышал его имени, да и вообще обладал дипломатическим иммунитетом. Главное же, он – после ареста Пайта – был срочно переведен сирийским МИДом на ответственную должность в Дамаск и при всем желании не мог явиться в Лефортово для дачи показаний. Глоцер же показания давал с удовольствием, но исключительно о преступной деятельности Шабана Пайта.

Так продолжалось четыре месяца, после чего прокуратура не могла больше продлевать санкцию о содержании Юры под стражей.

Полковник Харитонов вызвал Глоцера на очередной допрос и признал, что у них ничего на него нет.

– Я ж вам говорил, Эдуард Анатольевич, – закивал Юра. – Вы же знаете: мне таить нечего. Я вам все как родному.

Харитонов соглашался. А что тут скажешь?

– Юра, – предложил Харитонов, – мы тебе – пока – ничего предъявить не можем. Но вот посмотри другое дело, вдруг найдешь что-нибудь для себя интересное.

И он положил перед Глоцером толстую-претолстую папку, в которой содержались оперативные сведения о преступной деятельности некой Вольфовской Любови Марковны, собранные сотрудниками ОБХСС за долгие годы слежки.

Вольфовская – по мнению ОБХСС – была виновна в разных махинациях с товарами народного потребления, что ей – заместительнице директора торговой фирмы «Весна» – давалось, судя по всему, с легкостью. Главное же, Вольфовская Любовь Марковна была Юриной мамой.

Прочитав дело, Глоцер предложил Харитонову сделку: Юра признает себя виновным по обеим вменяемым ему статьям. Кроме того, Глоцер сдаст КГБ СССР полученную от его преступной деятельности наживу в размере – подумать только! – почти двух миллионов рублей. КГБ же дает ОБХСС указание закрыть дело против Любови Марковны. А та, в свою очередь, уходит с работы по состоянию здоровья, а там и пенсия не за горами.

На том и порешили.

Сидевшие в Лефортове валютчики и контрабандисты знали: комитетские не кидают. Комитетские держат слово. Не то что менты. Тем верить нельзя.

# Сижу за решеткой
# в темнице сырой…

Дни шли, превращаясь в недели, недели – в месяцы. Я свыкся с новым житьем-бытьем, поймав нехитрый ритм тюремной жизни.

В шесть утра контролеры будили тюрьму, с грохотом открывая и закрывая «кормушки». Иногда контролеры просто стучали по «кормушкам» дубинками, так что метод подъема варьировался индивидуально. Заключенные быстро вскакивали со «шконок», заправляли постели, ложились поверх одеял и дружно засыпали снова.

Мне рассказывали, что в некоторых тюрьмах после подъема охрана не разрешает ложиться на кровати – можно только на них сидеть, но я таких тюрем не видел (кроме карцера, но об этом позже), и по всем тюрьмам, где сидел сам, заключенные после подъема соскальзывали в мир сна, убежав таким образом от мира реальности.

Спали сплошь одетые, кроме как летом, когда в камерах становилось жарко и душно. Толстые каменные стены старинной Лефортовской тюрьмы обладали удивительным теплодинамическим свойством: они не удерживали тепло зимой и холод летом. То есть зимой, несмотря на толщину стен, было холодно, а летом, несмотря на ту же толщину стен, было жарко и душно.

Один из моих сокамерников по другой камере – 22–23, бывший полковник КГБ Сергей Степанович Конопацкий, посаженный своими за госхищение, удивлялся:

– Не понимаю, как это может быть, – бормотал озабоченный этой загадкой старый военный инженер и специалист по спецсвязи Конопацкий. – При такой толщине стен они должны удерживать тепло зимой и холод летом…

Должны. Но не удерживали. Есть много, друг Горацио, вещей…

Минут через тридцать после подъема контролеры открывали «кормушку», и дежурный по камере – дежурили по очереди – ставил на нее пустой чайник, в который заливали горячий жидковатый чай. Дежурный тут же укутывал чайник телогрейкой или другой теплой одеждой, потому что чай должен был оставаться горячим до вечера.

Еще минут через двадцать становилось слышно, как по коридору катают железное – возят баланду. «Кормушку» снова открывали и выдавали сначала «пайку» – черный хлеб вторичной выпечки и сахар. Затем дежурный ставил на «кормушку» «шлёнки» – металлические миски, и в них – в зависимости от меню – накладывалась пшенка или перловка. Заключенным, которым полагалась диета, «пайка» выдавалась белым хлебом с кубиком сливочного масла. Считалось, что это поможет от всех болезней.

Относительно диеты помню, как больной хроническим нефритом Глоцер писал жалобы-прошения начальству тюрьмы с просьбой выдать ему больничное питание. На жалобы никто не отвечал, он продолжал писать, приводя все новые аргументы, пока начальник по режиму – «кум» – подполковник Бурдюков не пришел к нам в камеру однажды вечером.

Бурдюков был мужчина серьезный, заключенных искренне ненавидел и попал на свою должность случайно: он служил в Афганистане в войсках КГБ и потерял в устроенной моджахедами засаде бойцов. Человек он оказался обидчивый и сгоряча полностью расстрелял соседний кишлак, включая женщин и детей. К несчастью для Бурдюкова, один из руководителей афганских войск – союзников советской армии, доблестно исполняющей в Афганистане свой интернациональный долг, был из этого самого кишлака. Жалобы, недовольство, угрозы мести за убийство родных. Начальство, чтобы погасить накал страстей, пообещало афганским боевым друзьям достойно покарать Бурдюкова. Его отозвали с поля боя и назначили начальником по режиму в Лефортове. Считалось, что такому человеку можно доверить наблюдение за исполнением режима содержания заключенных.

Хочу сразу заметить, что эта информация, как и многие другие зэковские «базары», была ничем не подтверждена: слухов самых-разных обо всем на свете по тюрьме ходило множество, и – повторенные многократно – они приобретали статус фактов. Хотя, признаться, от Бурдюкова можно было ожидать именно такого поведения: он был суров и этого не скрывал.

– Глоцер, в чем дело? – поинтересовался Бурдюков, потрясая стопкой написанных Юрой прошений. – Что тебе не нравится?

– Гражданин начальник, – бросился объяснять Глоцер. – Во-первых, спасибо, что зашли лично и проявили заботу. Во-вторых, хочу напомнить, что у меня хронический нефрит, о чем моя мама предоставила соответствующее медицинское заключение, а мне не выдают положенную диету. В-третьих, во мне метр девяносто пять роста, а после метра девяносто полагается второе одеяло, которое мне тоже не выдают. В-четвертых…

Про «в-четвертых» мы так и не узнали, потому что Бурдюков, утомившийся от перечисления глоцеровских несчастий, прервал его на полуслове:

– Гло-цер, – раздельно сказал Бурдюков, с чекистской прямотой глядя Юре в глаза, – за-пом-ни: у нас в Лефортове все хо-ро-шо.

К камере наступила тишина. Стало слышно, как в металлический поддон раковины у параши падают капли воды из текущего крана: кап… кап… кап…

– Гражданин начальник, – закивал Глоцер, – вы, конечно, правы: у вас в Лефортове все не так уж и плохо. Я бы даже сказал, – продолжал Глоцер, видно, полностью осознав свою удачу, что попал в такое хорошее место, – я бы даже сказал, что у вас в Лефоротово все очень хорошо. Да и вообще, если, конечно, разобраться, у вас в Лефортове все отлично! Я даже хотел об этом написать, – добавил Глоцер. – Вы не подскажите кому?

Бурдюков взглянул на Глоцера с интересом и покачал головой:

– Да, – сказал Бурдюков, – евреи все-таки очень сообразительный народ.

Позавтракав, напившись чаю и покурив, заключенные или снова ложились спать, или садились играть в домино. Я читал книги, выдаваемые по средам из тюремной библиотеки. Библиотека в Лефортове была прекрасная, собранная за многие годы заботливым тюремным начальством.

По вторникам заключенным раздавали списки книг и формы для их заказа. Они заполнялись, и – если книги были в наличии, а не на выдаче, – приносились в камеру на следующий день.

Формы раздавал и собирал контролер Володя, который по совместительству являлся парикмахером. На стрижку и бритье к нему нужно было записываться за несколько дней. Он был веселый и много с нами шутил, пока брил и стриг, никогда, впрочем, не переходя границу дозволенного тюремным уставом.

Вообще контролеры в Лефортове были вежливы и профессиональны: они приходили на работу, как другие люди приходили на завод, и отрабатывали свою смену, никогда не подвергая заключенных унижениям и издевательствам, которые я видел потом в других тюрьмах. За год с лишним, проведенный мною в Лефортове, я не помню ни одного скандала между контролерами и заключенными. Отношения были ровные, мы с ними много шутили, смеялись, и они, неукоснительно соблюдая правила содержания заключенных под стражей и не давая никаких поблажек, также шутили с нами, будто мы были коллегами. Каждый из нас выполнял свою работу: мы – сидели, они – охраняли. Потом я заметил, что многократно и подолгу сидевшие зэка вообще мало ругались с охраной: они понимали, что «вертухаи» выполняют свою работу и получают за это зарплату, и если те не беспредельничали, отношения устанавливались спокойные и без надрыва.

День в Лефортове, да и в других тюрьмах, определялся приемами пищи и выводом на прогулку. Выводили по камерам, так что в узком дворике-колодце было невозможно установить контакт с сидевшими в других камерах, как это бывало в уголовных тюрьмах. По настилу поверху ходил дежурный охранник, следя за тем, как мы гуляем по кругу или отжимаемся и приседаем, что делал я. Многие заключенные на прогулку не ходили, считая это ненужным баловством, и продолжали спать в камерах.

Володя Погосов на прогулку почти никогда не ходил. Он сидел в третий раз и считал, что свежий воздух портит здоровье. Вместо этого он бесконечно курил и смотрел в потолок, видя в сгущавшихся клубах дыма нечто, открытое лишь ему. Я посмотрел, как он курит одну за другой, и понял, что не хочу страдать от лишней зависимости: в тюрьме и так зависишь от других – когда покормят, когда выведут на прогулку, когда «дернут» на допрос. Зависеть еще и от курева я не хотел: а вдруг кончится, и что тогда делать? Выпрашивать у сокамерников? Зависимое положение делает человека слабым, решил я, и отдал Володе пачку «Явы» с оторванными фильтрами вечером первого же дня. С этого момента я больше не курил.

Время прогулки было незакрепленным: могли вывести сразу после завтрака, а могли и после обеда. Не знаю, от чего это зависело, полагаю, что от графика допросов, представляемых следственным отделом руководству тюрьмы каждый день. Часам к девяти утра (время мы угадывали, так как часов не было) охрана получала список вызываемых на допросы и решала, в каком порядке выводить камеры на положенную часовую прогулку.

Во время первой прогулки, на которую мы отправились с Юрой Глоцером, он, поравнявшись со мной во дворике, шепнул:

– Не лоханись: Погосов – «подсадка».

И он выразительно постучал правым кулаком по левой ладони.

Я кивнул, хотя не сразу понял всю важность этой информации. Выходило, что я не только должен быть втройне осторожен в камере (мы и так не говорили ничего лишнего, полагая, что камеры прослушиваются), но и делать вид, что мне ничего об этом не известно, чтобы не создавать в камере напряженность: невозможно находиться в запертом маленьком помещении, вступив в конфликт с сокамерником. Это можно, и то нежелательно, в большой общей камере, как я выяснил позже, но в камере на троих…

Я просидел с Погосовым и Глоцером еще месяца два, пока меня не «дернули» в другую камеру. За это время я старался не подать вида, что знаю о Погосове важную деталь его тюремного статуса, потому что у меня не было никаких доказательств, кроме того, что, во-первых, Погосов никогда не рассказывал о своем деле, и, во-вторых, по скупой полученной от него информации выходило, что он сидел в Лефортове уже больше двух лет. Следствие обычно не ведется так долго, и те, кто задерживался в Лефортове на такой срок, скорее всего, вступали со следствием в сделку, поставляя информацию о сокамерниках в обмен на проживание в комфортабельных лефортовских условиях вместо отправки в лагерь, где их ждала суровая (но, безусловно, заслуженная) советская лагерная действительность. Потом я встречал таких долгосидельцев в других камерах и научился их отличать.

Честно сказать, Погосов ничего не старался у меня выведать: выяснив, что я иду по 70-й, он периодически высмеивал диссидентов вообще, считая любые попытки изменить обстановку в стране нелепыми и ненужными. Достойным усилия Погосов считал только обретение личных возможностей, что, с его точки зрения, давали деньги. А заработать большие деньги в СССР честным образом он не мог, да и не пытался.

— Я по жизни жулик, — любил говорить Погосов. — Мне чужого не надо: я и на ворованном проживу.

Я благодарен ему за уроки тюремной жизни. То ли жалея меня, то ли втираясь в доверие, Погосов терпеливо объяснял мне сложную азбуку арестантской жизни: крышку «параши» нельзя открывать, когда на столе еда; если в новой камере или на этапе к тебе доебутся и спросят: «Слышь, земляк, давай поглядим, что ты там в «сидоре» принес», нужно отвечать: «А ты туда клал чего — смотреть?», показывая тем самым знакомство с тюремным кодексом, потому что твой вещмешок, «сидор» — только твой. «Опущенники», то есть изнасилованные в наказание за какие-то провинности или случайно попавшие на пидорский «развод» неопытные заключенные спят у «параши», и ни в коем случае нельзя пить из их кружек и есть из их «шлёнок», а то будешь считаться таким же, и прочее, и тому подобное.

Он рассказывал о «пидорских разводах», предостерегая меня от беды:

— Приходит в «хату» такой сладкий, и ему говорят: «Вася, Петя, ну ты сразу видно — настоящий блатной. Иди к нам, почифирим».

Вася-Петя, гордый вниманием и лаской опытных сидельцев, идет, и новые заботливые друзья продолжают:

— Подождем, пока заварится. Слышь, брат, а ты футбол любишь?

Вася-Петя, даже если не любит, клянется, что — окромя родной матери и воровской жизни — нет для него ничего ценнее футбола.

— Братва! — кричит кто-то из «разводящих», — я сразу пробил: он — нормальный пацан! Давай сыграем.

Васе-Пете объясняют, что тюремный футбол — это когда двум зэка завязывают глаза, и они должны языками катать по столу скатанный из хлебного мякиша шарик. Кто вслепую забьет, то есть закатит шарик в установленные из спичечных коробков или кружек ворота, выиграл. Парню завязывают глаза, и он, старательно высунув язык, ищет им мякишный шарик.

– Левее, левее! – советуют зрители.

А левее уже стоит один из пригревших его новых друзей с высунутым членом. И так пока бедный Вася-Петя его не лизнет, после чего он считается «помазанным» – «опущенным» гомосексуалистом.

Тут с него срывают повязку и начинают прессовать:

– Так ты, блядь, пидор, сука! Ты сосешь, блядь! Ну давай, быстро отсосал, пока ебло твое петушиное не разбили! Братва, да он петух, а хотел с нами чифирить! Дрочи жопу, хуесос!

Так жизнь Васи-Пети в тюрьме, а затем и на зоне определяется раз и навсегда: «петух», то есть пассивный гомосексуалист. С этого момента он ест с «опущенниками», спит у параши, а на этапе лежит под нижней полкой.

Я видел много таких «опущенников» по разным тюрьмам, и жизнь их была сродни аду.

Только жестче.

# Вопросы и ответы

Жизнь в тюрьме шла своим чередом, а следствие – своим. Мы с Кругловым определили параметры отношений, и оба придерживались их, не вступая в ненужную конфронтацию.

Обычной диссидентской допросной тактикой тех лет был отказ от дачи любых показаний и неучастие в следствии. Считалось, что таким образом допрашиваемый не скажет ничего лишнего, за что комитетчики могут зацепиться. Поначалу я следовал этой тактике, но вскоре решил, что буду отвечать на вопросы, относящиеся к моей собственной деятельности, поскольку я а) не считал ее преступной и б) ею гордился. Я объяснил это Круглову, подчеркнув, что отказываюсь отвечать на любые вопросы, касающиеся других лиц.

Происходило это примерно так:

КРУГЛОВ. Согласно свидетельским показаниям (имя свидетеля), такого-то числа такого-то года вы передали изготовленную вами машинописную копию произведения Солженицына «Раковый корпус» такому-то. Вы подтверждаете данные показания свидетеля?

РАДЗИНСКИЙ. Не могу ответить на этот вопрос, поскольку мои убеждения не позволяют мне давать показания, касающиеся других лиц.

КРУГЛОВ. Но вы подтверждаете, что изготовили машинописные копии данного произведения Солженицына с целью распространения? Этот вопрос относится исключительно к вам.

РАДЗИНСКИЙ. Подтверждаю.

КРУГЛОВ. То есть вы признаете себя виновным в распространении клеветнической литературы, порочащей советский общественный и государственный строй?

РАДЗИНСКИЙ. Я не признаю себя виновным, потому что не признаю за властями право запрещать распространение тех или иных произведений, как и право считать их клеветническими. Ни у кого нет монополии на правду.

Я сознавал, что таким образом даю следствию основания для квалификации моих действий как преступных, а суду – для вынесения мне в дальнейшем обвинительного приговора, но решил отступить от обычной тактики диссидентов на следствии, поскольку не собирался скрывать свою деятельность. В отличие от большинства правозащитников, требовавших от властей соблюдения конституционных прав граждан (знаменитый правозащитный лозунг «Соблюдайте вашу Конституцию»), я не был согласен с самим определением основных свобод, как это было сформулировано в статье 50 тогдашней Конституции СССР:

Статья 50. В соответствии с интересами народа <u>и в целях укрепления и развития социалистического строя</u> (*выделено авт.*) гражданам СССР гарантируются свободы: слова, печати, собраний, митингов, уличных шествий и демонстраций…

Я не был правозащитником в классическом диссидентском понимании этого термина, то есть борцом с нарушением властью ее же законов: я был не согласен не с нарушением властью этих законов, а с самими законами. Я не мог согласиться с тем, что дарованные властью свободы можно использовать исключительно в целях укрепления и развития социалистического строя. А если я не согласен с принципами этого самого строя? Что тогда? Отказаться от свободы слова, печати и прочих свобод? Заткнуться и молчать? Оттого я охотно подтверждал свои действия, категорически отказываясь от любых показаний, относящихся к другим людям. То есть изготовлять изготовлял, распространять распространял, но от кого получил и кому передал – отвечать отказываюсь.

Круглов, впрочем, особенно не настаивал, поскольку его моя позиция вполне устраивала: она давала следствию возможность написать обоснованное обвинительное заключение.

Так, вызвав на допрос проходившего в это время службу в армии Сашу Лебедева, Круглов поинтересовался, давал ли я ему читать свои рассказы. Лебедев, не видя в этом ничего предосудительного, подтвердил, что давал, и это было занесено в протокол допроса. Затем следствие направило мои рассказы на экспертизу, и литературоведы в штатском написали экспертное заключение анализа текста, признающее мои рассказы содержащими клеветнические измышления, порочащие советский государственный и общественный строй. Следствие в обвинительном заключении соединило показания Лебедева и данную экспертизу и установило, что я изготовлял и распространял антисоветскую литературу, что подтверждается показаниями свидетеля Лебедева.

Это было зачитано в суде, куда бедного Сашу привезли из армии как свидетеля. Судья – заместитель председателя московского городского суда Романов – потребовал от Лебедева подтвердить его показания, данные во время следствия. Это, кстати, дало основание многим нашим общим знакомым считать Сашу предателем, что абсолютно неверно: он был убежден, что в моих рассказах нет ничего преступного и потому во время следствия не скрывал, что я давал ему их читать. Как и он сам читал всем друзьям свои стихи.

Когда Лебедев на суде понял, что его показания на следствии являются основанием для признания меня виновным в распространении антисоветской литературы, он замолчал, подумал, а затем попросил суд дать определение термина «антисоветский». Романов начал на него давить, взывая к Сашиной комсомольской совести и священному воинскому долгу. В конце концов Саша подтвердил свои показания во время следствия, отказавшись согласиться с распространением мною антисоветской литературы, поскольку не считал мои рассказы антисоветскими. Его отказ, впрочем, не остановил суд от признания меня виновным по данному (и всем остальным) эпизодам обвинительного заключения.

Круглов мне нравился: он был вежлив, приветлив и хорошо образован. Он читал те же «запрещенные» книги, что и я, – по долгу службы, и мы с ним много и охотно обсуждали эти книги, оставаясь каждый при своих взглядах. Он не пытался завоевать мое доверие, потому что оно не было ему нужно: КГБ арестовывал только тогда, когда собранные оперативниками сведения (прослушка, сообщения внедренных в диссидентскую среду «стукачей» и слежка) давали возможность обвинить подследственного в совершении преступления, независимо от его участия в следствии. Приятно, конечно, когда подследственный во всем признается и подтверждает имеющиеся у следствия данные, но не обязательно. И так сойдет.

О раскаянии речи не шло: следствие ни разу не подняло этот вопрос. Как ни разу Круглов не упомянул мою деятельность, связанную с Группой Доверия. Я ждал, когда следствие начнет вменять мне эпизоды по Группе, в основном из любопытства, потому что было интересно посмотреть, как они смогут превратить борьбу за мир в антисоветскую деятельность: это было бы достойно оруэлловского романа. Но этого не случилось: вероятно, у них была установка ни в коем случае не связывать мое дело с Группой. Впрочем, у следствия и так хватало материала для обвинительного заключения.

Материал этот, однако, по моему мнению, никак не тянул на 70-ю: да, изготовлял и распространял литературу, содержащую «клеветнические измышления, порочащие советский государственный и общественный строй»; да, высказывал «клеветнические утверждения о якобы имеющихся в СССР нарушениях прав человека». Но все это подходило под статью 190(1) УК РСФСР: *«Распространение заведомо ложных измышлений, порочащих советский государственный и общественный строй».*

Следствие же квалифицировало мои действия по куда более серьезной статье 70(1), предусматривающей *«лишение свободы на срок от шести месяцев до семи лет или ссылкой на срок от двух до пяти лет»*, хотя никаких формальных оснований для этого не было. Думаю, Комитет понимал несоответствие моей деятельности вменяемой мне статье, и это понимание и отразилось впоследствии в вынесенном мне судом приговоре.

Я не скрывал того, что делал, поскольку не считал это преступлением. Я был не согласен не с отдельными действиями властей, а с самой сутью советской власти, узурпировавшей, по моему мнению, управление страной и право на идеологическую монолитность. В отличие от Андрея Синявского, мои разногласия с советской властью носили не эстетический, а принципиальной характер: я не признавал за советской властью монополию на власть.

Потому у меня нет и не было претензий к КГБ: меня посадили за дело (хоть и по неправильной статье). Если отказ подчиниться идеологической цензуре и смириться с установленными государством рамками моноидеологии являлся в СССР преступлением, то я был виновен. Скрывать же свою позицию я считал недостойным: *a la guerre comme a la guerre.*

# Новая власть

10 ноября 1982 года и последующие два дня лефортовских заключенных прекратили вызывать на допросы. Кроме того, нам перестали давать газету «Правда» – единственную связь с жизнью страны победившего социализма. Как, впрочем, вскоре выяснилось, победившего эту самую страну.

Наступило странное, хорошо ощутимое молчание: предгрозовое затишье. Оно чувствовалось в посуровевших контролерах, прекративших шутить при раздаче баланды, и в более размеренных шагах «вертухаев» по тюремным коридорам, и в замедлившемся течении времени, которое, что бы ни утверждал никогда не сидевший Тургенев, бежит в тюрьме не так уж и быстро. Зэка притихли, ожидая беду.

– Пиздец всем, – заключил опытный Володя Погосов. – Война, блядь: американцы ракетами пизданули, и теперь решено всех комитетских арестантов «шмолять». В подвал спустят – и в «расход».

В Лефортово по непонятным причинам царило единогласное мнение, что Комитет не отвозит приговоренных к расстрелу в Бутырку, бывшую «исполниловкой» по Москве, а расстреливает своих заключенных прямо в Лефортово на третьем подземном этаже.

Я слышал много раз, как лефортовские сидельцы со знанием дела описывали структуру тюрьмы следующим образом:

– Там этажи под землей: на первом подземном баня (это была правда), на втором архив – дела держат, а на третьем – «шмоляют». Хули им в Бутырку возить, сами прямо здесь приводят в исполнение.

Как и другие зэковские «базары», повторенный бесчисленное количество раз, этот считался неоспоримым фактом. А что: Комитет. Им закон не писан.

Глоцер, обычно воспринимавший Володины «майсы» довольно скептично, тоже притих: он вслушивался в поменявшийся воздух тюрьмы, пытаясь понять, что происходит. На третий день Юра приуныл и начал соглашаться с Погосовым: пиздец.

Я пытался быть гласом рассудка:

– Если война, почему ничего не слышно? Бомбы, стрельба? Москву бы обязательно бомбили.

– Да на хера им Москва, – заспорил Погосов, проявляя глубокое знание военной доктрины Соединенных Штатов. – Американцы наши ракетные установки расхуячили, а теперь сидят ждут, пока коммуняки сдадутся. Потом придут и все здесь по-своему устроят.

— Когда придут? — поинтересовался Глоцер. В его голосе слышалась надежда.

— Какая, хуй, разница когда? — взорвался Погосов. — Нам не дожить: Комитет нас в «трубу выпустит». Сначала таких вот, как он, — Погосов кивнул на меня, — а потом и нас с тобою. За компанию, блядь.

В это время открылась «кормушка», и в ней показалось лицо контролера:

— На «р»? — поинтересовался он.

— Радзинский, — признался я, будучи единственным обитателем камеры, чья фамилия начиналась на «р».

— На выход, — скомандовал контролер и залязгал ключом в двери.

— Я же чуял, — торжествующе заявил Погосов. — Конторские сначала диссидюг в «расход пустят», чтобы те с американцами не снюхались, а потом нас, барыг, «расшмоляют». Война, блядь. Им от опасных зэка надо избавляться. Все, кранты.

Вызов в такое позднее время был необычным явлением: уже прошел ужин, до отбоя в десять вечера оставалось, по нашим подсчетам, часа два, и меня дергают из камеры? И это не перевод в другую камеру: «дергают-то» без вещей.

Странно. Может, и вправду что-то произошло, и гэбэшники решили избавиться от «ненужного» элемента?

Юра Глоцер с сочувствием глядел на меня, понимая, что пришло мое время. Он трогательно сжал мой локоть и хлопнул по плечу: прощай, брат.

Я, как было положено, заложил руки за спину и отправился в ожидавшую меня неизвестность.

Погосов, однако, ошибся: вместо того, чтобы спустить на мифический «третий подземный» и расстрелять, конвоир доставил меня на «третий надземный» этаж следственного отдела КГБ СССР в хорошо знакомый мне кабинет Круглова. По дороге я внимательно прислушивался, но так и не услышал ни грохота взрывавшихся американских бомб, ни свиста пуль, ни артиллерийской канонады.

Круглов выглядел необычно грустным и сдержанным: он кивнул на мое место за столиком у двери, отпустил конвоира и продолжал молча сидеть за столом, глядя в бумаги.

Затем поднял на меня ясные серо-голубые глаза чекиста и, вздохнув, сообщил:

— Олег Эдвардович, в стране большое горе: умер Леонид Ильич.

Хоть страна уже давно ждала смерти Брежнева, эта новость застала меня врасплох: я как-то совсем забыл о Брежневе за рутиной тюремной жизни.

Мы оба помолчали.

— Поздравляю, Сергей Борисович, — наконец сказал я.

— Что вы?! Как вы можете?! — неискренне запротестовал Круглов. — Умер руководитель страны!

— Сергей Борисович, я вас поздравляю не со смертью «дорогого Леонида Ильича», а с тем, что теперь, наверное, Юрий Владимирович станет генеральным.

Юрий Владимирович был Андропов, председатель КГБ СССР.

— Ну, — не сумел сдержать улыбки Круглов, — это как решит Политбюро. Мы с вами этого не знаем, — продолжал он. — Как Политбюро решит, так и будет.

Наш разговор состоялся 12 ноября, и в этот день Политбюро уже избрало Андропова генеральным секретарем. Круглов наверняка это знал, но решил держать при себе.

С этого момента в Лефортове началась новая жизнь.

В последующие две недели арестантов вызывали на допросы крайне редко: КГБ вступил в новую эру чистки партийных и советских кадров, и им было не до нас. Следственный отдел был занят открытием новых уголовных дел по собранным Комитетом за долгие годы оперативным данным.

При Андропове мгновенно был дан ход громким делам о коррупции, объявлена борьба с нетрудовыми доходами, началась чистка партийного и государственного аппарата, причем происходило это самым жестким образом: был отдан под суд и расстрелян начальник Главного управления торговли Мосгорисполкома; следом за ним арестованы двадцать пять ответственных работников московского Главторга и директора крупнейших московских гастрономов. Полетели со своих мест такие столпы советского истэблишмента, как первый секретарь Краснодарского обкома КПСС Медунов, министр внутренних дел Щёлоков и его заместитель – зять Брежнева – Чурбанов. Посадки и, порой подозрительные, самоубийства высших советских чиновников стали повсеместной рутиной. И, конечно, сильно поменялся состав заключенных Лефортовской тюрьмы.

Вспоминая слова товарища Сталина, в Лефортове «жить стало лучше, жить стало веселей».

К нам в камеры посыпались отраслевые министры и их заместители, заведующие отделами республиканских ЦК и разные прочие «партийные и советские руководители».

Так, я сидел с заместителем генерального директора «Аэрофлота» Юрием Шебановым, с заведующим юридическим отделом ЦК Таджикистана Султаном Раджабовым, с советским торговым представителем в Афганистане Михаилом Масловым и многими другими. Этот вновь прибывший контингент арестантов сильно разнообразил лефортовскую жизнь, и не знаю как жить, но сидеть точно «стало веселей».

Никогда до этого я не встречал – и уж тем более не общался с ними тесно – представителей советского правящего класса, «узников номенклатуры». Этот период лефортовской жизни стал для меня «моими университетами», наглядным учебным пособием, как и кем управлялась огромная страна. За эту уникальную предоставленную мне возможность, да и за многое другое, я искренне благодарен родному Комитету государственной безопасности СССР и лично дорогому Юрию Владимировичу Андропову.

Воспитали. Человеком сделали. И наглядно показали, кто руководил державой.

Советские и партийные руководители, попавшие в Лефортово, оказались вполне приятными людьми, но по большей части трусами, готовыми на любую сделку со следствием, лишь бы облегчить свою тюремную участь. Они массово «сдавали» начальство и коллег, обрастая подельниками и пытаясь свалить ответственность на других. Ни один из них, кроме командира военного авиационного отряда, обслуживавшего контингент советских войск в Афганистане, чью фамилию я, к сожалению, забыл, не отказался давать показания о других, что было абсолютной нормой в диссидентской среде; наоборот, они считали нормой свое доносительство и горячее желание помочь следствию. Да и понятно: они были ворами, сделавшими карьеру в рамках партийно-советской номенклатуры, всячески поощрявшей и поддерживавшей такое доносительство. Не только диссиденты, но и барыги – валютчики и контрабандисты – были удивлены подобным поведением нашей элиты, явно жившей не «по понятиям», а вернее, по совершенно другим понятиям.

Глоцер, например, не сдал ни одного человека, включая «прикормленного» им генерала МВД, оказывавшего ему покровительство.

Помню, как в бане, под шум льющейся воды Глоцер поделился, что следствие давит на него дать показания на этого генерала, но Юра наотрез отказался.

– Он – мент, понятное дело, – вздыхал Юра, оттирая себя намыленной мочалкой, – но ему шестьдесят два, он же в зоне подохнет.

И не сдал.


Круглов, занятый новыми именитыми лефортовскими постояльцами, теперь вызывал меня на допросы не каждый день. Тюремное начальство активно «тасовывало» заключенных, раздергивая одни «хаты» – камеры – и переводя зэка в другие.

По Лефортово ползли слухи о посаженных партийных и советских деятелях, назывались известные всей стране фамилии, и я жадно вглядывался в эту новую жизнь, впитывая ее в себя, словно находился в творческой командировке и собирал материал для книги.

Именно это отношение – отстраненность от происходящего – помогло мне сравнительно легко перенести заключение и в тюрьме, и позже на лесоповале в Сибири. Я смотрел на переживания взрослых солидных мужчин, нервно куривших и погружавшихся в депрессию, мрачных от безысходности – бывших хозяев жизни, и понимал, что им было что терять: семьи, карьеры, планы; мне же терять было особенно нечего, да я, признаться, и не дорожил тем немногим, что у меня было. Тюрьма воспринималась мною как награда, как признание, как уникальная возможность прикоснуться к многократно описанному другими миру, о котором я столько читал. Тюрьма воспринималась как путевка в книгу, где я был главным – для себя – персонажем. Наконец-то я попал внутрь литературного произведения, написанного жизнью обо мне.

# Палата № 4

В середине декабря Круглов сообщил, что следствие отправляет меня на экспертизу в Институт судебной психиатрии имени Сербского.

– У нас нет никаких сомнений в вашей вменяемости и психическом здоровье, – заверил Круглов, – но такова стандартная процедура с подследственными по вашей статье. Я, Олег Эдвардович, совершенно уверен, что вы полностью дееспособны и должны нести ответственность за свои действия в судебном порядке.

Я не сразу понял, зачем он мне это говорит, но потом – находясь в Сербского – осознал, что он пытался меня поддержать и давал понять, что у ГБ нет планов отправить меня в психушку и что я пойду под суд и получу срок. Понял я это только к концу экспертизы, о чем искренне жалею, потому что иначе мое пребывание в Сербского было бы много легче.

За все время заключения я по-настоящему боялся два раза. Первый раз я испугался в Сербского. Второй – когда сидел на посту для приговоренных к смертной казни в Свердловской тюрьме.

Процедура отправки диссидентов на психиатрическую экспертизу действительно была стандартной. Да и понятное дело: раз против советской власти, значит ненормальный. Потому что нормальные – «за».

Институт Сербского был создан в 1899 году, изначально как медицинское учреждение тюремного типа и сперва назывался Центральный полицейский приемный покой для душевнобольных. В 1921-м новое большевистское правительство преобразовало его в Пречистенскую психиатрическую лечебницу для заключенных.

Начиная с 60-х годов институт превратился в орудие для отправки диссидентов и других неугодных на принудительное психиатрическое лечение. Те, кто желают узнать подробнее об использовании психиатрии как инструмента политических репрессий в СССР, обязаны прочесть замечательную книгу Александра Подрабинека «Карательная медицина»; он заплатил за нее годами заключения и ссылки.

Проблема с признанием психически больным состояла в том, что психиатрия не имеет сроков: врачи определяют прогресс в лечении, а стало быть, и время пребывания «больного» в специальной психиатрической лечебнице, где пациентов пичкают разными психотропными препаратами, «кладут на вязки» – привязывают к кровати – и используют прочие прогрессивные терапевтические методы. Суд дает тебе срок, и ты его сидишь, а потом выходишь (если, конечно, в заключении не навешивают новый, как было с Александром Подрабинеком и его братом Кириллом). А в психушке тебя могут держать, пока «они» не решат, что ты выздоровел. Хоть всю жизнь.

Я к тому времени уже прочел книгу Александра Подрабинека и ничего хорошего от пребывания в Сербского не ждал.

Меня доставили автозаком в «стакане» – крошечном металлическом отделении внутри машины для перевозки заключенных, куда сажают арестантов, которых необходимо при перевозке отделить от других, хоть я и был в автозаке один. Позже, когда меня возили на суд и при этапировании, меня тоже транспортировали в «стакане», вероятно, таким образом ограждая уголовников от моего тлетворного влияния.

«Стакан»» – не самый комфортабельный вид транспортировки: узкое пространство с низким потолком и металлической скамейкой, на которой даже человек моего не очень высокого – метр семьдесят – роста сидит согнувшись. Зимой там холодно, часами сидеть скрюченному на мерзлом железе – не очень приятное (и здоровое) занятие, а летом в «стакане» душно, и я слышал, что некоторые зэка падали в обморок от духоты. Сам я, впрочем, без особых приключений, но отморозив разные места, доехал тихим декабрьским днем до Института Сербского, где конвой сдал меня местным «вертухаям» и где меня ждал новый сюжетный этап тюремной жизни.

После небольшого совещания принявшие меня контролеры пришли к коллегиальному решению не надевать на меня наручники и повели мыться.

Вместо обычной тюремной бани мне открылась странная картина: огромный облицованный кафельной плиткой зал, в котором стояли ванны. Было в этом что-то босховское или дюрреровское – чистилище для грешников. Я к тому времени настолько отвык от ванн, что не сразу понял, зачем меня сюда привели. Судя по всему, меня не зря отправили на экспертизу: если я и не страдал психическим расстройством, то признаки некоторого слабоумия все же наблюдались. К счастью, мне удавалось это успешно скрывать.

Старушки-нянечки с безучастными лицами посадили меня в ванну под заботливым присмотром конвоя и усердно натерли мыльной мочалкой. Все мои заверения, что я могу намылиться сам, были то ли не услышаны, то ли отвергнуты; с меня смыли пену, приказали вылезти из ванны и промокнули вафельным полотенцем. Все это время старушки не замолкая говорили о свои планах по покупке продовольствия в близлежащих магазинах, обсуждая, что, где и в какую цену дают.

Мне выдали темно-синюю пижаму и повели по пустым коридорам, разрешив взять с собой только зубную щетку. Конвой с ненужными предосторожностями доставил и сдал меня в печально известное советским диссидентам четвертое отделение: в нем содержали отправленных на экспертизу подследственных КГБ.

Насколько я помню, там были две палаты с общим коридором.

В моей палате стояло десять коек и сидел конвойный: мы находились под круглосуточным присмотром, и в обязанности контролера входило вести записи о нашем поведении и наших разговорах, что он и делал – когда не ленился. В беседы с нами дежурившие в палате контролеры вступали редко – по необходимости, но были вежливы и старательно делали вид, что их вообще нет. Мы, впрочем, об их присутствии помнили и вели себя осторожно.

Тут я и испугался.

Я боялся громко смеяться, потому что наблюдавший контролер мог расценить это как признак повышенной возбудимости. Потому засмеявшись, я обрывал себя и принимал серьезный вид. Но тут же в голову лезли мысли: а вдруг он решит, что у меня депрессия, и я принимался оживленно (но не слишком) разговаривать с соседями по палате. Эта самоцензура, постоянный контроль за собственным поведением, постоянный страх, что оно может быть интерпретировано как неадекватное, мучили меня до такой степени, что я перестал спать по ночам и подолгу лежал под тусклым светом вечно горевшей в палате лампочки, обдумывая, продумывая оптимальную линию поведения. Я боялся, что меня признают психически нездоровым и отправят в психушку – пока не выздоровею. Этого я боялся больше всего.

Я страшился потерять контроль над своей жизнью: у заключенного имеются хоть какие-то, но права. У психбольного – никаких.

Я провел в Институте Сербского тридцать пять дней – стандартный срок экспертизы. Мой психиатр Яков Лазаревич Ландау был отвратительный беспринципный палач, загубивший множество судеб, советский холуй от медицины. К счастью, я оказался ему глубоко неинтересен, потому что он, вероятно, получил приказ не признавать меня душевнобольным и экспертиза являлась чистой формальностью. Первые дни он вызывал меня на «беседы» часто, потом все реже и реже, пока не перестал вызывать совсем.

Поначалу Яков Лазаревич вяло пытался меня провоцировать, говоря что-нибудь типа: «Вот прочел ваши рассказы, Радзинский. Плохо написано» – и наблюдая за реакцией. Я благодарил его за критику и обещал в дальнейшем писать лучше. Иногда он расспрашивал об отношениях с родителями, задавая одни и те же вопросы, и я охотно делился воспоминаниями своего счастливого советского детства.

Пересланные следствием материалы дела давали Якову Лазаревичу мало простора для психиатрической оценки: я не участвовал в демонстрациях или уличных протестах, не делал никаких громких публичных заявлений, обвиняя советскую власть в кровавых преступлениях, и вообще вел себя до омерзительности адекватно. Единственный эпизод, которому Ландау посвятил много времени, было обвинение в том, что я якобы призывал уничтожать коммунистов, чего я никогда не делал.

– А как вы, Радзинский, собирались уничтожать коммунистов? – без особого, впрочем, интереса осведомлялся Яков Лазаревич. – Вешать? Стрелять? Жечь?

– Никак, – с чистой совестью признавался я. – Никогда не собирался и ничего подобного не говорил.

– Как не говорили? – притворно удивлялся Ландау. – Вот показания такого-то, что вы призывали к уничтожению коммунистов.

И он внимательно глядел на меня, ожидая бурной реакции. Ее не случалось.

Каждый раз, когда он поднимал эту тему, я как можно спокойнее и доходчивее объяснял, что не говорил ничего подобного, да и не мог.

– Помилуйте, Яков Лазаревич, – лучезарно улыбался я этому подонку, – как можно? У меня бабушка – член партии. Неужели вы думаете, что я хотел уничтожить свою любимую бабушку?

Яков Лазаревич кивал седоватой головой и, поблескивая стеклами очков, записывал что-то глубоко экспертно-психиатрическое в мое дело. Он так никогда мне и не открыл, верил ли он в мою кровожадную натуру.

Надо сказать, что эпизод о моих призывах к уничтожению коммунистов – единственный из тридцати четырех вмененных мне следствием эпизодов, бывший неправдой – появился в деле по доносу юноши, которого я назову здесь Максим. Я не буду открывать его фамилию и не держу на него зла: он был молод и имел личные основания меня не любить и быть на меня обиженным, что, думаю, и привело его к идее написать донос во время доблестного прохождения им воинской службы.

Попав в армию, Максим решил вступить в партию. Ему, должно быть, сказали, что в таком юном возрасте он должен заслужить эту честь чем-то особенным. Поразмыслив, Максим вспомнил обо мне и своей ко мне заслуженной нелюбви, сел и написал донос о моих антисоветских высказываниях (что было правдой), включая призывы к уничтожению коммунистов (чего я никогда не делал). Донос этот был передан по инстанции, и КГБ заботливо хранил его в моем разрастающемся деле, чтобы вытащить, отряхнуть пыль и использовать, когда придет время.

В день ареста мне устроили очную ставку с Максимом, и я искренне не мог его вспомнить, поскольку он мне ничем не запомнился, да и сильно поменялся за пять лет, что мы не виделись. Максим повторил свою ложь, я сказал, что никогда этого не было, и – сюрприз! – следствие поверило ему, а не мне. Следствие особенно держалось за этот эпизод, потому что он единственный давал основания обвинить меня по 70-й статье; другие мои деяния на 70-ю не тянули.

Все это, однако, было уже в прошлом, а в настоящем была палата № 4, больничная пижама и больничная диета, положенная в Сербского всем подряд. Зима за зарешеченным высоким окном радовала глаз, и мы пытались разглядеть дальние пятиэтажки, населенные свободными согражданами, размышляя об их свободной жизни.

Нам выдавали любимую газету «Правда», оттого мы знали числа и дни недели, которые, впрочем, мало отличались один от другого: подъем, умывание по очереди, завтрак, беседа с психиатром, обед, шахматы, шашки, ужин, отбой. Санаторий, одним словом. Тюремного типа.

31 декабря мы лежали в кроватях после отбоя, мучительно высчитывая, когда же кремлевские куранты пробьют двенадцать, перенеся наши жизни в новый – 1983 год. Это был мой первый Новый год в заключении, и сразу после отбоя в десять вечера я начал считать про себя, отмечая спешный бег секунд, складывающихся в минуты, а минуты – в часы. Контролер наотрез отказался сообщить нам правильное время, я быстро сбился и заспорил с лежавшим на соседней койке «шпионом» Ромой Гудовским, был ли уже Новый год или нет. Тут-то мы и услышали родные пьяные крики, донесшиеся из окон окрестных домов: «Ура! Ура! Ура!»

С Новым годом, поздравил я себя. С новым счастьем.

# Шпионы

По возращении в Лефортово меня поместили в новую, двойную камеру под номером 22–23. Здесь я встретил Руслана Кетенчиева, шедшего по статье 64(а) УК РСФСР: «Измена родине» в виде шпионажа.

Шпионов в Лефортове было много. Подавляющее большинство их, однако, были «инициативники». Таким «инициативником» был и Руслан, с которым я подружился, и его история – типичная для «инициативников» грустная история.

Руслан, кабардинец из Нальчика, по достижении призывного возраста отправился в армию выполнять священный долг по защите социалистического отечества. «Деды», однако, не сочли его достойным такой чести и издевались над ним, подвергая Руслана всевозможным (а скорее, невозможным) унижениям. Когда Руслан избил одного из них, особенно его донимавшего, он оказался на «губе». Выйдя оттуда и поразмыслив, Руслан решил бежать, что и сделал, уйдя темной ночью из части, где служил.

Кабардинскому юноше в военной форме оказалось трудно затеряться среди не очень густо заселенной гражданскими представителями титульной национальности среднерусской местности. Попросившись на ночлег к сельским жителям, Руслан наутро обнаружил, что ждет его не хваленое русское гостеприимство, а военный конвой. Руслана арестовали, отдали под трибунал, но поскольку он ушел без оружия и не сопротивлялся при аресте, отправили на остальной срок службы в дисбат, накинув лишь год, чтобы, вероятно, дать ему больше времени полюбить армию.

Стерпится – слюбится, думало мудрое армейское начальство. Не слюбилось. Оттого что не стерпелось.

Отслужив, Руслан Кетенчиев был одержим одной мыслью – бежать из родной страны. Как место будущего проживания он выбрал Соединенные Штаты, но оттого, что в Нальчике не оказалось готовых ему помочь, да и вообще никаких американцев, Руслан отправился в столицу, где снял комнату и устроился работать на стройку. В свободное от работы время Руслан зубрил английские глаголы и мечтал о том, как он будет *to be*, но в другом месте.

Каждое воскресенье Руслан отправлялся к американскому посольству на Садовом кольце, проводя рекогносцировку и надеясь встретить сердобольных американских дипломатов, которые умыкнут его из Советского Союза и переправят дипломатической почтой в США.

Как он себе это представлял? Да никак: он был из Нальчика, а там, судя по всему, подобное случалось сплошь и рядом. Когда я пытался его расспросить, почему он считал себя столь нужным американцам, чтобы они пошли из-за него на международный скандал, Руслан искренне удивлялся моей непонятливости: «Так я ж хотел к ним поехать жить», – объяснял Руслан. Он считал, что американцы будут рады такому прибавлению, и видел себя скачущим в ковбойской шляпе и кавказской бурке по просторным прериям новой родины.

Его надежды оправдались: в одно воскресенье из здания посольства вышел настоящий штатник – в джинсах и проч. – и, помахивая настоящей американской газетой, медленно пошел в направлении Руслана. Тот не мог поверить своей удаче, огляделся вокруг и понял, что сегодня его день: охранявшие посольство милиционеры куда-то скрылись, улица была свободна от переодетых оперов, и Руслан, пропустив окинувшего его приветливым взглядом американского дипломата, отправился за ним, соблюдая конспиративную дистанцию метров в десять.

Штатник спустился в подземный переход, и тут Руслан обратился к нему, мешая английские, русские и, должно быть, кабардинские слова. Американец поморщился и ответил на английском что-то, что Руслан решительно не понял. Тогда американец сжалился и спросил Руслана на ломаном русском, что тот хочет. «Хочу в Америку», – не задумываясь ответил Руслан Кетенчиев. Американец улыбнулся широкой голливудской улыбкой и, понизив голос, сказал: «Заффтра шэст вэчер угол Садовый калцо и Бурдэнк. Я приезжайт иностранный машина». Руслан поклялся честью горца, что будет там вовремя. И был.

Он рассказывал, что сел в подъехавшую ровно в шесть «иностранный машина», где его ожидал улыбчивый американский дипломат и свирепого вида водитель. Водитель был представлен Руслану как американский морской пехотинец Джон, выполняющий важные американские морские пехотные задания и не понимающий по-русски. Поэтому беседу поддерживал исключительно дипломат, чей русский оказался не так уж и плох.

Первая встреча была короткой: американец записал имя Руслана и его биографические данные, поинтересовался, почему тот хочет в Америку, и пообещал поговорить со своим начальством. Он назначил следующую конспиративную встречу и спросил, чем Руслан может принести пользу своей новой родине. Руслан сообщил, что у него имеются профессиональные водительские права, позволяющие ему водить самосвалы. «Очэн карашо, – похвалил его впечатленный достижениями Руслана американец. – Ви думайт, што ищо ви может для нас делайт».

На следующей встрече американец попросил Руслана рассказать о службе в армии. Руслан, призванный поначалу в стройбат, рассказал о строительных работах, подчеркнув свой трудовой героизм, и пообещал ударно трудиться на американских молодежных стройках, если его туда отправит родное капиталистическое правительство. Американец кивал и записывал рассказ Руслана в настоящий «штатовский» блокнот, пока морской пехотинец Джон возил их по тихим московским улицам, храня гордое империалистическое молчание по причине незнания русского языка. А может, из соображений глубокой конспирации.

Американец объяснил Руслану, что тот должен заслужить отправку себя в США дипломатическим грузом, и дал задание: написать к следующей встрече номер своей воинской части, ее расположение, и начертить ее план с казармами, каптерками, ленинской комнатой, медсанчастью и другими стратегически важными объектами.

В назначенный день Руслан явился с двумя листочками, содержавшими всю запрошенную информацию. Американец внимательно их просмотрел, задал умные вопросы и поблагодарил Руслана. Он пообещал дать окончательный ответ на следующей встрече, пожал ему руку и высадил Руслана на углу пустынной улицы. Руслан смотрел вслед уехавшей «иностранный машина» и не заметил, как оказался окруженным плечистыми ребятами спортивного вида. Они быстро скрутили Руслана и усадили его в другую машину – на сей раз отечественного производства.

Руслана доставили в Лефортово и предъявили обвинение в измене родине в форме шпионаже по статье 64(а), грозящей наказанием от десяти лет заключения на строгом режиме до смертной казни.

Подобных «шпионских» историй в Лефортове было много: таких, как Руслан, называли «инициативники». Мол, проявил инициативу: сам пришел.

Интересно, что Руслан до суда не мог поверить в постановочную часть своего дела, даже когда следователь зачитывал ему показания «американца». И только на суде – военном трибунале, поскольку шпионов судил военный трибунал, – Руслан поверил, увидев на свидетельском месте «своего дипломата», оказавшегося оперативным сотрудником КГБ с засекреченной фамилией. Звали оперативника Николай, а совсем не мистер Стивен. Кто бы мог подумать.

«Морской пехотинец» Джон, кстати, на суд не явился. Был, должно быть, занят важными морскими пехотинскими делами. А может, изучал русский язык.

Так КГБ отрабатывал хлеб, провоцируя «инициативников» на измену родине, выявляя опасный элемент – тех, кто мог потенциально встать на сторону врага. Операция «Трест» – любимая гэбэшная оперативная парадигма: зажжем лампочку, авось мотыльки и слетятся.

А мы их тут и прихлопнем.

Сколько судеб таких молодых наивных ребят, как Руслан, загубил Комитет? Сотни? Тысячи? «Инициативники», конечно, были сами во многом виноваты, но родное гуманное государство могло бы и не зверствовать, не сажать их на долгие сроки, а пугнуть и провести воспитательную беседу. Родина, однако, предпочитала кардинальные меры и отправляла своих непутевых сыновей в лагеря. Откуда они выходили убежденными врагами.

Были в Лефортове и настоящие шпионы: я сидел с некоторыми из тех, кто, думаю, действительно занимался шпионажем. Их имена называть не буду, потому что называть имена виновных нельзя. Даже по прошествии более тридцати лет. Кто знает? Те, совсем недавно казавшиеся нам безвозвратно ушедшими, времена, похоже, возвращаются, и поворачивает Россия назад – в советское будущее. Думаю, скоро появятся в российских тюрьмах «инициативники», если не сидят там уже.

Называть можно только невинных. Или тех, кто получил наказание, несообразное с содеянным. Память о них должна жить.

# Большая «хата»

После экспертизы в Институте Сербского я вернулся в сдвоенную камеру на шесть человек. В честь этой сдвоенности и как напоминание о когда-то сломанной между двумя камерами стенке она носила номер 22–23 и располагалась на первом этаже. 117-я, где я сидел до отправки в Институт Сербского, была на третьем – последнем – этаже Лефортова, и при выводе на прогулку или на допрос был виден огромный прямоугольник тюремного колодца, затянутый сеткой – чтобы заключенные не прыгнули головой вниз в пролет, убежав в небытие, где их не догонит никакой конвой.

Про эту сетку по Лефортову ходила такая история: в 1977 году в московском метро и двух продуктовых магазинах в центре столицы прогремели взрывы. Вскоре по этому делу арестовали трех армян – Акопа Степаняна, Завена Багдасаряна и Степана Затикяна. Когда их этапировали из Еревана в Лефортово для допросов, один из них – должно быть, лидер группы Затикян – при выводе из камеры прыгнул на сетку и начал кричать про свою невиновность. Он бегал по сетке, натянутой между этажами, пока его не скрутили, но зэка в камерах хорошо слышали его крики: «Мы не взрывали метро! Мы не взрывали метро!»

Было ли это, нет ли – не знаю. Но рассказ о том передавался поколениями лефортовских сидельцев, и я, попавший в Лефортово через пять лет после событий, слышал эту историю (и многие другие), пересказываемую зэка как установленный и не подлежащий сомнению исторический факт.

«Хата» наша была проходная, то есть заключенных тасовали часто, но я там сидел долго и встретил много разных людей. В камере 22–23 я повстречался с полковником КГБ Сергеем Степановичем Конопацким; «шпионом» Русланом Кетенчиевым и сидевшим по громкому делу, проходившему в Лефортове под кодовым названием «Армяне и таможня», Акопом Кокикяном. Там же я сидел с несколькими представителями советской номенклатуры: заведующим юридическим отделом ЦК Таджикистана Султаном Раджабовичем Раджабовым, заместителем генерального директора «Аэрофлота» Юрием Андреевичем Шебановым и всякими разными другими. Конопацкий и Раджабов оставались в камере все время моего в ней пребывания, остальные же – военные летчики из обслуживавшей советскую армию в Афганистане дивизии, спекулировавшие водкой, привозимой ими в Кабул за счет стратегически важного груза; работник советского торгпредства в Пакистане Миша Маслов, не брезговавший контрабандой и торговлей валютой; украинский националист Вася Рыбак, бандит и валютчик Леша Пилипенко и многие, многие другие – сменялись, пробыв в камере месяц, два, чтобы двинуться дальше – в необъятные просторы советской тюремной системы.

«Армяне и таможня» считалось самым большим по составу участников делом, проходившим в то время в КГБ СССР. Суть его была проста: группа жителей солнечного Еревана установила полное взаимопонимание с работниками таможни международного аэропорта «Шереметьево». Как результат взаимопонимания таможенники закрывали глаза на отправляемые и провозимые армянами в личном грузе коллекционные ковры, отправлявшиеся во Францию и США. А открыв глаза, таможенники обнаруживали в своих глубоких карманах дензнаки СССР и других, не всегда дружественных, государств.

Руководителем армянской группы был Акоп Кокикян.

Акоп родился в Марселе сразу после войны. Его родители – потомки армян, бежавших из Карса в 1915-м, – жили в шумном средиземноморском городе, посматривая с берега на замок Ив, где на страницах романа Александра Дюма томился Эдмон Дантес, впоследствии ставший графом Монте-Кристо, и мечтали о родной Армении, которую никогда не видели ни их мамы и папы, ни они сами, ни их шестеро детей. Родители Акопа родились во Франции, но отчего-то не стали французами, а выбрали остаться армянами. Потому в начале 60-х годов папа Кокикян собрал свою большую семью и, отказавшись от французского гражданства в пользу советского, переехал жить в Ереван. Здесь Акоп и вырос.

Он научился плохо говорить по-русски, был весел и обладал поразительным талантом превращать жизнь в праздник. Был он неутомим и не мог находиться в состоянии покоя больше минуты. Целый день Акоп шагал по камере, разговаривая сам с собой по-армянски и по-французски или с нами на ломаном русском.

– Жизнь грустный, – учил Акоп, – ты – веселый. Жизнь веселый, ты еще веселый. Как Акоп.

– Ну да, – с горечью замечал Миша Маслов, – влепят нам с тобой по пятнадцать, а у меня до «вышки», вот и повеселимся.

– Ва-а! – удивлялся Акоп. – Зачем плохой думат, думай хороший. Открывают дверь и говорят: «Миша-джан, дорогой, выходи, пожалуйста, прости нас. Ты не виноват, вот тебе сто тысяч рублей, что тюрьма сидел. Гуляй, веселись, Акоп нэ забывай».

– Канэшна, – вступал в беседу я, отрываясь от рассказов Пришвина, взятых в тюремной библиотеке. – Ты про орден забыл, Акоп. Еще и орден дадут.

– Олэг не надо выпускат, – решал Акоп. – Книга ест, читай, пожалуйста, он здесь хорошо. На воля плохо – девочка мешает, здесь хорошо, да?

Жили мы в камере дружно, хотя иногда бывали столкновения, редко физические. В тюрьме, кстати, дерутся редко, по крайней мере на строгом режиме: зэка хорошо знают, кого можно бить безнаказанно, и те, кого можно, тоже это знают. Оттого и не сопротивляются. Потому избиения заключенных другими заключенными происходят часто, а драк не так много.

В Лефортово я дрался два раза, и оба в камере 22–23: первый – с Арменом П., наглым контрабандистом, проходившем по делу «Армяне и таможня». Акоп Кокикян рассказывал, что Армен «сдал» своих подельников. В отличие от уголовных тюрем в Лефортове это не считалось большим грехом у валютчиков и контрабандистов (но было абсолютно неприемлемо в диссидентской среде), и уж тем более доносительство оказалось просто нормой для советской номенклатуры, так что никто ему ничего не сказал и не сказал бы. Но Армен начал «гнать», какой он несгибаемый «авторитет», настоящий вор, благородный «положенец», то есть живущий по воровским понятиям и так далее.

Мне было противно это вранье, и я ему «предъявил». Армен – рецидивист, шедший по третьей ходке, знал, что с такой «предъявой» ему в камере хорошо не жить, и уж по крайней мере не жить как «авторитету», и решил инициировать драку, чтобы через ШИЗО – штрафной изолятор – уйти в другую камеру (администрация обычно не возвращает заключенного в ту же камеру после карцера, если причиной заключения в ШИЗО была драка между сокамерниками).

Он ударил меня на прогулке, что было рассчитанной трусостью: драку на прогулке «попка» на вышке сразу заметит и вызовет дежурный конвой. Я, конечно, ответил, и пошло-поехало. Прибежали контролеры, нас разняли, положили на бетонный пол дворика лицом вниз, надели на обоих наручники. Пришел ДПНСИ – дежурный помощник начальника следственного изолятора – и без дальнейших выяснений объявил, что «хату» лишают прогулки. Армена в тот же день перевели в другую камеру, по-моему, даже не «через ШИЗО».

Вторая моя драка в Лефортове была много опаснее: я подрался с Лешей Пилипенко. Леша был подонистый тип, сидевший по 88-й – «Нарушение закона о валютных операциях» и 77-й – «Бандитизм». Он сидел по «делу Алексея Штурмина», шедшего «паровозом».

Штурмина, первого советского каратиста и заместителя председателя Федерации карате СССР, обвиняли много в чем, и среди этого много чего была и организация вооруженного бандформирования. Пилипенко был тоже спортсмен – мастер спорта по плаванию – и являлся телохранителем Штурмина, у которого три года занимался карате. В камере Пилипенко обливал Штурмина грязью – возможно, заслуженно, не могу сказать, поскольку сам со Штурминым не сидел, но историй про него в Лефортове ходило много и самых разных, включая убийства: его и его людей нанимали для выколачивания «серьезных» долгов.

Леша Пилипенко ненавидел Штурмина за разные вещи, но более всего из антисемитизма: Штурмин был евреем. Пилипенко – патологический антисемит – тем не менее любил еврейских девушек, коих у него – по его рассказам – было великое множество. Он, однако, не выносил евреев-мужчин и постоянно поносил их как мог:

– Радзинский, ну почему вы, жиды, такие уроды, блядь?! Крысятничаете, под себя все гребете! А у самих хуй не стоит; я одну жидовку драл, она мне про мужа своего рассказывала, что его на пять секунд хватало: засунул и кончил. А ей в жопу хочется!

И так далее, все в таком же духе. На второй день я ему сказал, чтобы он прекратил. Леша засмеялся: он чувствовал себя в полной безопасности, поскольку в камере, кроме меня – «хилого жиденка» – сидел старый полковник Конопацкий, безучастный ко всему параноидально подозрительный Вася Рыбак, страдающий от голода Султан Раджабович Раджабов и тихий изменник родины Толгат Ахметдинов. Никто из нас, даже объединившись, по мнению Пилипенко, не мог ему угрожать.

Толгат был человек странный: лет двадцати пяти, но уже лысоватый, худой, невысокий и жилистый, происходил он из города Набережные Челны, переименованного в Брежнев после смерти дорогого Леонида Ильича. Он почти не говорил, но внимательно слушал мои дебаты о сути истинной демократии с полковником КГБ и верным, хоть и вороватым, сыном Компартии Сергеем Степановичем Конопацким.

Однажды Толгат попросил меня написать ему список книг, которые нужно прочесть, и я честно написал названий двадцать-тридцать из мировой классики. Большинство этих книг можно было заказать в лефортовской библиотеке, о чем я и сообщил Толгату. Он поблагодарил, но ни одну из них не заказал и не прочел. Хотя исправно перечитывал мой список, шевеля губами и, казалось, запоминая названия книг наизусть.

Он почти ничего не рассказывал о своем деле, знаю только, что он был арестован по статье 68 УК РСФСР – «Диверсия», что считалось особо опасным государственным преступлением. Его этапировали из Казани в Лефортово, и дело забрал «под себя» КГБ СССР, и – дополнительно к 68-й – ему еще вменили 64-ю – «Измена родине». По диверсии он, как ранее не судимый, мог бы получить червончик (статья была от восьми до пятнадцати), но с таким набором, как 68-я и 64-я, предполагавшая наказание от десяти до «вышки», Толгат смотрел на тринадцать – пятнадцать, а то и «на пулю». Как я уже сказал, мы ничего не знали о подробностях его дела. И не узнали: свои тайны Толгат держал при себе.

Признаться, с появлением в камере Пилипенко мне стало не до тайн Толгата, так как я должен был вступить в конфликт с заведомо более сильным противником, не собираясь сносить его хамства. У меня был выбор: вызвать Пилипенко на открытый конфликт или напасть на него исподтишка. Опция «сидеть и терпеть» мною не рассматривалась по причине природной категоричности и нелюбви к компромиссам.

Вызвать Пилипенко на открытый конфликт было правильно и благородно с моральной точки зрения, поскольку дало бы ему возможность быть готовым к драке. С другой стороны, его готовность уничтожала даже малейший мой шанс нанести Пилипенко хоть какой-то серьезный ущерб. Победить в драке я не надеялся ни при каких обстоятельствах: он был больше, тяжелее, намного сильнее и обучен карате. Напав исподтишка, то есть поступив подло, я мог ударить его хотя бы несколько раз перед тем, как он меня забьет. Мой детский урок противостояния с Юрой Конкиным в пятом классе научил меня важности психологического эффекта, когда ты ассоциируешься у противника с болью, с дискомфортом, с неприятными ощущениями. Никто не любит, когда его бьют в лицо. Даже когда бьют не сильно.

Я решил поступить с Пилипенко подло.

Когда Леша начал в очередной раз поносить «жидовских тварей», я громко спросил полковника Конопацкого, не хочет ли он сыграть в шахматы. Сергей Степанович, с которым у нас шел непрекращающийся турнир, согласился. Я встал со своей «шконки» и будто направился к «дубку» – зацементированному в пол столу с двумя лавками, за которыми мы обычно играли. Проходя мимо «шконки» Пилипенко, я неожиданно повернулся к нему и ударил ничего не подозревавшего нелюбителя евреев обеими ладонями по ушам и, схватив за затылок, стукнул пару раз ему коленом в лицо.

Пилипенко закричал от боли, закрыв уши, и я отступил на шаг, создавая дистанцию для ударов руками. Это было ошибкой: неожиданно я оказался в воздухе и полетел к стенке.

Пилипенко оказался настолько силен, что смог сидя поднять меня на вытянутых руках, встать, держа меня на весу, и швырнуть на соседнюю «шконку». Я попытался подняться, но был тут же сбит с ног, и Пилипенко обрушил на меня град ударов, по счастью, не фатальных, поскольку он бил сверху вниз в тесном пространстве и не мог ударить корпусом, используя массу тела, как в боксе.

Первые секунд двадцать я пытался встать, а потом уже и не пытался: просто закрывал голову руками. Вдруг удары прекратились: Пилипенко исчез. Я взглянул сквозь пальцы и ничего не понял. Пилипенко лежал на полу у двери, а над ним в классической боксерской стойке стоял тишайший Толгат Ахметдинов.

В камере стало очень, очень тихо.

На месте Толгата я бы постарался добить Пилипенко ногами, не давая ему встать, но Толгат благородно позволил Пилипенко подняться с пола и броситься на себя. Он по-боксерски уклонился от Лешиного прямого удара и с пугающей быстротой провел «тройку»: левый прямой, правый прямой, правый «хук» – боковой в челюсть. Пилипенко зашатался, Толгат шагнул к нему и свалил Пилипенко с ног правым боковым. Затем отступил на шаг, опустив руки, чтобы они не уставали в стойке, и стал ждать, пока Пилипенко поднимется.

Это продолжалось еще два раза: Леша вставал, бросался на худенького жилистого Ахметдинова, который принимал стойку и, умело сократив дистанцию, обрабатывал Пилипенко по корпусу, сбивая ему дыхание, а затем ударами в лицо сваливал с ног.

Дрались они молча, остальные в камере тоже молчали. Удивительно, что контролеры, привлеченные шумом, прилепились к «глазку», но не открыли «кормушку» и не сделали никаких замечаний, хотя им было положено прекращать драки. Думаю, они, как и мы, были заворожены неожиданностью происходящего.

На третий раз, стукнувшись затылком о дверь, Пилипенко сел, помотал головой и поднял руки: сдаюсь. Толгат отступил на шаг, разрешая сопернику подняться, взял с Лешиной «шконки» полотенце и бросил ему. Пилипенко встал и пошел к раковине смывать кровь.

Мы продолжали молчать, ожидая, что будет дальше. Я ждал, пока он отойдет от раковины, чтобы тоже смыть кровь с лица.

К Лешиной чести нужно сказать, что он повел себя абсолютно неожиданно.

Смыв кровь, намочив полотенце и приложив его к разбитому носу, он повернулся к Ахметдинову и спросил:

– Боксер?

Ахметдинов кивнул: он вообще мало разговаривал.

Далее началась беседа двух спортсменов:

— По какому разряду выступал? — поинтересовался Пилипенко.

— КМС (то есть кандидат в мастера спорта. – *прим. авт.*)

— В полусреднем?

— Не, я – полутяж, – дружески сообщил Толгат, словно только что не избивал Пилипенко. – В тюрьме сильно вес потерял.

— Какое общество? – задал не понятный никому вопрос Пилипенко.

— «Динамо-Татарстан».

И все в таком духе.

Толгат ответил на все вопросы Пилипенко о своих спортивных достижениях, затем Леша вздохнул и деловито сообщил:

— Места мало, я ноги не мог использовать. Мне для хорошего удара ногой разворот нужен. А одними руками я с тобой не тяну: ты на технике проходишь.

Толгат кивнул, соглашаясь, и неожиданно произнес короткую речь, удивившую нас взрослой мудростью:

— Мы в эту камеру не сами пришли: нас сюда другие посадили. Теперь вместе сидеть. Не любишь евреев – твое дело. Оскорблять нельзя: вместе сидим, вместе кушаем. Или «ломись» с «хаты» в другую. Где евреев нет.

— Так они здесь в Лефортово везде, блядь, в каждой «хате», – простодушно поделился Пилипенко. И был прав.

— Тогда сиди и не оскорбляй никого, – включился полковник КГБ Конопацкий и наставительно добавил: – Ты ж в советской школе учился.

Не знаю, что он хотел этим сказать.

— Но анекдоты про евреев хоть можно? – попросил Пилипенко.

Толгат обернулся ко мне, словно я был должен дать разрешение. Я кивнул.

— Анекдоты можно, – сообщил решение «хаты» Толгат. И добавил от себя: – Про женщин плохо не говори больше.

После этого инцидента мы сидели мирно, Пилипенко старался меня не замечать, но не мстил, возможно, ожидая, когда Толгата «выдернут» в другую камеру. Но первым – недели через три – перевели его самого.

# Глоцер-2

Ранним утром весной 1983 года дверь камеры 22–23 открылась, и, неся перед собой матрас с завернутыми вещами, в камеру вошел не кто иной, как Юра Глоцер.

Мы обрадовались друг другу. Глоцер разложил матрас на свободную «шконку» и, окруженный вниманием других зэка, знавших о его деле от прежних сокамерников, принялся за рассказ о тех, с кем ему выпало провести время в двух «хатах», которые он сменил после камеры 117. Вместе с новыми именами и интересными делами Юра принес в камеру весеннее томление, которое вскоре трансформировалось в его очередное чистосердечное признание следствию.

Весна охватила Москву, проникнув в Лефортово потеплевшим воздухом, солнечным светом и незимними запахами. В камере стало шумнее, и чаще обычного зэка вели разговоры о женщинах: даже чаще, чем про еду. Глоцер затомился и, вздохнув, написал чистосердечное признание об утаенной им от следствия иконе XIII века в золотом окладе, закопанной в потаенное место в парке подмосковной усадьбы Абрамцево.

После трех неудачных попыток начертания карт парка с помеченным крестиком местом захоронения ценного артефакта полковник Эдуард Анатольевич Харитонов принял решение о вывозе Глоцера на «выдачу».

Весенним утром, когда «первые лучи солнца, согревшие родную землю, осушили перламутровые капли росы» и при наличии всех прочих литературно-метеорологических штампов, следственно-оперативная группа из двух машин отъехала от Лефортовской тюрьмы в направлении бывшей усадьбы славянофила Аксакова. В одной из машин сидел молодой ювелир (и член горкома графиков) Юрий Александрович Глоцер, с любопытством разглядывая волю, которую он не «видал» если не век, то уже больше года. Воля спешила в метро и на автобусы, и весна укоротила юбки женщин, открыв им ноги – как обещание бо́льшего. Глоцер вдыхал воздух родины и хотел на свободу – с чистой совестью. Оттого он и ехал выдавать украденное у государства народное достояние.

Глоцер долго бродил по парку, окруженный неласковыми оперативниками, которые курили, оскверняя звонкий весенний воздух. Оперативники промочили ноги и зябли, Юра же собирал подснежники и старательно искал запрятанную ценную икону дорублевской школы – «чистый Новгород, Эдуард Анатольевич, из Юрьевского монастыря, я-то цену ей знаю», останавливаясь то у одного дерева, то у другого. Оперативники с лопатами замирали, ожидая команды копать, Юра морщился – то ли это место? – затем отрицательно качал головой и шел дальше. За ним, озабоченно оглядываясь, шли оперативники, неся на накачанных плечах шанцевый инструмент.

Погуляв по лесу часа два, Глоцер наконец вздохнул, обаятельно улыбнулся и развел руками:

– Не помню. Не могу найти.

Опера́ все поняли, без долгих разговоров надели на Юру «браслеты» и, матерясь, повели его к ждущим их черным «Волгам». На глоцеровское примирительное предложение зайти в кафе усадьбы-музея – «Согреемся, попьем чаю, может, и вспомню» – оперативники не ответили, только затянули наручники потуже.

Подснежники в камеру не разрешили. Но еще долго Глоцер рассказывал нам, как они пахли – талым снегом и весенней землей.

Так пахнет воля.

# Операция «Полотенце»

Мое время в «большой хате» 22–23 закончилось в пятницу. Не помню число и даже месяц – июнь? – но точно знаю, что в пятницу. Почему знаю? В этот день была баня.

Баня в Лефортове в отличие от остальных тюрем, где мне приходилось потом гостить, полагалась каждую пятницу. В этот же день нам выдавали новое постельное белье и полотенца. О полотенце и пойдет речь.

В то время нас сидело в камере не шесть человек, а пять. Украинского националиста Васю Рыбака – 19-летнего паренька из Евпатории, вместе с отцом загремевшего по 72-й – «Организационная деятельность, направленная к совершению особо опасных государственных преступлений, а равно участие в антисоветской организации», отправили на экспертизу в Сербского, и «шконка» его стояла пустая. Я жалел Васю, понимая, что его, скорее всего, оправят в психушку, потому что человек он был странный, маниакально подозрительный, еле разговаривавший с сокамерниками, оттого что искренне считал всех нас без исключения кадровыми офицерами КГБ, подсаженными к нему, чтобы за ним следить. Все логические попытки объяснить, что на хер он кому нужен, чтобы Комитет тратил на него столько оперативных средств, приводили к еще большему ожесточению и отказу от общения. Я пытался ему помочь советами и подкормить его, но он при приходе в камеру сразу заявил, что питается отдельно, и не ел ни купленные другими продукты из тюремного ларька, по-тюремному – «ларек», ни продукты из «дачек» – тюремных передач, полагавшихся раз в месяц.

Первый вопрос, который задавали в Лефортове новому сокамернику, даже еще до вопроса про статью, был: «Ты как питаешься?» Можно было питаться вместе – в «семейке», то есть личный «ларек» и передачи шли в камерный «общак», а можно и отдельно. Право каждого было выбрать, потому что еда – святое. На чужую еду никто не посягал.

Большинство лефортовских постояльцев были люди состоятельные и семейные, родные клали им деньги на тюремный счет, дабы закупать «ларек», и также раз в месяц передавали пятикилограммовые передачи – масло, сыр, колбаса, сигареты – на то был установленный администрацией список. Питаться отдельно – из гордости – выбирали зэка, которым не помогали семьи и у которых не было на счету денег. Выяснив, в чем дело, «хата» безвариантно объясняла им, что «пусть они не выёбываются со своей гордостью, а садятся хавать общак». Чаще всего они слушались дружеского совета, как, например, Руслан Кетенчиев, и «питались» со всеми.

Но не Вася: Вася и питался, и жил отдельно.

Пятница, о которой пойдет речь, была особой: в тот день мы – коллегиальным решением «хаты» – положили провести операцию «Полотенце».

Странно об этом сейчас рассказывать: все были люди взрослые (кроме меня), состоявшиеся (кроме меня) и умные (опять-таки кроме меня), сделавшие на воле или карьеру, или деньги, а чаще и то, и другое, но мысль украсть лишнее полотенце в день бани овладела нами и бередила умы и сердца постояльцев камеры 22–23. Идею эту первоначально высказал полковник КГБ Конопацкий, который, однажды встав на скользкую преступную тропу хищения государственного имущества, решил с нее не сходить. За неимением лучшего и более ценного в стенах Лефортовки Сергей Степанович предложил украсть полотенце.

На воле Конопацкий служил начальником отделения спецсвязи КГБ Татарской АССР. Вверенное ему отделение строило какие-то спецобъекты, и это – как и всякое строительство – открывало простор для творческого отношения к ведомостям и нарядам. Сергей Степанович – человек государственный и настоящий хозяйственник – сумел за годы службы построить не только необходимые стране объекты, но и две дачи, а также дом для дочери и ее семьи, в подвале которого его коллеги по Комитету обнаружили при обыске спортивные сумки с дензнаками и ювелирными украшениями. Все заверения Сергея Степановича, что происхождение оных является для него (и для дочери) тайной, были встречены с холодным (и незаслуженным) недоверием. Конопацкого отправили освежить память в Лефортово, поскольку дело забрал себе КГБ СССР, справедливо опасаясь, что республиканский Комитет может «замять» расследование, чтобы не выносить сор из избы. Главное же, центральный Комитет надеялся «накопать» материал на руководителей АССР: шли всесоюзные чистки, и каждое большое дело светило путеводными звездочками – на погонах.

Конопацкий – человек методичный – заметил, что когда запертым в предбанный боксик заключенным выдают полотенца, «вертухаи» считают их невнимательно, иногда ошибаясь и повторяя предыдущие цифры. Человек он был служивый и аккуратный, потому и протестировал свое наблюдение пару раз, случайно называя неправильное количество полотенец, а потом поправляясь и возвращая лишние конвоирам.

Обдумав ситуацию, Конопацкий составил оперативный план хищения полотенца и предложил его вниманию сокамерников. Сокамерники отнеслись к идее с энтузиазмом, подработали план и распределили между собой его исполнение.

В операции «Полотенце» участвовали:

Руководитель:

Конопацкий Сергей Степанович – полковник КГБ, доктор технических наук, кавалер до хера всяких орденов и госнаград, статья 92(3) – «Хищение государственного или общественного имущества, совершенное путем присвоения или растраты либо путем злоупотребления служебным положением».

Исполнители:

Шебанов Юрий Андреевич – заместитель генерального директора компании «Аэрофлот», кандидат экономических наук, статьи 78, 88, 92(2);

Раджабов Султан Раджабович – заведующий юридическим отделом ЦК Советской Социалистической Республики Таджикистан, кандидат юридических наук, доктор исторических наук, орденоносец, статья 173(2) – «Получение взятки в особо крупных размерах», статья 92(3) – «Госхищение в особо крупных размерах с использованием служебного положения»;

Глоцер Юрий Александрович – ювелир (и член горкома графиков), статьи 78 – «Контрабанда», 88(1) – «Нарушение правил о валютных операциях», 153 – «Частнопредпринимательская деятельность икоммерческое посредничество» и 154 – «Спекуляция»;

Радзинский Олег Эдвардович – преподаватель русского языка и литературы школы рабочей молодежи №127 г. Москвы, статья 70(1) – «Антисоветская агитация и пропаганда».

Когда мы, собрав со «шконок» грязное белье и полотенца, а также личное исподнее на постирку – стирали в бане, а потом сушили на спинках «шконок», – отправились на «первый подземный», все находились в состоянии боевой готовности.

Нас, как обычно, разделили на «тройки» и загнали в два боксика, где нам полагалось раздеться и ждать отвода в баню. Поскольку нас в тот день было пять, а не шесть, то «по предварительному сговору» мы с Глоцером оказались в боксике вдвоем, а наши три товарища – доблестные арестанты Конопацкий, Шебанов и Раджабов – были помещены в соседний боксик.

По возвращении в боксик после мытья конвой открыл «кормушки» и начал выдачу постельного белья и полотенец. Тут-то и сработала теория Конопацкого.

Дело в том, что конвой в нарушение устава из-за спешки – вымыть-то надо всю тюрьму – открывал сразу «кормушки» обоих боксиков и громко отсчитывал выданное:

– Простыни – две.

Принимающий белье заключенный повторял:

– Две.

– Полотенца – два.

– Два.

Выдавая белье и полотенца двум боксикам одновременно, конвой мешал друг другу и часто сбивался со счета, повторяя неправильное количество полотенец. Именно это заметил ушлый Сергей Степанович (понятное дело, сотрудник Комитета – проявил бдительность), и на этом мы и сыграли.

– Простыни две, – раздавалось у соседнего боксика.

– Две, – охотно соглашался замгендиректора «Аэрофлота» Шебанов.

– Простыни две, – считал молодой «вертухай» у нашей с Глоцером «кормушки».

– Две, – удостоверил количество простыней Глоцер.

Дошло дело до полотенец:

– Полотенца два, – слышалось рядом с нами.

– Два, – отзывался Шебанов.

– Да погодите с полотенцами, Юрий Андреевич! – вдруг возмутился Конопацкий. – Простыни-то нам недодали!

– Недодали? – изумился нечестности судьбы Юрий Андреевич. – Как же так? Нам еще нужно, – объяснил он конвою.

– Так я вам все простыни выдал, – настаивал конвоир.

Завязалась дискуссия.

В это время выдача полотенец нам, как и предсказывал Конопацкий, продолжалась, но невнимательно, поскольку наш конвоир с интересом прислушивался к спору у соседней двери.

– Полотенец два, – отвернувшись, сказал он.

— Ты еще простыни не все выдал, — заявил Глоцер, скидывая полотенца за спину, где я быстро закатал одно из них в предназначенное для постирки белье. — Еще одну простыню давай.

— Простыни я все выдал, я помню.

— Как все? У нас только один комплект. — И Глоцер широким жестом пригласил конвоира посмотреть в «кормушку».

Тот нагнулся и увидел голого меня с одним полотенцем в руках.

— А это что? — спросил конвоир, показывая на стопку постельного белья на лавочке. — Пересчитай получше.

Глоцер аккуратно под бдительным оком конвоира поднял каждую выданную вещь в отдельности, пересчитал и извинился: простыни были на месте. Он уложил стопку постельного белья на лавку — подальше от кучки личных вещей. Конвоир кивнул, продолжая прислушиваться к спору наших товарищей с его коллегой: Султан Раджабович клялся своей матерью Дастагул Баходуровной и горным хребтом Памир, что лично ему недодали простыни, и приглашал конвоира зайти в боксик и посчитать самому. Как же, зайдет тот в боксик к трем голым зэка.

— Простыни все, — миролюбиво сообщил Глоцер нашему конвоиру, — теперь еще одно полотенце — и в расчете.

— Я ж вам два уже выдал! — удивился отвлекшийся конвоир.

— Какие два?! — заорали мы. — Только что при тебе считали: простыни на месте, а полотенце одно!

И как доказательство я поднял полотенце над головой. Шебанов и Раджабов, услышав наши голоса, начали стучать в дверь своего боксика и громко требовать ДПНСИ, поскольку нарушались их простынные права советских граждан, а они этого не одобряли. Наш конвоир заспешил и выдал нам еще одно полотенце.

— Теперь все, — громко сказал Глоцер, — спасибо, начальник.

И — вот ведь совпадение! — в это время послышался урезонивающий сокамерников командный голос полковника Конопацкого:

— Так вот простыня эта, она под другими была, слиплась, мы и не заметили.

Шебанов и Раджабов удостоверились в наличии положенного им постельного белья и извинились перед конвоем. Операция «Полотенце» — с отводом внимания, диверсионными тактиками и изрядным актерским мастерством участников — была успешно завершена. Выполнив задание партии и правительства, мы гордо пошли в баню, а помывшись и постиравшись, отправились «домой», неся в мокром белье украденное государственное вафельное имущество.

Придя в камеру, я запрятал не полагавшееся нам полотенце под свой матрас, и мы приступили к главному: обсуждению, что с ним делать. Об этом во время подготовки к операции лучшие умы Лефортовской тюрьмы не подумали.

Полотенце-то было нам, понятное дело, не нужно. Но украсть у «хозяина» – большая для зэка радость. Настроение в камере царило приподнятое, планы по использованию полотенца, ожидавшего своей участи у меня под матрасом, становились все грандиознее, уходя все дальше в наше неопределенное будущее. Это пиршество умов было прервано заглядыванием «вертухая» в «глазок», после чего дверь камеры распахнулась, и в нее ворвались четыре контролера под руководством корпусного – начальника смены караула.

«Шмон». Обычный «шмон». О нем мы не подумали.

«Шмоны» – обыски в камерах – могли проводить в любой день, но обычно по вечерам. Часто «шмонали» после бани по пятницам, но не обязательно. А вот не повезло.

Нас согнали в один угол, и ретивые контролеры принялись перетряхивать наши личные вещи и постели. Один из них – недавно поступивший на службу в Лефортове длинный парень с певучим украинским говором – внимательно листал мои записи, которые я вел по следствию, просматривал каждую страницу библиотечных книг, а потом поднял матрас и занялся обыском постели. Он уже почти закончил, когда лицо его сморщилось в осмыслении увиденного. Парень подумал, оглядел камеру и, шевеля губами, пересчитал нас еще раз.

Затем он торжествующе поднял найденное у меня под матрасом мокрое полотенце и обратился к ДПНСИ:

– Товарыш карпусной, гладьте: их пять, а полотэнцев – шесть!

В камере зазвенела тишина.

И в этой тишине прозвучал радостно-удивленный голос ювелира (и члена горкома графиков) Юрия Александровича Глоцера:

– Скажите, пожалуйста, он еще и математик!

Камера грохнула хохотом. Султан Раджабович держался за бока и показывал пальцем на нашедшего полотенце контролера, булькая персидскими словами, Конопацкий смеялся высоким ровным смехом старшего командного состава, Шебанов сел на пол и трясся от смеха, а я хохотал и не мог остановиться. Все напряжение тюремного бытья, тревоги о будущем и сожаления о порушенных жизнях вылились в наш смех, уносясь под облупленный потолок камеры. Даже конвоиры не удержались и смеялись с нами.

Не смеялись два человека: нашедший полотенце бдительный контролер и корпусной Василий Иванович.

Подождав, корпусной – старый служака лет шестидесяти, хорошо помнивший прежние времена, – прокашлялся и сказал:

– Посмеялись? Вот и хорошо. Легче в карцере будет. Радзинский – с вещами на выход.

– Какой карцер? – запротестовал я. – За что, гражданин начальник? Я ничего не сделал. Это полотенце старое, я забыл сдать – и оно в мокрых вещах оказалось, – вдохновенно врал я.

– «Базар» закончил, – отрезал Василий Иванович. – Быстро собрался и на выход. Не тяни.

Он вышел из камеры, оставив контролеров закончить «шмон».

Я собрал вещи, закатал, что мог, в матрас и, попрощавшись с сокамерниками, приготовился на выход, втайне радуясь возможности самому посмотреть на знаменитый лефортовский карцер. Я к тому времени многократно слышал рассказы побывавших там: узкий каменный мешок с наглухо закрывавшим маленькое окно «намордником» – листом приваренного железа. Пристегнутая к стене койка, которую в шесть утра при подъеме пристегивали, а в десять вечера при отбое отстегивали, и она падала на железную тумбу-столбик. Эта железная тумба и была единственной мебелью штрафного изолятора, если не считать «параши» – дырки в полу. Днем приходилось все время стоять или ходить, потому что сидеть на холодной железной тумбе больше десяти минут невозможно – отморозишь самое дорогое. А с отмороженным самым дорогим – кому ты нужен?

В ШИЗО один день «лётный», один день «пролётный», и в «пролётный» день проштрафившиеся арестанты сидят на «положенке», то есть на «пайке». В других тюрьмах арестантов в ШИЗО «подогревают» – «загоняют» через «баландёров» – раздатчиков баланды – и «прикупленных» контролеров еду, чай и курево, а часто и наркотики. В Лефортове же по причине строгости соблюдения режима «подогреть» было невозможно: тюрьму из соображений секретности обслуживали не «баландёры» – мелкие уголовные преступники, а сами контролеры, и купить их никому в голову не приходило. Да и нечем было.

В предвкушении всех этих радостей я отправился за конвоиром по коридору первого этажа. Он остановился у поста ДПНСИ, получил от корпусного какое-то неслышное мне распоряжение и повел меня по направлению к лестнице, ведущей на подземные этажи. Перед самой лестницей он вдруг повернул в узкий коридор-тупик, на который я не обращал раньше внимания, и мы пошли вдоль дверей камер, выкрашенных в темно-зеленую, а не в буро-коричневатую краску в отличие от дверей остальных лефортовских камер. В коридоре стояла тишина, и не было слышно голосов или смеха заключенных.

Я не понимал, куда он меня ведет: по правилам перед ШИЗО мне полагалось сдать вещи на склад, затем меня должны были переодеть в «милюстинку» – милюстиновую черную зэковскую робу, униформу советского ГУЛАГа. Все свое при водворении в ШИЗО отбирали, не разрешая даже обувь, и выдавали тапочки из кирзы.

Контролер остановился перед последней по коридору камерой и, не посмотрев сначала в «глазок», что было нарушением обычной при заводе зэка в камеру процедурой, открыл ключом дверь. Он кивнул мне – заходи, и я зашел.

Это был не ШИЗО.

# Письма из счастливого прошлого

Удивительно, как быстро в неволе криминализируется сознание: никогда до посадки мне бы не пришло в голову взять чужое – украсть. Воровство было постыдным, заслуживающим презрения занятием. В тюрьме, однако, я, ни на секунду не задумавшись, украл не еду, не лекарства, без которых не мог обойтись, а никому не нужное полотенце – и испытывал от этого радость.

Воздух неволи пропитан криминальностью, и, подышав им, люди меняются, их прежние нормы поведения и морали тают в сознании, становясь призрачными и далекими. Против «хозяина» можно все, оттого что «хозяин» – власть – делает с тобой что хочет, невзирая ни на свой же закон, ни на человечность. За годы заключения я не встретил ни одного человека, кого бы тюрьма перевоспитала, сделала честным. Зато встречал множество людей, попавших в тюрьму относительно законопослушными гражданами и быстро эволюционировавших в преступников.

Обо всем этом – и о многом другом – я думал, оглядывая свое новое жилье: такую камеру я видел впервые – маленькая, с одной «шконкой» и без прикрученного к полу стола и лавки, как в других камерах, так что сидеть приходилось только на «шконке». Кран торчал прямо над «парашей» – без раковины, то есть при умывании нужно было снимать деревянный люк с «параши», чтобы туда сливалась вода. Решетка на окне была забрана глухим «намордником», и свет с тюремного двора, как я потом выяснил, не проникал в камеру даже днем.

При заводе в камеру я отметил ее номер – 12, что не могло быть: 12-я камера находилась по коридору первого этажа недалеко от камеры 22–23, и нас водили мимо нее на допросы и на прогулки, а также в баню. Не могли же быть в Лефортове две 12-е камеры? А вот были.

В камере стояла страшная духота, словно топили печь, причем духота с каким-то металлическим душком. Ночью, когда я из-за этой духоты не мог заснуть, я стащил матрас на пол и лег там.

Только я забылся зыбким дурманным сном, сквозь который пролетали чьи-то жуткие лица, какие-то химеры, как лязгнула и грохнула, открывшись, «кормушка», и голос контролера выдернул меня из тесного, вязкого забытья:

– Поднялся, лег на «шконку». На полу не положено.

Главное же, из-за стенки справа – там, где заканчивался коридор, – раздавался непрестанный механический гул ровно работавшего большого механизма, и казалось, камера вибрирует от гудения. Этот гул проникал повсюду – тревожный, будто предчувствие беды. Гул был равномерный, без перебоев, и от этого переносить его было еще труднее, потому что в его равномерности слышалась какая-то неотвратимость – словно ты, связанный, лежишь на железнодорожных путях, и шпалы гудят от летящего на тебя поезда. Возможно, все это я себе надумывал из-за духоты, от которой постоянно обливал голову водой из-под крана.

Рано утром в понедельник – почти сразу после завтрака – меня сонного и вяло соображающего «дернули» на допрос. Я был рад выйти из камеры и думал, что предпочел бы ШИЗО: там хоть и холодно, хоть и голодно, но тебя не душит спертая, напоенная непрерывным машинным гулом духота. Это, однако, было абстрактное умозаключение, поскольку сам я в ШИЗО к тому времени не бывал и мог судить о нем только по рассказам других.

В последнее время Круглов вызывал меня на допросы редко: следствие в основном закончилось, и он готовил обвинительное заключение. Показаний свидетелей и оперативных данных хватало для обоснованного обвинения, тем более что я не скрывал своей деятельности, отказываясь давать показания о других. Круглов, впрочем, о других и не спрашивал.

Поздоровавшись и предложив чаю, Круглов для проформы задал пару вопросов по материалам следствия, которые уже задавал раз пять, и получил от меня те же, что и раньше, ответы. Ему, конечно, сообщили о переводе меня в другую камеру – администрация изолятора обязана была информировать следствие об изменении в статусе содержания заключенных, и он ожидал, стану ли я жаловаться и просить его о помощи.

Я, признаться, сперва хотел пожаловаться, но быстро передумал: тогда я буду ему должен. А долги нужно отдавать. Никакой информации он от меня в обмен не потребовал бы – она была ему не нужна, но просьба моя была бы отмечена и подколота, даже если б он ей не посодействовал: «Радзинский реагирует на ужесточение режима содержания, возможно перспективное воздействие на него подобным образом» – что-нибудь такое. Как заметка на будущее: здесь заключенный может дать слабину.

Я читал Александра Исаевича и хорошо помнил принципы общения с властью: не верь, не бойся, не проси. И не стал просить.

Подошло время подписывать протокол допроса и возвращаться в ненавистную душную камеру, когда Круглов, словно вспомнив что-то, сказал:

– Кстати, Олег Эдвардович, что мне делать с письмами Фадеевой?

Хороший вопрос; знать бы еще, кто такая Фадеева.

– Подруга ваша – Алёна Фадеева, – напомнил Круглов. – Забыли уже? А девушка убивается, письма вам пишет, у меня их скопилось сколько. – Он вытащил две толстые пачки конвертов из ящика стола и положил перед собой. – Я, конечно, не могу вам их дать, это было бы нарушением правил содержания подследственного…

И Круглов замолчал, глядя на меня в ожидании ответа на невысказанный вопрос.

Я как-то забыл, что фамилия Алёны – Фадеева. Алёна и Алёна. Конечно, я помнил об Алёне, скучал, но скучал, по правде сказать, недолго, потому что тюремная жизнь заполнила меня и вытеснила воспоминания о нашем счастье. В тюрьме нельзя много думать о хорошем, а то начнешь горевать и жалеть себя: как мне было тогда хорошо! Как мне теперь плохо! А как тогда было хорошо! А сейчас как плохо! Так начинается бесконечный круг горестных размышлений и жалости к себе. А жалость к себе делает человека слабым.

Слабых тюрьма не любит. Она и сильных не очень жалует, но слабым в тюрьме не выжить. Оттого и нечего думать о хорошем. Счастье было и ушло – вместе с прежней жизнью. Сейчас у тебя то, что сейчас. А что было… То прошло. И думать о нем – только душу травить.

А душа нам еще пригодится. Хотя бы до конца срока.

Все это я понимал – десять месяцев тюрьмы научили, но не мог отвести взгляда от Алёниных писем: в этих конвертах жили старательно вытесненные воспоминания о нашей отчаянной любви в ожидании моего ареста – тепло ее губ и ночной задыхающийся, срывающийся на стон, шепот; взмах длинных ресниц – стрекозиные крылья; наши прогулки по Тимирязевскому парку под неусыпным наблюдением скучающих оперативников; шуршание листьев под ногами, пока мы молча бродили по заброшенным парковым тропинкам, стараясь не говорить о том, о чем оба думали, и, прибежав домой, топили эти невысказанные мысли в ласках, будто ласки могли отменить, подменить, заменить судьбу.

Все это ждало меня в двух пачках писем, аккуратно перетянутых резинками. Круглов, поняв, о чем я думаю, подвинул письма поближе к краю своего захламленного бумагами стола, словно предлагая мне мое прошедшее счастье.

– Не знаю, Олег Эдвардович, – задумчиво протянул Круглов, – не положено, конечно…

Я не мог взять письма. Знал, что Круглов давал бы мне письма по одному, по два – как осторожно вливают по каплям жидкость в обезвоженного человека – и таким образом «смягчил» бы меня перед судом. Я был нужен им перед судом слабый, и ничто не делает человека слабее, чем надежда. И ничто так не дает призрачность надежды, как переживание заново былого счастья.

В тюрьме закон простой: надейся на лучшее, готовься к худшему. А как готовиться к худшему, когда прежнее счастье туманит мозг?

– Сергей Борисович, передайте, пожалуйста, Фадеевой, – я специально назвал Алёну по фамилии – так официальнее, безразличнее, – чтобы больше не писала и вообще обо мне забыла. Ей нужно думать о своей жизни, о будущем. Со мной у нее будущего нет.

Круглов обдумал мои слова, помолчал.

– Это я, конечно, передать не могу: я же с ней напрямую не общаюсь, – пояснил Круглов. – Она письма сдает в приемную часть администрации изолятора, и их доставляют мне как вашему следователю. А если и мог бы – не передал, – вдруг добавил Круглов. – Во-первых, потому что девушки имеют обыкновение не слушать и не слышать такие вещи, а во-вторых, потому что у вашей подруги, судя по всему, настоящие чувства, и я в это вмешиваться не хочу. – Он помолчал. – Поверьте, Олег Эдвардович, – сказал Круглов, глядя мимо меня, – настоящие чувства встречаются не часто.

Он явно говорил не со мной и не про меня. Мы молчали, каждый о своем. Затем Круглов дал мне ознакомиться с протоколом допроса, состоящего из нескольких фраз, вызвал конвой, и я отправился обратно в свою душную, напоенную ровным гулом камеру.

Я обернулся в дверях: он сидел, уставившись на письма Алёны в перетянутых резинками пачках. Ну и пусть.

# Следствие установило…

Письма я читать не стал, но дело свое они сделали: весь день я не мог думать ни о чем, кроме Алёны и своего с ней недолгого счастья, на которое не имел права. Я и тогда – на воле – все понимал, но позволил себе вовлечь эту девочку в ложную надежду, потому что никакого будущего у нас быть не могло, и ничем, кроме боли, вся эта история не должна была закончиться. Я поступил бесчестно.

Понимал – и позволил всему этому произойти. Позволил себе ее любовь. Алёна, хоть я ей и объяснял, много раз повторял, что меня наверняка посадят, отказывалась в это верить и надеялась, что ее любовь меня оградит, охранит от будущего, неумолимо наезжающего на нас – асфальтовый каток. Она надеялась, что все – как в хороших сказках и плохих фильмах – окончится поцелуями и счастьем. Жили вместе и умерли в один день.

Только вышло по-другому: жили врозь, и между ними была решетка.

Плохо я знал Алёну: никакая решетка ее остановить не могла. И не остановила.

Я пробыл в той камере четыре дня и почти не спал. Голова постоянно гудела от духоты, словно гул из-за стенки, проникнув в мою черепную коробку, вибрировал там – у-у, у-у, у-у. Только на прогулках, куда меня исправно выводили, я отдышивался нормальным воздухом. На мой ежедневный режим отжиманий и приседаний сил не было, так что я стоял, прислонившись к шершавой стене из наброшенного через сетку цемента, и дышал – впрок. И медленно ходил по дворику.

Перед самым отбоем во вторник меня «выдернули» с вещами и повели в другую камеру.

У поста ДПНСИ мой добрый знакомый – корпусной Василий Иванович, сидевший за столом с неизменной кружкой чая, спросил:

– Что, Радзинский, понял, какие камеры бывают? Не нарушай больше.

Формально меня не наказали, не отправили в ШИЗО, что означало – в деле не будет записи о нарушении режима. А что жарко в камере – благодарить должен: пар костей не ломит.

Жаловаться было не на что. Я и не жаловался.

Круглов не обманул: в конце недели в соответствии со статьей 206-й Уголовно-процессуального кодекса РСФСР он предоставил мне возможность ознакомиться с материалами дела в полном объеме.

Теперь меня водили к нему в кабинет каждый день, и я читал тома следственных материалов, узнавая наконец свое дело: чего тут только не было! И рапорты оперативников с результатами оперативных наблюдений; и показания свидетелей; и доносы знакомых и сослуживцев по 127-й школе рабочей (и не очень) молодежи и типографии МГУ, где я подрабатывал корректором и действительно часто комментировал текущие события; и – особенно интересные для меня как филолога – экспертизы «литературоведов» и «историков» из разных НИИ, квалифицировавших распространяемую и изготовленную мною литературу как антисоветскую. Этой чести удостоились и мои рассказы, и мой сценарий, и мои статьи о книгах других авторов. Кроме того, в материалах дела содержались акты уничтожения моих произведений с перечислением фамилий присутствующих – прапорщик КГБ такой-то, лейтенант сякой-то и прочее, и тому подобное, с именами и датами. Более всего меня тронул метод уничтожения: сожжение в печи. А как же Булгаков? Рукописи-то не горят.

Горят. Еще как. Если сжигают правильные люди в правильных печах.

Я читал показания свидетелей и огорчался тем из них, в которых допрашиваемые подписали протоколы допросов, обличавших меня в антисоветской деятельности. Огорчался не из-за себя, поскольку еще в начале следствия решил свою деятельность не скрывать и вообще ею гордился, а из-за них: почему? Чего испугались? Ничего бы с ними не сделали, никого бы не уволили с работы и не выгнали бы из институтов, не наказали бы за отказ давать показания: дело было пустяковое, ничего особенного я не совершил, и бояться им было нечего. Жаль.

Так же, как огорчали меня показания одних свидетелей, радовали показания других: было много людей из моей прежней жизни, которых я не видел уже несколько лет, не близких друзей, а просто знакомых, проявивших абсолютную порядочность. Например, Наум Спектор, археолог, кандидат исторических наук, работавший в Институте археологии АН СССР, с которым я однажды ездил в археологическую экспедицию. Следствие вызвало его на допрос дважды, и дважды он отказался подтвердить показания других свидетелей из экспедиции, согласно которым я распространял антисоветские клеветнические высказывания и порочил государственный и общественный строй родной державы. Причем Наум не просто сказал, что не помнит подобного, а настаивал на том, что этого не было и показания данных свидетелей неверны. Был он мне не друг, даже не близкий знакомый, и мог бы испугаться за свою научную карьеру, а вот нет: не говорил Радзинский ничего такого и все. Спасибо, Наум.

Особенно меня порадовали показания одного из моих учеников по 127-й школе – Левы Немировского. Парню только исполнилось восемнадцать, он провалил вступительные экзамены в 3-й мединститут и собирался в армию. Его показания состояли из двух слов, которые Лева повторял в ответ на все вопросы Круглова: «Не подтверждаю».

Например: «Немировский, согласно показаниям свидетеля такого-то, вы в таком-то месяце такого-то года присутствовали при собрании в квартире Радзинского, на котором он раздавал изготовленные машинописные копии такой-то книги антисоветского содержания. Подтверждаете ли вы эти показания?» – «Не подтверждаю».

И так далее, и тому подобное. Я посмотрел на время начала и окончания допроса: его начали мурыжить в 9:00 и закончили в 13:00. И за все это время Круглов не добился от Левы ничего, кроме двух слов: «Не подтверждаю». Единственное, что Лева подтвердил, так это то, что его действительно зовут Лев Немировский и он прописан по такому-то адресу.

Насколько я знаю, отслужив в армии, Лев все-таки окончил 3-й мединститут и стал известным стоматологом. Жаль, что у меня никогда не болят зубы: специально бы летал лечиться к нему в Москву.

Протокол допроса Гали Кадыровой, моей любви на первом курсе МГУ, с которой мы, уйдя из родительских домов, снимали в течение полугода квартиру в Давыдкове, был на редкость краток: «Кадырова Г.Ч. отказалась ответить на предложенные следствием вопросы». Под этим стояла Галина подпись и сделанная ее рукой странная приписка: «Ответила бы, но только Круглову». Я спросил, что это означает, и Сергей Борисович, жалуясь на Галю и ее поведение, рассказал мне об этом запомнившемся ему допросе.

Он посылал Гале повестки, которые она игнорировала. Хорошо зная Галю, могу с уверенностью сказать, что игнорировала она их не из принципиальных соображений, а по причине занятости своей крайне богатой событиями личной жизнью. Ей было не до Круглова.

Наконец Галю вызвали в деканат биофака, где она училась, и в присутствии заведующей учебной частью вручили под расписку повестку к Круглову.

На следующее утро Галя отправилась в Лефортово.

Круглов, как и все встречавшие Галю мужчины, заулыбался, заволновался и, любезно предложив чая, осведомился, отчего она не приходила раньше: он хотел расположить к себе *такую* свидетельницу.

— А вы, простите, кто? — согласившись на чай, поинтересовалась Галя. — Потому что у меня повестка к следователю Круглову.

— Так это я и есть, — заверил ее Круглов. — Я же вам уже представился.

— Вы *представились* Кругловым, — поправила его Галя, одаривая Сергея Борисовича своим знаменитым (ах, многим, многим) гипнотизирующим взглядом янтарных с поволокой миндалевидных глаз — наследие от папы-узбека — и встряхнув светло-каштановой волной густых волос, доставшихся от мамы-польки. — А как я знаю, что вы и есть Круглов?

— Галия Чингизовна, — успокоил ее Круглов, — вот мое удостоверение. Ознакомьтесь, пожалуйста.

И он дал ей удостоверение сотрудника следственного отдела КГБ СССР.

Галя внимательно рассмотрела удостоверение и вернула его Сергею Борисовичу.

— Да, — согласилась Галя, потягивая чай, — удостоверение, действительно, Круглова. А фотография – ваша. И кто вы такой?

И так четыре часа. Бедный Круглов уговаривал, грозил, объяснял последствия ее поведения, но впустую: Галя собиралась давать показания только следователю Круглову, к которому явилась по повестке. А поскольку сидевший перед ней мужчина не мог предоставить убедительных – с Галиной точки зрения – доказательств, что является Кругловым, Галя отказывалась отвечать на его вопросы.

Отчаявшись, Круглов попросил зайти начальника следственного отдела полковника Харитонова.

Тот зашел, выслушал жалобы Круглова на поведение свидетельницы и разразился угрожающей речью:

— Что за детский сад? Вы что, Кадырова, не понимаете, где находитесь? Мы здесь не в игры играем! Я вам официально заявляю: это – Круглов Сергей Борисович. Прекратите балаган и отвечайте на вопросы следствия.

— Спасибо, — чуть надув губы — многократно испытанный прием, — от души поблагодарила его Галя. — А вы сами, простите, кто будете?

Харитонов все понял, махнул рукой и сказал:

— Гони ее, Сережа. Пусть подпишет отказ от дачи показаний и идет.

Галя подписала. Круглов довел ее до пропускной, где Галя вздохнула и доверительно сообщила ему напоследок:

— Жаль, с Кругловым поговорить не удалось.

Улыбнулась и ушла.

Гали нет в живых: она была прекрасным солнечным человеком, озарившим своей любовью и дружбой жизни многих людей, и до конца сохранила какое-то по-хармсовски несерьезное отношение к жизни.

Ее последний возлюбленный Джон Нусен, бывший офицер американской морской пехоты, повидавший в жизни всякое-разное, плача навзрыд, рассказывал мне, как, умирая в муках от рака в горной деревушке в Панаме, где они жили последние годы, Галя, ненадолго очнувшись от морфийного забытья, посмотрела на календарь на больничной стене и засмеялась:

— Гляди, Джонни-бой: сегодня — 1 апреля. Это вообще мой розыгрыш.

Затем потеряла сознание и вскоре умерла. Светлая ей память.

Жаль, с Кругловым не поговорила. Его жаль.

# А судьи кто?

В середине лета я закончил читать материалы дела — семь томов, и Круглов предъявил мне обвинительное заключение из тридцати четырех эпизодов. Никаких неожиданностей в обвиниловке не было: все, что вменяли мне на следствии, стало эпизодами обвинения.

— Не тянет на 70-ю, Сергей Борисович, — сказал я, прочитав заключение. — Ну изготовлял антисоветскую литературу, ну распространял, ну высказывал клеветнические измышления, порочащие общественный и государственный строй СССР — а где здесь 70-я? Где доказательство, что я все это делал с целью «свержения и ослабления советской власти»? Здесь и на 190-ю-то еле наберется.

И вправду: обвинение состояло из разрозненных эпизодов, основанных на показаниях свидетелей, и результатов различных экспертиз. Например, в моем юношеском рассказе «Как мы живем» следствие нашло только одну «криминальную» фразу, произносимую героем рассказа. Это было вменено мне — автору — как изготовление текста, по мнению эксперта — преподавательницы Рязанского пединститута, «содержащего ярко выраженную антисоветскую направленность». Затем тот же эпизод вменялся мне как распространение на основании показаний моего друга Саши Лебедева, подтвердившего, что я дал ему читать этот рассказ, и не видевшего в этом ничего плохого. Или эпизод «по показаниям сотрудника археологической экспедиции такого-то (*опускаю фамилию*), что когда Радзинскому было 16 лет (!), он однажды высказался в экспедиции антисоветски».

И тому подобное.

– Олег Эдвардович, исходя из материалов дела, следствие считает, что имеются все основания квалифицировать ваши действия как соответствующие статье 70-й часть 1-я, – не согласился с моим экспертным мнением Круглов. – Вы можете оспорить данную квалификацию в установленном порядке: напишите заявление прокурору по надзору. Или попросите суд изменить вам статью во время судебного заседания. Вам назначат защитника из коллегии адвоката – посоветуйтесь.

Я, конечно, понимал, что никто мне ничего не поменяет: раз Комитет квалифицировал мои деяния по 70-й, она и останется. Было, однако, интересно, как на основании данного обвинительного заключения суд вынесет мне по этой статье приговор: кроме лжи Максима о моих призывах «к уничтожению коммунистов», в обвинении не было ни одного серьезного эпизода. Так, интеллигентская возня – изготовлял, распространял, клеветал. Еще бы написали: «Слушал вражеские радиостанции».

В то время я сидел в камере с неким Виктором – весьма странным для Лефортова типом, с которым меня посадили после душной «хаты». Камера была на троих, но сидели мы вдвоем. Виктор туманно говорил о своем деле, о себе почти ничего не рассказывал, на вопрос о статье загадочно сообщил, что статей у него полный набор, и дал понять, что все серьезные – до «вышки». Я не лез с расспросами: у каждого в тюрьме свое горе.

Сомнения появились недели через две: Виктор вел себя ровно, хорошо знал тюремный быт и вообще был удобным сокамерником, но почему-то интересовался моим делом больше, чем своим. Он внимательно наблюдал, как я готовился к суду, завалив «шконку» и стол своими выписками из обвинительного заключения и материалов дела, сверяя показания свидетелей с эпизодами обвинения и с УК и УПК (Уголовно-процессуальным кодексом), которые я попросил дать мне в камеру, на что имел право, как любой советский заключенный.

Виктор постоянно пытался меня убедить, что все мои попытки защититься бесполезны: как Комитет решит, так и будет.

– Хули рыпаться? – вопрошал Виктор. – Здесь суд ничего не решает: так, постановка. Роли исполняли: в роли судей… Забудь, Олежа: закон не для нас. Закон для них.

Я понимал, что он прав, но это ничего не меняло. Я рассматривал суд как возможность высказаться, поделиться своими размышлениями о сути отношений с властью. Я также писал свое последнее слово, которое решил закончить патетически: «И если не опомнимся, то к нам справедливо обращено пушкинское презрение:

*Паситесь, мирные народы!*
*Вас не разбудит чести клич.*
*К чему стадам дары свободы?*
*Их должно резать или стричь.*
*Наследство их из рода в роды*
*Ярмо с гремушками да бич.*

И все в таком духе. Я все-таки был учителем литературы. Оттого и отнесся к суду как к уроку. Просто забыл, что на этом уроке учителем был не я.

От адвоката я решил отказаться: буду защищать себя сам. Виктор пытался меня отговорить: «На суде лучше самому звучать поменьше», но я как раз хотел использовать эту возможность позвучать. Истосковался по аудитории.

Был ли Виктор «подсадкой» и мне его подсунули, чтобы понимать, как я буду себя вести на суде? Возможно. Не хочу впадать в паранойю, как Вася Рыбак, считавший всех сокамерников офицерами КГБ. Фактов у меня нет, а обвинять человека в стукачестве голословно нельзя. Кроме того, не думаю, что я был настолько важен, чтобы ГБ подсадило ко мне «своего» человека: они понимали, что я все равно буду говорить, что решил.

Так я думал, не зная о том, какая буря разразилась на воле в связи с моим делом. Если б знал, то – проникшись чувством собственной (ничем незаслуженной) важности – решил бы, что Виктор не просто тюремный «стукач», а прямо-таки подсаженный ко мне штатный сотрудник КГБ.

Дело в том, что мои друзья по Группе Доверия развернули настоящую международную кампанию по моей защите: они справедливо полагали, что публичность – лучшая оборона. Чем больше людей на Западе узнает о том, что в СССР преследуют пацифистов, тем труднее властям будет меня осудить.

Сергей и Наташа Батоврины, Володя Бродский (которого самого потом посадят по какой-то уголовной статье и отправят в «зону» в тот же Асиновский район Томской области, где я в это время уже доблестно трудился на лесоповале), Боря Калюжный, Витя Блок и другие члены Группы неустанно напоминали о моей посадке западным журналистам, писали письма в разные советские инстанции и Конгресс США, призывали международные пацифистские организации не забывать о моей горестной судьбе.

Те не забывали и исправно обращались с запросами и протестами в МИД СССР, в Советский комитет защиты мира и прочие бесполезные места. Им вначале вежливо отвечали, что мое заключение не имеет отношения к борьбе за мир, а затем стали раздражаться, и тогда главный советский миротворец, председатель Комитета защиты мира (от кого?) Юрий Жуков заявил на какой-то пресс-конференции в Германии, что «Радзинский посажен не за защиту мира, а за антисоветскую деятельность». Что формально было правдой: ни один из эпизодов обвинения не имел отношения к моей деятельности в Группе Доверия, и сама эта деятельность ни разу не была упомянута следствием во время допросов.

Мне назначили адвоката – пожилую усталую женщину из коллегии адвокатов, с которой я встретился один раз; я сразу сообщил ей, что откажусь от нее как защитника и буду выступать в качестве своего адвоката, на что любой советский подсудимый имел право. Она согласилась и была рада: это избавляло ее от моральной ответственности в ситуации, в которой она ничего не могла изменить. Она, как и мой сокамерник Виктор, считала, что любые мои аргументы не важны, поскольку исход дела предопределен. Я спросил ее мнение по процедурным юридическим вопросам, в которых не был уверен, и она заверила меня, что соблюдались ли следствием процедурные формальности, нет ли, не имеет никакого значения. На том мы и распрощались, договорившись, что я объявлю суду о своем решении отказаться от ее услуг в начале судебного заседания. Отношение к режиму у нее было как к морозу зимой: жаль, а что поделаешь? Такой климат.

Лето прошло, наступил сентябрь, затем октябрь. Дни текли, тянулись – тягуче, медленно, словно пытались отсрочить грядущее. Но грядущее оттого и грядущее, что его не отсрочить.

Наступил день суда.

# Судный день

31 октября 1983 года сразу после завтрака меня «дернули» на суд. Я – для торжественности – надел белую рубашку, которую мне передала мама. Взяв с собой записи, заметки и мой шедевр – последнее слово, я отправился на встречу с самым справедливым правосудием на планете.

Я к тому времени провел в Лефортове больше года и не покидал стен тюрьмы, за исключением тридцати пяти дней во время психиатрической экспертизы в Институте Сербского, признавшей меня полностью вменяемым (вот и верь после этого врачам!) и способным нести судебную ответственность за совершенные мною ужасные преступления.

Наступил день этой самой ответственности. Жизнь обещала стать еще интереснее.

Меня принял вэвэшный конвой в форме Внутренних войск и погрузил в автозак. Посадили в «стакан» и повезли по улицам города, в котором я родился и прожил всю жизнь, но жизнь эта подходила к концу.

Мы нигде не остановились и долго ехали, поворачивая, останавливаясь и снова поворачивая, пока не добрались до места. «Странно, – думал я, – почему мы не заехали в другие тюрьмы, чтобы забрать зэка, которых тоже судят в этот день и в том же суде?» По рассказам сокамерников, прошедших суды, таковой была стандартная практика. Я же ехал один.

Меня выгрузили в пустом закрытом высоким цементным забором дворе и провели в маленькую камеру, где стояла прикрученная к полу лавка. Я просидел здесь около часа, потом конвой повел меня в зал судебного заседания.

Я вошел и замер: зал был полон. На первой скамье сидел папа Эдик. Ни мамы, ни папы Темы в зале не было.

Позже я узнал, что судивший меня Московский городской суд обставил мое судебное заседание крайне торжественно и с никому не нужными затратами. Во-первых, заседание было объявлено выездным и перенесено в какой-то пригород. Во-вторых, никого из моих друзей не пустили в зал, как и американского атташе, пояснив, что «слишком много желающих и мест уже нет». В-третьих, здание суда было оцеплено милицией, никого не подпускавшей за два квартала.

Вот выдержка из правозащитного ресурса «Вести из СССР» с описанием суда:

## Вести из СССР

## НАРУШЕНИЕ ПРАВ ЧЕЛОВЕКА
## В СОВЕТСКОМ СОЮЗЕ

К суду над Олегом Радзинским (1983, 22-3)

На суде над Олегом Радзинским (1983, 19/20-3) председательствовал зам. председателя Мосгорсуда В.Г. Романов.

На подходах к зданию суда было задержано 7 человек – членов Группы Доверия. После задержания были сильно избиты члены Группы Ольга Медведкова, Марк Рейтман и жена последнего Тамара (а не все задержанные, как сообщалось в 1983,19/20-3). Вопреки предыдущему сообщению, мать О. Радзинского в зал суда тоже не была допущена – ее задержали и продержали в общежитии милиции до приговора, на зачтение которого ей дали пройти.

Кто же были эти многочисленные желающие, эти баловни судьбы, которым – в отличие от американских дипломатов и иностранных журналистов – удалось посетить суд? Как мне потом рассказали, на суд привезли автобус с алкоголиками, проходившими насильственное лечение в местном ЛТП – лечебно-трудовом профилактории. Ими и заполнили зал.

В тот день я не знал, кто эти люди, но мне было их искренне жаль: они скучали, слушая показания вызванных свидетелей, явно не понимая сути моих страшных деяний и не пытаясь вникнуть в происходящее. Иногда, почувствовав недовольство суда моим упорным нежеланием раскаяться в содеянном, они начинали неодобрительно и угрожающе гудеть, заглушая мои слова.

Урока явно не получилось. Весь мой пафос был потерян и оказался никому, кроме меня, не нужен. Вся моя тщательная подготовка, основанная на многократном чтении УК и УПК и уличении следствия в нарушении определенных процедур и логики выводов в обвинительном заключении, была интересна разве что судье Романову как юристу. Народные заседатели – на тюремном жаргоне «кивалы» – делали то, что от них ожидалось: одобрительно кивали, когда к ним за согласием обращался председатель суда.

Единственным, кто внимательно следил за происходившим в зале, был мой отец: он что-то постоянно записывал в маленьком блокноте. Думаю, как человек театральный, он оценил размах и драматургию разворачивавшегося действа и отмечал, что можно было бы написать получше. На меня он – впервые в жизни – смотрел с интересом. Должно быть, представлял, как сам бы играл эту роль.

Мою маму не пустили на заседание с самого начала из процедурных соображений: она была вызвана как свидетель. Появившись в зале, мама – со свойственной ей прямотой и категоричностью – тут же вступила в конфронтацию с судом, обличив Романова в несправедливости и отказываясь отвечать на вопросы относительно моей деятельности.

От накала страстей в зале алкоголики проснулись и неодобрительно зашумели, укоряя мою маму в нежелании помочь правосудию. Она обернулась в зал и сказала им заткнуться. После этого Романов удалил ее из зала суда до вынесения приговора.

Все продолжалось в таком духе целый день – с часовым перерывом, во время которого меня отвели в камеру и дали баланду. Потом выступали дополнительные свидетели обвинения, которые – кроме доставленного из армии Саши Лебедева – подтвердили свои показания. Саша же заспорил с Романовым о смысле термина «антисоветский», затем сообщил суду, что не считает мои рассказы антисоветскими, но не отрицал, что я давал ему их читать. Его поругали и отправили обратно в армию выполнять священный долг.

Я в качестве своего защитника не мог попросить суд вызвать никаких свидетелей, потому что отказывался давать показания и отвечать на любые вопросы относительно других людей. Назвать же свидетелей защиты было бы нарушением моей позиции. По сути обвинений я согласился с фактическим утверждением обвинения, что действительно делал определенные вещи, которые мне вменялись, но только если эти пункты обвинения не называли других имен.

Дальше начались препирания с судом:

РОМАНОВ. Радзинский, стало быть, вы признаете себя виновным в совершении того-то и того-то?

**РАДЗИНСКИЙ. Нет.**

РОМАНОВ. Как нет? Вы же только что подтвердили, что изготовляли то-то и то-то с целью распространения?

РАДЗИНСКИЙ. Я подтвердил, что это делал, но не считаю мои действия несущими в себе вину.

РОМАНОВ. Это суд будет решать.

РАДЗИНСКИЙ. Безусловно. Но вы спросили меня, признаю ли я себя виновным: не признаю. Виновность предполагает вину: я же не вижу своей вины в том, что способствовал распространению истины.

РОМАНОВ. Не истины, а клеветнических утверждений!

И все в таком духе – до вечера.

После выступления прокурора, которым оказался какой-то молодой и совершенно неподготовленный человек, и моего последнего слова (я зачитал по бумажке, упиваясь его литературными достоинствами, которые, увы, никто, кроме моего отца, не оценил) суд удалился на совещание для вынесения приговора. Меня отправили в камеру, где дали чай.

Потом вынесли приговор.

**Вести из СССР**

## НАРУШЕНИЕ ПРАВ ЧЕЛОВЕКА В СОВЕТСКОМ СОЮЗЕ

К суду над Олегом Радзинским (1983, 22-3)

О. Радзинский виновным себя не признал. Прокурор просил для О. Радзинского 3 г. ссылки. Суд приговорил его, как уже сообщалось, к 1 г. лагерей строгого режима и 5 г. ссылки.

Т. к. лагерный срок совпадает со сроком предварительного заключения, О. Радзинский направлен из СИЗО непосредственно в ссылку в район г. Асино Томской обл. На место ссылки он пока не прибыл.

# Признан виновным

Суд надо мною закончился странно: прокурор попросил для меня срок меньший, чем тот, что мне дали по приговору. Я о таком не слышал ни раньше, ни позже, но все бывает.

Когда прокурор попросил для меня всего три года ссылки, я возликовал: дело в том, что срок, проведенный в заключении, засчитывается три к одному по отношению к сроку наказания в виде ссылки. То есть день тюрьмы за три дня ссылки. Поскольку я уже провел в тюрьме больше года, то если бы суд вынес приговор в соответствии с запрошенным прокурором наказанием, меня должны были освободить из-под стражи в зале суда. Что, по моему мнению, было сообразно с содеянным.

Не тут-то было.

Романов долго и нудно зачитывал длинный приговор, из которого следовало, что суд – сюрприз! – признал меня виновным по всем пунктам обвинения. Затем Романов сообщил, что, учитывая отсутствие у меня судимостей, положительные характеристики с мест учебы и работы, а также предоставленные родителями медицинские справки о хронической язве желудка и прочих недугах, суд приговаривает меня к году заключения на строгом режиме и пяти годам ссылки, в общей сложности – шесть лет жизни. Суд засчитал мне время, проведенное в Лефортове, за срок заключения на строгом режиме, отправив на пять лет в ссылку – максимально положенный срок по этому виду наказания.

В рамках этой логики получалось, что если бы на работе и учебе меня характеризовали негативно, и был бы я, скажем, ничем не болеющим и многократно судимым рецидивистом, мне бы уменьшили срок наказания! Я начал смеяться, Романов попросил меня замолчать, а то меня выведут из зала суда и дочитают приговор без меня.

Читать, впрочем, было уже особенно нечего.

Романов спросил, понятен ли мне приговор.

– Мне-то понятен, гражданин судья. А вот понятен ли приговор вам?

Романов не снизошел до ответа и удалился вместе с «кивалами». Алкоголики, проснувшись, выстроились в ожидании отправки обратно на принудительное лечение. А меня после небольшого приключения, на которое тогда я не обратил должного внимания, но которое имело серьезные последствия на этапе, вернули в родное Лефортово.

# Опять по пятницам
# пойдут свидания...

Через день после суда меня «дернули» с прогулки и, тщательно «обшмонав», повели куда-то внутри тюрьмы, а не в следственный отдел, как обычно.

Мы прошли мимо спуска в баню, затем повернули еще раз пять и неожиданно прибыли в светлый коридор со множеством дверей. Конвоировавший меня контролер заглянул в глазок одной из дверей, открыл ее, и я оказался в маленькой комнате, где за длинным столом сидели бабушка Соня и папа Эдик.

Свидание!

Не помню уже, о чем мы говорили, помню только, что бабушка спрашивала о здоровье и чем нас кормят, папа же говорил до странности мало, внимательно разглядывал меня, а затем сообщил, что через день придет мама, и посоветовал мне написать список вещей, нужных на этапе и в ссылке. Учитывая его абсолютную непрактичность и полную оторванность от быта, было странно слышать такое дельное замечание.

Периодически в комнату заглядывал контролер, проверяя, не нарушаем ли мы установленный порядок свиданий, с которым он нас до этого ознакомил. Мы не нарушали.

Следующее утро я посвятил составлению списка. В основном это были теплые вещи (я подозревал, что меня отправят не «на юга») и сигареты – тюремная валюта. Сигареты я начал аккумулировать еще до суда, попросив маму через Круглова передавать мне разрешенное количество пачек в передачах: они хранились на складе и ждали этапа вместе со мной.

Свидание с мамой – как и все с ней связанное – прошло бурно и радостно: она громко и с удовольствием ругала судью Романова, следователя Круглова, администрацию Лефортовской тюрьмы, но воздержалась от критических замечаний в адрес советской власти. Я передал ей список, заранее просмотренный администрацией тюрьмы, и она сказала, что соберет все вещи, а что не успеет, мне привезет в ссылку Алёна.

Алёна?! Алёна?! Откуда она знает Алёну? Я их никогда не знакомил и никогда маме про Алёну не рассказывал.

– Что значит – откуда? – удивилась мама. – Она живет у меня уже целый год.

?!?!?!

И мама рассказала следующую историю. Через день после моего ареста к ней в Театр миниатюр, где мама работала завлитом, явилась худенькая черноглазая девочка и сообщила маме, что я – ее любовь, и она будет со мною, что бы ни случилось. Затем Алёна принялась плакать, мама переполошилась, бросилась ее успокаивать. Они долго обнимались и всласть сообща ругали меня за глупость и упрямство, делясь друг с другом многочисленными примерами этих отличительных черт моего характера.

– Я его никому не отдам, – под конец объявила Алёна. – Так ему и скажите.

Отчего-то она была уверена, что мою маму пускают ко мне в камеру – повидаться. А как иначе: мама все-таки.

Мама пригласила ее в гости, и на следующий день Алёна приехала вечером, они долго ели приготовленный мамой грибной суп, пили чай и наперебой рассказывали друг другу, какой я ужасный и как со мной тяжело. Время было позднее, мама не отпустила Алёну – «куда ребенок поедет в такую темь?» – и уложила ее спать, предварительно заставив позвонить родителям и сообщить, что с ней все хорошо. После третьего такого визита обе решили, что Алёне лучше остаться жить у мамы, и Алёна поселилась в моей бывшей комнате. Мама ее баловала, закармливала – «она же как щепка!», – и, судя по всему, они прекрасно жили вдвоем, не особенно по мне скучая.

Моя мама всегда хотела дочку, но после тяжелейших родов – она рожала меня три дня – врачи запретили ей иметь детей строго-настрого. И вот она получила дочку, и притом почти взрослую. Ей нравилось в Алёне все: взбалмошность, эмоциональность, эксцентричность, более же всего она ценила ее искренность. Проведя жизнь на телевидении и в театре, мама обладала абсолютным слухом на фальшь и – будучи человеком совершенно бескомпромиссным (бедные оба мои папы!) – ставила искренность превыше всего. Искренности же Алёне было не занимать.

– Мама, – сказал я, – это полная глупость. Скажи Алёне, чтобы она и не думала ехать за мной в ссылку: непонятно где, непонятно как там, условия наверняка ужасные, куда она поедет? Отговори ее.

– Сам скажи, – посоветовала мама, – когда она к тебе приедет. Ты же ее знаешь: если что решила – не отговорить.

Она явно гордилась Алёниным упрямством – близкая ей самой черта. Кроме того, мне стало ясно, что мама знала Алёну лучше, чем я. Да и не удивительно: наш с Алёной роман длился чуть больше месяца, а она прожила с ней целый год.

Вернувшись в камеру, я написал Алёне письмо и передал его через конвоира своему следователю Круглову, приписав на отдельном листке: «Сергей Борисович, пожалуйста, передайте это письмо Алёне Фадеевой». В письме я с неопровержимой, как мне казалось, логикой объяснял ей, почему она не должна ехать за мною в ссылку, что никакого будущего я предложить не могу, и посему лучше для нее постараться забыть обо мне как можно скорее и налаживать свою жизнь. В таком вот благородно-героическом духе. Я благодарил ее за любовь и поддержку и т. д. и т. п., все очень разумно, убедительно и последовательно. Если б я получил такое письмо, обязательно послушался бы.

В начале ноября мне принесли в камеру определение из Управления исправительно-трудовых учреждений, в котором сообщалось, что я буду вскорости этапирован на место прохождения ссылки в Асиновский район Томской области.

На следующий день меня неожиданно выдернули из камеры, что было странно: оба свидания с родственниками уже состоялись, больше мне не было положено – куда?

В крохотной комнате в уже знакомом мне коридоре «свиданки» меня ждал Сергей Борисович Круглов. Он пришел попрощаться. Я, признаться, очень ему обрадовался, да и неудивительно: мы провели в тесном общении целый год, говорили и спорили о множестве интересных вещей – суть демократии, особенности российского государственного установления, исторический детерминизм, права человека, литература, наконец. Я, как не странно, чувствовал к нему симпатию: человек он был честный, абсолютно убежденный в правоте своего дела, но при этом готовый выслушать аргументы оппонента. Я знал, что он женат, у него маленький ребенок и что он хотел стать военным летчиком, как его отец, но не прошел медкомиссию, после чего пошел на юрфак. Он также рассказывал, что его дед был чекистом и работал еще с Дзержинским. Вот и говори, что генетика – лженаука.

Много лет спустя Валерия Ильинична Новодворская рассказывала мне, что в 1991 году она проходила по очередному делу об антигосударственной пропаганде, и ее дело вел Круглов. Он вызвал ее сразу после августовского путча ГКЧП и сказал: «Валерия Ильинична, не бойтесь: мы *вас им* не отдадим». Вот так.

Мне Круглов ничего подобного не сказал, но всячески пытался поддержать, что, мол, ссылка – не лагерь, что я увижу, как на самом деле живет тот самый народ, который я так рьяно брался защищать, что жизнь длинная и все наладится. Я выслушал, поблагодарил и спросил, передал ли он мое письмо Алёне. Он заверил меня, что передал через приемную часть тюремной администрации.

Мы распрощались, и я вернулся в камеру.

Оставшиеся до этапа дни я провел в каком-то вязком вакууме ожидания: вроде я уже был и не в Лефортове. Мой сокамерник Виктор проявил глубокие знания сибирской жизни, рисовал на листочке странные приспособления для обогрева в холода и давал множество полезных советов. Я слушал, но не слышал.

Первый раз со дня ареста я думал о будущем. До этого я был настолько занят настоящим – стратегией поведения на следствии, познанием тюремного быта, жизнями тех, с кем меня свела тюрьма, что ни разу не задумался о том, что ждало меня за дверями Лефортова. Что за Томская область? Что я буду там делать? Как я буду работать на лесоповале? Какие там живут люди? И чем они там живут? Я был московский юноша, проведший всю свою жизнь в небольшом и уютном пузыре творческой элиты, а тут – Сибирь. Настоящая, а не на книжных страницах.

Все, что я знал, за исключением годового тюремного опыта, я знал из книг. Оттого я решил нырнуть в знакомую мне среду обитания и заказал в лефортовской библиотеке «Сибирские рассказы» Короленко. Я читал их когда-то давно и теперь решил перечитать и подготовиться к новой, сибирской жизни – по книжке, естественно.

Мне не успели ее принести: перед обедом в среду меня «дернули» на этап. Началась новая жизнь – без литературы.

# Жизнь пятая:
# ОСОБО ОПАСНЫЙ

*1983*

## Спецэтапом идет эшелон
## из столицы в таежные дали…

Эта строчка – из тюремной песни:

*Чередой, за вагоном вагон,*
*С мерным стуком по рельсовой стали*
*Спецэтапом идет эшелон*
*Из столицы в таежные дали.*
*Здесь на каждом вагоне замок,*
*Две доски вместо мягкой постели,*
*И, укутаны в синий дымок,*
*Нам кивают угрюмые ели.*

Все, в общем, похоже. Только ели нам не кивали. А если и кивали, то мы того знать не могли: в «столыпине» нет окон.

Понятное дело – песня. С елями – оно красивше.

Меня завели в маленький боксик и выдали со склада вещи, принесенные мамой; когда я увидел два огромных рюкзака, понял – беда. Но понял не до конца, оттого что не знал, каково в этапе. А в этапе, как показала практика, лучше налегке.

Вэвэшный конвой «принял» меня у лефортовского караула. Солдат было трое, старший – наследник блоковских скифов с «раскосыми и жадными очами» – посмотрел на этапный запечатанный конверт с именем, датой рождения, статьей, сроком и наименованием суда, вынесшего приговор, и приказал мне повторить написанную на нем информацию. В этапе это делается каждый раз при погрузке в «столыпин» и выгрузке из «столыпина», при смене конвоя и при доставке в очередную тюрьму. А также при утренней и вечерней проверке «в ходе этапирования».

Конвой называет твою фамилию, и ты сообщаешь о себе:

– Радзинский!

– Олег Эдвардович, 11 июля 1958 года рождения, статья 70-я, часть 1, осужден Московским городским судом к одному году строгого режима и пяти годам ссылки.

Внимательно посмотрев на мой конверт, конвойные неожиданно решили надеть на меня наручники, да еще и «в положении сзади». Я пытался объяснить, что тогда не смогу нести два огромных рюкзака, поскольку и с нескованными руками не знал, как их унесу. Вмешались родные лефортовские, спросили, в чем дело, и вэвэшники показали им что-то на конверте. Лефортовские контролеры покачали головами, пошептались, затем и те, и другие ушли, оставив меня запертым в боксике с моими рюкзаками.

Прошло минут двадцать, дверь открыли, и появился знаменитый лефортовский корпусной Василий Иванович, окруженный тремя вэвэшниками и двумя лефортовскими конвоирами.

Он посмотрел на рюкзаки, на меня, затем на конверт в руках у «скифа», причмокнул и сказал:

– Значит так, хлопцы: мы его сами посадим в автозак, а вы его там «примете». Тогда до погрузки Радзинский – наша ответственность. За нами числится.

«Скиф» помотал головой:

– Товарищ капитан, никак нельзя: нам положено «принять» заключенного в следственном изоляторе.

– Ты меня, блядь, не учи, чего положено, я тридцать лет без малого служу, – сообщил Василий Иванович. – Молод еще меня учить. Я тебе сказал, как сделать нужно, а не хочешь – ебись в рот: надевай ему «браслеты» и тащи его рюкзаки сам.

Вэвэшники переглянулись, пошептались, и «скиф» кивнул:

– Так точно, товарищ капитан. Тогда мы его «примем» перед погрузкой.

После чего вэвэшники быстро ушли, оставив меня наедине с лефортовским конвоем.

Что все это значило? Я тогда не понял, и никто мне ничего не сказал. А жаль.

Так, с двумя огромными рюкзаками, под сочувственные взгляды лефортовских конвоиров я вышел на волю – в тюремный двор. Здесь у огромного автозака нас снова встретил вэвэшный конвой с моим этапным конвертом, будто мы никогда до этого и не виделись.

И все по новой:

– Радзинский!

– Олег Эдвардович, 11 июля 1958 года…

Затем я забросил рюкзаки в автозак, запрыгнул сам и увидел сидящих на лавках вдоль стенок заключенных. Я было собрался сесть рядом, но конвоир открыл дверцу «стакана» и запихнул меня внутрь узкого цилиндра. А за мной и один из рюкзаков. Там было тесно даже сидя на маленькой холодной лавочке. Я подложил под себя шапку, фургон качнулся и, сделав остановку у лефортовских ворот, медленно поехал по московским улицам, которых – как и песенные ели – было не видать.

Мы заезжали в разные тюрьмы забрать других этапных, но я никого видеть не мог, потому что сидел в «стакане». Конвой строго запретил заключенным со мной разговаривать, да те и не пытались, а тихо шептались о своих бедах.

Так продолжалось, пока в одной из московских тюрем конвой не принял еще одного «особо опасного», и его тоже запихнули в соседний «стакан».

– Слышь, в «стакане»! – заорал он неожиданно высоким и притом хриплым голосом. – Откуда, земляк?

– Молчад, биляд! – приказал голос конвойного с сильным кавказским акцентом. – Не разговоры здес! Не положено!

– А что положено – то ебут, начальник! Оно ж лежит! – хриплый голос весело проинформировал проходящего службу во внутренних войсках бойца – на случай, если у того были сомнения. – Браток, ты откуда? Где «чалился»?

– Из Лефортова, – отозвался я.

– Из Лефортова? Еби мой хуй! Комитетовский? Шпион, что ли? Масть какая?

И вправду – какая у меня масть? «Вор»? «Мужик»? Ну уж точно не «сука».

– Диссидент, – сообщил я своему невидимому соседу. – 70-я, часть 1-я.

– Молчад, я говорид, – вступил в беседу конвоир, но как-то менее убедительно: возможно, ему тоже хотелось знать, кто я такой.

Наступила тишина. Судя по всему, народ в автозаке осмысливал полученную информацию.

— Досиде… Что за статья такая? — наконец откликнулся хриплый. — Я с «малолетки» «чалюсь», а такой статьи не слыхал. Братва! — обратился он к остальным обитателям автозака. — Что за 70-я, знает кто?

Ропот голосов — глухой, как шелест морского прибоя по гальке, — дал понять, что «братва» незнакома с этой частью УК РСФСР.

— Антисоветская агитация и пропаганда, — пояснил я и, подумав, добавил: — Политика.

— Молчад, разговор прекратид, — почти попросил голос конвоира. — Оба наказаний будед.

— Да хули ты меня в тюрьме тюрьмой пугаешь, начальник! — весело заорал мой новый товарищ. — У меня сроку — пятнадцать и два «крытки». Ну чего ты мне сделаешь? В ШИЗО «закроешь»? Ебал я твой ШИЗО: я по жизни — «отрицалово»!

И правда — чего? У мужика два года «крытки» — чего ему бояться? По автозаку пронеслась волна уважительного, почтительного гула.

«Крытка» — «крытая» тюрьма — специальный вид наказания, когда заключенного ввиду отягчающих обстоятельств совершения преступления приговаривают к отбыванию части срока в помещении закрытого типа, то есть в тюрьме, а не в лагере. Также в «крытую» отправляют из «зон» за злостное нарушение режима. Условия там самые строгие, и Златоустовская «крытка», например, славилась тяжелым режимом и ментовским беспределом на всю страну. Сидя в Лефортове, я слышал множество рассказов от рецидивистов, хорошо знакомых с тюремным бытом, о «крытых» тюрьмах: травят собаками, избивают, привязывают на «решку» — на решетку — и обливают холодной водой (это называлось «Карбышев») и т. д. Голод стоял такой, что зэка играли «на кровку»: проигравший «порол» вены, сцеживал кровь в кружку, и ее поджаривали на «факеле» из газеты или картонке, а потом ели: глюкоза. И вот рядом со мной — в соседнем «стакане» — сидел арестант, которому все это предстояло. И веселился, от души смеясь над угрозами конвоя.

— Два «крытой»? — переспросил я. — За что страдаешь, земляк? Какая статья?

— У меня статей — хуева туча! — весело сообщил хриплый. — У тебя срок какой?

Я сказал.

— Ну, год и на «параше» просидеть можно, — ободрил меня хриплый. — А ссылка — это почти воля. Я — Володя Матрос. Не слыхал?

— Молчад висе, — поучаствовал в нашей беседе конвоир. — Не положено.

Правильно и почти без акцента ему удавалось только «не положено». Видно, часто произносил.

Но разговор и так прекратился: автозак остановился, и совсем близко стали слышны крики конвоя и срывающийся лай овчарок.

Мы прибыли на погрузку.

# Погрузка

Заснеженное пространство меж железнодорожных путей, сверху тускло горят фонари, поземка, снег кружит белым вьюном в свете фар запаркованных автозаков. Рельсы, рельсы, рельсы, вагоны, вагоны, вагоны… И по щиколотку в снегу на корточках сидит этап: заключенные по пять в ряд. По периметру – конвой с собаками; чуть притравливают, чтобы зэка не расслаблялись.

Перекличка:

– Ананьев!

– Иван Иванович, 1 января 1950 года рождения, статья 108-я, часть 2-я, осужден Бабушкинским районным судом города Москвы к десяти годам строгого режима.

– Баранов!

– Петр Петрович…

И так весь этап – в алфавитном порядке. Имена, статьи, срокА.

Мне неудобно сидеть на корточках: на спине тяжелый рюкзак, рядом на снегу – еще один. У всех зэка – легкие «сидорА» – вещмешки.

Ноги затекают.

– Григорьев!

– Семен Семенович…

Я – крайний слева в своей «пятерке». Ищу глазами Володю Матроса – который он? Все зэка выглядят одинаково: черные или темно-синие телогрейки – «бушлаты», у всех – шапки-ушанки, лиц почти не видно.

– Иванов!

– Александр Александрович…

Понимаю, что сейчас под своим рюкзаком шлепнусь задом в грязный снег, и решаю проблему: сажусь на второй рюкзак. Теперь я возвышаюсь над этапом: удобно, все видно, и сидеть мягко. Соседние зэка косятся на меня, таращат глаза, но молчат.

— На корточки, блядь, быстро сел обратно!

Оглядываюсь: круглолицый парень с детским лицом под ушанкой со звездой, на поводке рвется черная овчарка. Какая ему разница?

— Гражданин начальник, мне с тяжелым рюкзаком сложно на корточках. Так удобнее.

Логично вроде бы. И, главное, какая ему разница?

Изумление на лице конвойного: смотрит на меня с недоверием — правда ли я сказал такую глупость? Или ему послышалось?

Хочу его успокоить:

— Да я не убегу никуда, просто так сидеть удобнее.

Парень делает шаг ко мне, приотпустив поводок. Овчарка бросается и вцепляется мне в плечо. Больно даже через ватник.

Конвойный бьет ногой по рюкзаку, на котором я сижу:

— Быстро на корточки, урод! Сел на корточки, как положено!

Зэка в моем ряду смотрят перед собой: их это не касается.

Зэка впереди не оборачиваются: слушают свои фамилии:

— Николаев!

— Николай Николаевич…

Сползаю с рюкзака на снег.

— На корточки, блядь! На корточки сел!

Собачья морда лязгает зубами у моего лица. Первый раз в жизни не люблю собак: они — не друг человека. По крайней мере конвойные овчарки. Сажусь на корточки, сгибаюсь под рюкзаком, опираюсь локтем на второй рюкзак. Конвойный — парень лет девятнадцати — отступает на два шага назад, дергает за собой рвущуюся порвать меня овчарку.

Слушаю перекличку.

Наконец-то:

— Радзинский!

— Олег Эдвардович, 11 июля 1958 года рождения…

Закончив перекличку, начальник поездного конвоя читает «молитву»:

— Граждане заключенные, в ходе следования колонны соблюдать порядок движения в «пятерках», не переходить из ряда в ряд. Шаг вправо, шаг влево считается попыткой к бегству…

Нас гонят в «столыпин» — по «пятеркам». Еле залезаю по высоким ступенькам со своими рюкзаками, сзади подгоняет конвой с собаками.

На площадке — конвоир со списком:

— Фамилия?

— Радзинский.

Конвоир находит меня в списке:

– В «тройник»!

Другой конвоир – с совершенно плоским лицом и щелочками глаз под ладно сидящей армейской ушанкой – кивает мне: «Пошли».

Идем по вагонному коридору, окна забраны решетками, свет фонарей еле проникает в вагон. Справа – купе без окон на четверых, забитые доверху заключенными, сидящими на трех полках справа и слева и на полу в проходе. Их человек по двадцать в каждом купе. Как они там все уместились?

Жизнь сегодня добра ко мне, потому что тут же получаю ответ на свой вопрос: передо мной два конвойных загоняют зэка в купе дубинками.

– Быстро, блядь, уроды, быстро, быстро, сейчас собак пустим, все, блядь, поместитесь!

– Начальник, тут некуда…

– Молчать, блядь! Быстро зашел в купе!

Дубинкой по голове, и, действительно, все поместились: не обманывал. Купе закрывают, вместо двери – решетка.

Конвойные поворачиваются ко мне:

– Куда его?

– В «тройник», – сообщает мой сопровождающий.

– Пошел!

Меня загоняют в купе с тремя полками слева. Это, собственно, половина купе, разделенного стенкой на два. На нижней и средней полке сидят по одному человеку – просторно. Значит, меня везут спецэтапом. Почему?

– Здорово, зёма! – высоким хриплым голосом приветствует меня сидящий на средней полке стриженый мужик лет тридцати пяти. – Это не с тобой меня в автозаке везли?

Володя Матрос. Я отчего-то думал, он моложе. Второй заключенный в полосатой зэковской робе – «полосатик», или «особняк» – особо опасный рецидивист. Тонконосый, с худым резким лицом – кавказец. Ему около пятидесяти, смотрит на меня без интереса.

Здороваюсь с ним. Он кивает, протягивает руку наверх. Матрос передает ему прикуренную папиросу. Понятно, кто главный.

Значит, иду спецэтапом. Странно. Но интересно. Залезаю на третью, верхнюю полку, пристраиваю рюкзаки.

– Куда тебе два «сидора»? – интересуется Матрос. – Чего везешь?

Объясняю, что иду в ссылку, мать передала теплые вещи – в Сибирь все-таки еду.

— Курево есть? Чай? «Колеса»?

Достаю пачку «Явы», передаю Матросу: нужно установить отношения, ехать-то вместе.

— С фильтром?! — восхищается Матрос. Он тут же открывает пачку, выбивает себе восемь сигарет и, наклонившись, передает пачку пожилому кавказцу. Тот молча прячет ее в бушлат.

— Чая нет.

— Хуево, земляк, — весело сообщает Матрос. — С чайком веселее. Ничего, сейчас братва «ноги прикупит», и нас «подогреют». Тут все одно — хуй почифиришь, но, может, «колесами» разживемся.

«Прикупить ноги», как я выучил в Лефортове, означает подкупить конвой, чтобы они передали что нужно кому нужно. Неужели после того, как эти конвоиры травили нас собаками и били, они, хоть и за деньги, будут принимать от зэка посылки друг другу? Трудно поверить.

Мало я тогда понимал про тюремную жизнь: конвой — тоже люди. Хоть служба и пыталась сделать из них нЕлюдей.

А люди хотят денег.

# «Столыпин»

Мне не повезло: пока я сидел в Лефортовской тюрьме, Андропов, став генеральным секретарем, сместил Щёлокова с поста министра внутренних дел и поставил на его место своего человека — бывшего председателя КГБ генерала Федорчука. Ему было поручено навести порядок в МВД и в относящемся к данному ведомству ГУИТУ — Главном управлении исправительно-трудовыми учреждениями. И Федорчук постарался выполнить наказ партии и правительства.

Не то чтобы при Щёлокове советские лагеря и тюрьмы были санаторием: там царил зверский беспредел в типичном для страны сочетании с полной коррумпированностью персонала. Зэка побогаче, чьи родные могли заплатить «хозяину» взятку, были или освобождены от работы и проводили полсрока «на больничке», или получали необременительные должности, и охрана с большим энтузиазмом торговала спиртным и наркотиками, а спецчасть, отвечавшая за исполнение режима, с таким же энтузиазмом закрывала глаза на переданные с воли копченую колбасу, шоколадные конфеты и прочие запретные яства советской жизни. Были деньги — в тюрьме и «зоне» можно было жить. У кого денег не было — сидел на «пайке», на «положенке». И вкалывал, выполняя норму за всех.

Так же, собственно, жила и воля: тюрьма была слепком с жизни общества. А может, общество было слепком с тюрьмы. Пойди разбери.

При Федорчуке жизнь в советской пенитенциарной системе стала много хуже: беспредел начальства остался, а вольности, на которые ранее это начальство смотрело сквозь пальцы, прекратились. Жизнь в тюрьмах и зонах стала еще более голодной, вокруг бараков натянули «локалки» – локальные зоны, и теперь нельзя было ходить из барака в барак: сиди в своем. Испуганное чисткой в рядах МВД тюремно-лагерное начальство рьяно наводило порядок, укрепляя и ужесточая режим содержания заключенных. Шла война с тюремными «авторитетами», с «отрицаловом» – отрицательными элементами, и работникам ГУИТУ дали зеленый свет прессовать всех несознательных заключенных, добиваясь стопроцентной их записи в «повязочники», то есть в лагерные активисты, содействовавшие администрации и носившие соответственные знаки отличия – красные повязки актива. «Черные» зоны, то есть зоны, жившие «по черному ходу» – воровским понятиям, – безжалостно разгонялись и репрессировались, поскольку Федорчук пообещал, что при нем зоны будут только «красные» – «ссученные». И в эту войну двух тюремных миров меня и угораздило попасть.

Жизнь в тюрьме сжата, оголена до предела: скрыть, какой ты на самом деле, невозможно – быстро раскусят. А в этапе жизнь сжата еще более: этап для тюрьмы – что тюрьма для воли.

Наш «тройник» быстро выстроился по тюремной парадигме в соответствии с принятой иерархией: вор Дато занял место «бати», Матрос стал «смотрящим» или «положенцем» – блюстителем «понятий», то есть отвечающим за соблюдение «черного хода» в купе, хотя смотреть было не за кем, а я, который по справедливости должен был занять место «мужика» – простого зэка, не «ссученного», но и не блатного, неожиданно для себя был произведен в «двигающиеся», то есть в «стремящиеся» к более высокой блатной масти, хотя – понятное дело – никуда я не стремился. Получилось это – как и все в моей жизни – самым непредсказуемым и случайным образом.

В первый вечер в этапе нам дали жидкий чай, а к нему гнилую хамсу и липкий «вторяк». Я после лефортовских разносолов есть это не стал, мои попутчики поели хлеб и «подогрев» – подогнанные из других купе нам как сидящим «на спецу» карамельные конфеты, но к рыбе не притронулись.

Они подробно обсуждали Чистопольскую «крытку», куда оба шли отбывать срокА, перебирая знакомых арестантов и сравнивая услышанное и пережитое, а также последние новости тюремной жизни. Особенно их занимал некто Петро Луганский, который «толкнул фуфло», то есть не отдал карточный долг какому-то Аслану. Петро заплатил «куму» – начальнику по режиму – и спрятался сначала в лагерной больничке, а потом ушел на другую зону, но репутация «фуфлыжника» ушла вместе с ним. Судя по озабоченности моих новых товарищей, воровской мир решил понизить Петро Луганского – «авторитета» – в масти, и впереди его ждал не только репутационный риск, но и более серьезные неприятности.

– Петро «предъявил», что у Аслана «стиры коцаные», – рассказывал Володя Матрос. – Аслан по ходу «шпилевой», конечно.

«Шпилевой» на блатном жаргоне – сильный игрок в карты, но не обязательно «кидала», то есть шулер. А «коцаные стиры» – крапленые карточные колоды.

– «Коцаные» – играть не садись, – заключил Дато. – Сел – плати.

Матрос кивал, соглашаясь. Я слушал этот диалог, вспоминая лефортовские дебаты, сильно отличавшиеся, скажем так, тематикой, и думая, как странно меняется моя жизнь и что впереди.

Вдруг у решетки нашего купе началось интенсивное движение: конвоиры заглядывали буквально через две минуты на третью. Дато сказал нам быть настороже. Матрос согласился, что чего-то будет, и разговор стих. Мы ждали.

Скоро перед купе появился начальник конвоя – огромного роста старший лейтенант. Он выглядел как двухметровый боксер-тяжеловес, и от его большого мускулистого тела исходила волна спокойствия и уверенности самого сильного в данной экосистеме животного, у которого нет и не может быть соперников.

Больше всего меня удивило, что на ногах у него были резиновые шлепанцы, вроде тех, что берут в бассейн. Он пах водкой и горячей пищей, более сытной, чем гнилая хамса.

Мы слезли с коек и встали вдоль стены, опершись на нее раскрытыми ладонями, чтобы конвой видел, что у нас в руках ничего нет. Старлей разглядывал нас, удивленно прищурившись.

Затем посмотрел на большой конверт у себя в руках и ткнул пальцем в мою сторону:

– Радзинский!

– Олег Эдвардович, 11 июля 1958-го... – заученно начал я.

— Хорош, завязал, — оборвал меня старлей. Он еще раз посмотрел на конверт и покачал головой. — Ты, значит, бОрзый до хуя, Радзинский. А так не скажешь.

БОрзый? Я? О чем он? Я ничего не понимал.

— Так, блядь, хлюпик, — продолжал начальник конвоя, справедливо оценивая мою незавидную физическую стать (особенно по сравнению с его собственной). — Хуй поймешь, откуда что берется.

Матрос скосил на меня глаза, спрашивая взглядом: «О чем «базар?» Я пожал плечами: мне было совершенно непонятно, про что речь.

— Гражданин начальник, — решил поинтересоваться я, — вы о чем? Какие ко мне претензии?

— Какие прете-е-е-нзии?! — удивленно протянул старлей. Он ткнул в конверт огромным толстым пальцем, показав на что-то стоявшему рядом сержанту: — СНК, полоса красная. А то мы не знаем.

Оба — Дато и Матрос повернули головы и посмотрели на меня с новым интересом. Да и было чему дивиться.

СНК?! Я?! Почему?!

Нужно разъяснить ситуацию: пометка «СНК» и красная полоса на этапном конверте означали, что данный заключенный «склонен к нападению на конвой». Таких перевозили с особой осторожностью — спецэтап, усиленный конвой и прочие знаки отличия. Но при чем тут я? Какой я СНК?

И тут я вспомнил.

После вынесения приговора я ждал на скамье подсудимых за невысоким барьером, пока присутствовавшие на суде покидали зал. Привезенные на суд советские граждане-алкоголики, осудив мою противоправную деятельность гулким ропотом и отдельными патриотическими выкриками, устремились к выходу, мой отец задержался, сказав что-то ободряющее, а мама, поравнявшись со мной, неожиданно перегнулась через разделявший нас барьер, обняла и поцеловала меня.

Один из стоявших рядом конвоиров справедливо углядел в этом нарушение порядка и повел себя соответственно ситуации: толкнул мою маму в грудь, и она почти упала. Я же — абсолютно инстинктивно — дернул конвоира за плечо на себя и ударил раскрытой ладонью в лицо. Я, собственно, тоже хотел толкнуть его в грудь, но не рассчитал угол — я стоял на возвышении за барьером, и получился удар, причем достаточно сильный — согнутой под девяносто градусов открытой ладонью в лицо (такие удары, как я узнал много лет спустя, используются в израильском боевом искусстве крав-мага́).

Конвойный абсолютно ошалел от произошедшего: его ударил зэка! Он было шагнул ко мне, но, взглянув на спешившего к нам начальника конвоя, остановился: у них, вероятно, был приказ от Комитета обращаться со мной корректно, да они и сами видели, какой ажиотаж творился вокруг здания суда. Я был для них важной птицей, и потому никакой мести — в виде избиения, что обязательно бы меня ждало, будь я простым уголовником, — не последовало, на меня даже не надели «браслеты», а просто спустили в камеру, куда пришел начконвоя и прочел мне небольшую, но изобилующую нецензурной лексикой лекцию, подробно объяснив, что бы со мной было, кабы не был я «комитетовский». Он также пообещал, что отрапортует об инциденте по инстанции и что мне это аукнется. Я кивнул и — со свойственным мне легкомыслием — забыл о произошедшем.

А он не забыл и отрапортовал. И — как и было обещано — эпизод этот мне аукнулся на этапе — красной полосой через конверт и пометкой «СНК». Теперь было понятно неясное прежде желание вэвэшного конвоя, «принявшего» меня в Лефортове, надеть на меня наручники: я был опасен.

Что — под стук колес летевшего в новую жизнь поезда — и продолжал мне втолковывать заботливый начальник этапа.

— Здесь тебе не Москва, Радзинский, — щегольнул знанием географии родной страны огромный старлей. — Если ты у меня бойца пальцем тронешь, я тебе сам руки переломаю.

Я не удержался:

— А если не пальцем, гражданин начальник?

Матрос зашелся от смеха, и соседние купе, внимательно прислушивающиеся к нашему диалогу, грохнули хохотом.

Старлей тоже улыбнулся:

— Я, гляжу, ты по ходу и вправду бО́рзый — после Лефортова. Ничего, борзоту эту из тебя быстро выбьют.

После этого пророческого замечания он ушел, мы заняли свои места на полках, и я рассказал Дато и Матросу о происшествии на суде.

— Ну ты дерзкий, — оценил мои действия Матрос, — мента отхуячил. Слышь, братва! — крикнул Матрос остальному вагону, ожидавшему, очевидно, пояснения моего статуса. — Он конвой на суде отхуячил!

— Я одного только ударил, — попытался я восстановить правду, — когда он маму толкнул.

— Конвой на суде оборзел: мать его избил, и он им навалял — мало не показалось. А они его хуй тронуть могут: политический. Он за Комитетом числится – масть такая, – творчески и авторитетно интерпретировал мой рассказ Володя Матрос.

Ему бы сериалы писать.

Так родилась моя этапная легенда и полетела вперед, опережая меня. Я потом не раз слышал свою историю в обогащенном удивительными подробностями и деталями изложении, пока она настолько не разошлась с реальностью, что я перестал ее узнавать. Так, в Томской «транзитке» мне рассказали, как я «пописал ментов», то есть порезал их пронесенным на суд ножом, и мне ничего за это не было!

– Ну и правильно: они же мать твою тронули. Не хуя «мусорам» беспредельничать, – был общий вердикт тюремного общества.

Думаю, популярности этой истории и незаслуженному мною уважению зэка способствовали три фактора: во-первых, я ударил «мента», то есть проявил дерзость; во-вторых, я заступился за мать, а мать в блатном мире пользуется почтением, граничащим с преклонением, оттого что ее любовь к тебе безусловна и не зависит от твоих деяний; и, в-третьих, мне ничего за это не было, что свидетельствовало о моем особом положении в тюремной системе. Мои действия, таким образом, ударили по правильным струнам зэковского сознания, и я – неожиданно для себя и, конечно же, абсолютно незаслуженно – стал считаться «дерзким».

Интересно, что братва сразу и полностью приняла мою особенность как политического: они не только не роптали на мою безнаказанность, но полностью ее оправдывали: «А что, у него масть такая: может «мусоров» пиздить. Политические – они только перед Комитетом отвечают». Все мои попытки опровергнуть это мнение и апелляции к их здравому смыслу не имели успеха: они настолько привыкли к *своему* полному бесправию, что тут же приняли идею еще одной касты, которая якобы обладала бОльшими, чем они, правами. Грустно, если вдуматься.

Дато – мудрый человек! – оказался единственным, кто правильно оценил ситуацию:

– Не дразни ментов, – посоветовал он мне сквозь клубы табачного дыма, – один раз повезло – другой плохо кончится. Здесь не Лефортово.

Он был согласен с начконвоем: Москва и «комитетовские» привилегии остались позади. Впереди меня ждала иная жизнь, и этапный «столыпин» стучал по чугунным рельсам обещанием неясного будущего: ту-да, ту-да, ту-да, ту-да.

Куда – туда?

Кому куда.

# Коля Фрунзенский
# и прочие страдальцы

Сколько идет поезд от Москвы до Казани? Двенадцать-тринадцать часов, и это со всеми остановками. Наш этап «шел» до Казани почти двое суток.

Поезд то и дело останавливался на каких-то безымянных станциях, где наш вагон отцепляли, и мы долго стояли, ожидая, пока «столыпин» прицепят к следующему поезду, идущему на восток. Зэка томились, курили и мучились животами от плохой даже по советским тюремным стандартам 80-х кормежки. Судите сами: заключенных в Лефортове кормили на тридцать семь копеек в день, в Бутырке – на двадцать семь, а в этапе – на семнадцать. Не объешься.

На «парашу», то есть в загаженный поездной туалет, выводили «на счет три»: конвой заводил зэка в туалет и считал до трех, и нужно было успеть спустить штаны и опорожниться. Иногда, нарушая режим конвоирования и от лени, конвой водил неопасных зэка по двое: один мочится в раковину, другой на корточках присел на стульчак – кому как повезет. Да еще надо следить, чтоб не замараться, а то – по строгим понятиям тюремной гигиены – будешь разжалован из своей масти в более низкую: это считается «косяком».

Выводили три раза в день, а бывали дни, когда и по два. Кормили гнилью, и воздух в вагоне стоял соответствующий. От смрада помогал только всепроникающий, висящий бледным маревом табачный дым. Было слышно, как в соседнем купе «опущенный» – изнасилованный за какую-то провинность в тюрьме заключенный – просил оставить ему чинарик.

Он лежал на полу, загнанный под нижнюю полку, и громко, плаксиво клянчил:

– Покурить оставь, покурить хоть на пару затя-я-же-е-чек! Хоть чинарик маленький!

– Хуй тебе в рот, а не чинарик! – гоготала «братва».

А поезд наш тем временем медленно продвигался на восток.

В Казани этап «растасовали»: кому было идти в местные зоны и тюрьмы – «выдернули», а «столыпин» отогнали куда-то на задние пути и поставили ждать следующего состава. Мои попутчики – Дато и Матрос – попрощались со мной: они отправлялись в Чистопольскую «крытку» через

Казанскую пересылку. Я дал им по пачке «Явы» и остался в «тройнике» один. Лег на освободившуюся нижнюю полку и заснул.

Через час или два меня разбудили лай собак и крики конвоя у железнодорожных путей: на погрузку привезли новый этап. Оставшиеся в «столыпине» зэка оживились, и в воздухе повисло радостное ожидание хоть каких-то, но перемен.

Вскоре началась погрузка.

Мой «тройник» был, кажется, предпоследним купе в вагоне, и мне не было видно, как конвой распределяет зэка по местам. Все шло как обычно: лай собак и крики конвоя снаружи и ругань и команды конвоя внутри. И вдруг «столыпин» зашелся воем, смехом и улюлюканьем – словно дети в цирке или болельщики на футбольном матче.

Я приник к решетке, пытаясь разглядеть, что творится в коридоре, но ничего не было видно. Волна шума и смеха, однако, катилась по вагону в моем направлении.

– Сел на место, быстро! – приказал мне конвойный, появившийся рядом с моей решеткой. И для убедительности ударил дубинкой по железным прутьям рядом с моими пальцами.

Я послушался, и тут же мимо моего «тройника» провели причину оживления и радостного веселья: трех женщин. Вернее, одну женщину лет тридцати пяти и двух совсем девочек, лет шестнадцати на вид. Было им, однако, точно больше восемнадцати, потому что «малолеток» этапировали отдельно.

Женщины. Я о них и забыл.

Несмотря на молодость, я совсем позабыл о женщинах и связанных с ними радостях месяца через два после ареста: то ли от концентрации на тюремной жизни и следствии, то ли от плохой кормежки. Я вообще заметил, что поначалу мужчины в тюрьме говорят о женщинах часто, но затем все реже и реже, и разговоры в основном идут про еду: кто что когда ел и что будет есть, когда выйдет на волю.

В Лефортовской тюрьме было две или три женщины-контролера, но видеть их в полный рост мы не могли, поскольку они не водили нас ни на допросы, ни на прогулки, ни – тем более – в баню (а жаль). Мы видели лишь часть их тел в ладно сидящей гэбэшной форме в проем «кормушки», когда получали баланду, и некоторые из нас спекулировали относительно их внешности и нарочито громко делились планами по поводу более близкого с ними знакомства. Контролерши, хоть наверняка и слышали эти волнующие беседы в камерах, не удостаивали потенциальных ухажеров вниманием.

Также была женщина-доктор, и лефортовские зэка старались записаться к ней на прием по любому поводу, поскольку она в любую погоду была одета в ОЧЕНЬ короткий белый халат и носила туфли на высоких каблуках. Я был у нее один раз, когда она подписала распоряжение на диету, невнимательно рассмотрев представленные моей мамой медицинские справки. Эта женщина-доктор эманировала неприязнь и неучастие к заключенным; то ли она искренне нас не любила, то ли делала это по долгу службы. Других женщин, за исключением мывших нас в Институте Сербского нянечек-старушек, я не видел уже больше года.

И тут – живые женщины, с которыми будем ехать в одном вагоне. Пиздец.

Зэка продолжали орать, и «столыпин» наполнился их криками, которые я – в силу присущей мне стыдливости – обозначил бы как «предложения карнального свойства». Женщины отвечали смехом и обещанием всех нас полюбить, не чураясь подробностей. Конвой требовал, чтоб зэка замолчали, и пытался навести порядок, для чего конвоиры принялись бить дубинками по решеткам, но это только добавило к общему шуму и какофонии.

Скоро провели вторую группу из трех зэчек, и уровень энтузиазма прокатился новой волной по и без того воодушевленному «столыпину». Никто не обращал на угрозы конвоя внимание. Конвой не очень старался прекратить любовные излияния заключенных: они должны были растасовать новых этапников, набив «столыпин», как бочку с огурцами.

Ко мне посадили четверых заключенных, так что теперь нас в «тройнике» ехало пятеро. Двое только закончили двухлетний срок в Чистопольской «крытке» и «шли» обратно в зоны, трое других не так запомнились, кроме того, что один из них «чалился» по 102-й – «Умышленное убийство» – и, будучи рецидивистом, «шел» на тринадцать лет «строгача». Был он молодой и глупый парень, который при ограблении квартиры убил несвоевременно вернувшуюся хозяйку, скорее от неожиданности, чем по злому умыслу. «Крытники» же, особенно один из них – Коля Фрунзенский – запомнились хорошо.

Сразу скажу про второго: азербайджанец Фуад, лет сорока, все больше молчал – оттого что доходил. Он был очень слаб, все время лежал на уступленной мною нижней полке и мало участвовал в разговорах. Его соратник по Чистополю Коля Фрунзенский рассказал, что Фуада гнобили в «крытке», все время «закрывали» в ШИЗО, били, пытали и прочее.

Сам Фуад ничего не рассказывал, почти не ел и мало курил. Коля, который о нем заботился, настоял, чтобы Фуад попил чай с растолченной в нем карамелью – глюкоза! Фуад послушался, и его тут же вырвало на пол. Было видно, что жить ему оставалось недолго. Коля надеялся, что на следующей остановке Фуада отправят «на крест» – в медсанчасть, но надеялся не очень: понимал, что Фуад на хер никому не нужен и спасать его никто не будет. Да и сам Фуад это понимал и готовился умереть. Он не сдался ментам, но сдался слабости и болезни. Свет жизни в нем еле теплился, и Фуад терпеливо ждал, пока тот потухнет.

Коля Фрунзенский – наполовину киргиз, наполовину еврей, из интеллигентной семьи – был, наоборот, полон воли и животной жажды жизни. Он сидел с подростковых лет, в первый раз – по «бакланке», то есть за хулиганство, затем «поднялся» с «малолетки» на «взрослую» зону, и тюремная жизнь – «по «понятиям», пропитанная жесткими установлениями, основанными на принципах неподчинения «хозяину» и «хозяйскому» закону, жизнь «по черному ходу» стала сутью его существования: преступление было для него пре-ступлением гнетущего порядка сверху, запрета, который он дерзнул преступить.

Впоследствии я столкнулся с этим типом «идейных» уголовников в разных тюрьмах и на лесоповале и вел со многими из них долгие беседы. Их мотивации к преступной жизни были психологически схожи с моими мотивациями диссидентской деятельности: не подчиниться навязанному сверху порядку. Они, как и я, рассматривали свою жизнь вне закона как утверждение свободы индивидуальной воли. Многие из них были убеждены, что делают это не только для самоутверждения, а для общего блага: они, таким образом, служат примерами свободы. У настоящих блатных вообще были приняты какие-то идейно звучащие термины: «на общее благо», «на движение» и т. д. От этого понятия «общее благо» и возник, кстати, тюремный термин «общак».

Меня в Колиной биографии интересовал более всего не его богатый тюремный опыт, а то, что он вырос в одном доме с Чингизом Айтматовым.

Он дружил с его сыном Санжаром, который хотя и был младше, но пользовался уважением во дворе. Причем уважение это было не только и не столько связано с отцом Санжара, а с ним самим: его твердостью и правильностью поведения, по крайней мере среди населения двора. Про самого писателя Коля отзывался с пиететом, но без придыхания: я понял из его рассказов, что Чингиз Торекулович дружен с «зеленым змием», и даже очень. Эту дружбу Коля, как и многие зэка, сидевший «на колесах» и любитель «ширнуться», когда представлялась такая возможность, отчего-то не одобрял.

Я пытался понять его позицию, но безуспешно: по Колиным представлениям писатель Айтматов не должен был злоупотреблять алкоголем. И все тут.

«Столыпин» наш тем временем продолжал движение на восток великой державы: мы пересекли реку Каму и повернули на север. Так, останавливаясь на перегонах и меняя составы, потерявшись в сменяющих друг друга днях и ночах, что мало различались из-за отсутствия окон, мы доехали до большой железнодорожной станции.

Это был славный город Красноуфимск.

# Монстр Ризванов

Нас продержали в Красноуфимске целые сутки: этап потихоньку раздергивали. В «тройнике» кроме меня остались впавший в беспамятство Фуад, Коля Фрунзенский и один из не запомнившихся мне заключенных. Был он лет сорока, с невзрачным потухшим лицом и весь какой-то незаметненький, словно его с нами и не было. А он был.

Нам не давали еду – только чай, под предлогом, что идет погрузка. Сначала из «столыпина» выгрузили зэка, которых пересаживали на другие этапы, затем наш вагон куда-то отогнали, мы долго стояли.

И вот – знакомый хриплый лай овчарок и крики конвойных: погрузка.

Красноуфимский этап загнали быстро – управились за час или около того. К нам подсадили молодого парня лет двадцати с небольшим, думаю, моего ровесника. Помню его глаза: чуть раскосые, со зрачками почти желтого цвета, какой встречается у кошек и редко у людей.

Он был явно не в себе: оглядывался по сторонам, словно искал кого-то или присматривался, не прячется ли кто в крошечном узком «тройнике». На наши вопросы – статья, срок, откуда и куда идет – он лишь кивал и иногда посмеивался дробным тихим смешком, будто кашлял. Мы уже давно отъехали от Красноуфимска, а он все продолжал стоять у решетки, словно ожидая, что ее откроют и его либо отпустят, либо поведут куда-то еще. Иногда он принимался искать что-то у себя под телогрейкой и, не найдя, сокрушенно вздыхал.

Самое странное, что у него не было с собой «сидора». Под телогрейкой он был одет в старый свитер, а под ним – в еще один. В кармане потертых солдатских брюк у него трубочкой торчал свернутый приговор.

Мы ехали уже больше часа, когда странный парень повернулся к нам и, улыбнувшись, сказал вдруг:

– «Вышка». – Он помолчал и добавил, словно мы не понимали, что значит «вышка»: – Расстреляют.

Я свесился со средней полки, которую делил теперь с Колей, стараясь получше рассмотреть приговоренного к расстрелу: до той поры я никогда не видел осужденных на смерть.

Все молчали, и стало слышно, как сипит Фуад. Коля, сидевший с ним рядом на полке, отер ему лицо грязным полотенцем и перевернул на бок, чтобы тот не захлебнулся своей рвотой, если его снова будет тошнить.

– Хуйня, брат, – неожиданно разразился речью наш незаметный попутчик, от которого мы до этого не слышали и слова. – Ты еще «под касаткой» просидишь года три, потом – если республиканский суд откажет – «хозяин» обязан написать от себя «касатку» в Верховный, а это еще годишник, так, гляди, у тебя впереди пятера, а там кто знает? Все бывает.

Парень снова принялся мотать головой, словно отказываясь от предложенного ему варианта продления жизни, пока будет ждать ответа на «касатку» – кассационную жалобу на изменение вынесенного приговора. Коля начал сворачивать для него самокрутку, а я полез в рюкзак за драгоценной «Явой».

И в это время у нашей решетки появился начконвоя, знакомый гигант-старлей. Он осмотрел наш «тройник» и как-то странно цокнул языком.

– Что, курите с козлом этим? – поинтересовался старлей. Мы молчали. – Ну, Радзинский, – обратился он почему-то ко мне: – Понял теперь, какие здесь уебища попадают? Или тебе его тоже жалко?

Мы молчали, не понимая, чего начконвоя от нас хочет.

Подождав нашей реакции, тот картинно плюнул на пол и продолжил:

– Ну ладно Радзинский: он – мудак непуганый, на лефортовской «параше» год просидел, но вы-то, блядь, «положенцы», со стажем. Ты, – ткнул он пальцем в Колю, – «авторитет», а этот, – указал он на хрипящего в беспокойном сне Фуада, – «в законе», «коронованный». Хули вы с этим монстром чаи распиваете? Где ваши блядские «понятия»?

Чаи, кстати, мы не распивали, а только собирались поделиться куревом, но еще не успели. Что-то было не так. Было видно, что старлей по-настоящему злился. Паренек отвернулся к стенке купе и начал как-то странно подвизгивать и подергиваться, будто его кололи булавкой в живот.

Я смотрел на Колю, который встал и заложил руки за спину – в зэковский замок. Я слез с полки и встал рядом с ним, тоже заложив руки за спину.

– Гражданин начальник, – обратился я к старлею, – его к «вышке» присудили, он не в себе. А что он сделал – его беда.

– Так он вам не рассказал, за что его? – сообразил наконец старлей. – Слышь, ты – пидор, Ризванов! Быстро ко мне повернулся, козел ебаный!

Ризванов – вместо того чтобы повернуться, как было приказано, – уткнулся лбом в стенку купе, будто собирался пройти сквозь нее в другое, более уютное пространство. Но не прошел, а остался стоять, прижавшись лицом к стене.

Сержант-кавказец, стоявший рядом с начконвоем, ударил дубинкой по прутьям, чтобы привлечь внимание Ризванова. Тот вздрогнул и еще больше вжался в стенку. Сержант вопросительно посмотрел на начальника: какие будут приказы.

– Расскажи, козел, чего натворил! – требовал от Ризванова старлей. – Что ебло свое прячешь? – Он снова плюнул на пол. – Эта мразь пацана шестилетнего и его сестренку младшую на стройку завел, изнасиловал обоих, а потом топором на куски порубил. А вы с ним вась-вась – курево общее, чаи распиваете. Нашли себе кента.

Мы молчали, только Ризванов продолжал повизгивать, уткнувшись в стенку.

И через минуту из соседнего купе кто-то из слушавших рассказ старлея заорал:

– В «козлодерку» пса! Отъебать и под «шконарь»!

Зэка принялись свистеть и улюлюкать. Ризванов, видно, не в первый раз сталкивавшийся с такой реакцией других заключенных, засипел тоненьким свистом, словно охрипший судейский свисток. Мы с Колей Фрунзенским стояли молча: я – обдумывая ситуацию, а о чем молчал Коля – не знаю.

Старлей повернулся и ушел, кивнув сержанту. Тот что-то гортанно приказал дежурившим в коридоре конвоирам, и те бросились усмирять орущий от жажды насилия этап.

Они бегали вдоль решеток, стучали по ним дубинками, стараясь перекричать ревущих зэка:

– Прекратить! Молчать! Тихо!

– Спец! Спец! – надрывались от злости соседние купе. – Забить пидора! Забить «козла» насмерть!

Эта несущаяся по вагону волна ненависти чувствовалась, как жар из печки. И так же обжигала.

Я в это время думал об одном: что делать, если мои соседи начнут убивать Ризванова? Как себя вести? Он, конечно, был монстр и не заслуживал снисхождения, но я не мог спокойно присутствовать при убийстве, да еще – если последовать несущимся из других купе советам – убийстве самым зверским способом.

– Приговор у него возьми, – велел Коля нашему попутчику на верхней полке. – В кармане.

Было ясно, что он не собирался к Ризванову прикасаться.

Незаметненький спрыгнул с полки и выдернул свернутый трубочкой приговор из кармана Ризванова. Он разгладил его рукой и посмотрел на Колю. Тот взял приговор и начал читать про себя, пролистывая, что было не нужно. Наконец он дошел до обвинительной части, прочитал два раза и протянул мне. Я помотал головой, отказываясь взять пытающиеся, словно от стыда, свернуться обратно листы бумаги.

– Мент правду сказал, – сообщил Коля Фрунзенский, бросив приговор на пол рядом с Ризвановым. – Двух детей снасильничал, потом разрубил и по кустам раскидал. Чтоб не нашли.

Было слышно, как сипит умиравший от нежелания жить в этом мире Фуад.

Вдруг наш незаметненький попутчик ударил повизгивавшего Ризванова ногой в бок, а затем дал ему подсечку. Ризванов повалился на пол, закрыв руками голову, а незаметненький продолжал молча бить его ногами. Ризванов тоже молчал и даже прекратил визжать.

– Хорош, – приказал Коля. – Не марайся, ну его на хуй. До Свердловки доедем, и в рот его ебать. Один хуй – не жилец: его «менты» подставят, ему «под касаткой» не сидеть.

– Как – подставят? – не понял я. – Он же – «вышкарь», его в одиночке положено содержать.

– Положено, – согласился Коля и повторил любимую зэковскую поговорку: – А что положено – то ебут. Они его по ошибке в баню с «опущенными» отведут и сдадут, кто он и за что он. А из бани он целым не выйдет.

Я слышал в Лефортове, что когда администрация хотела наказать или избавиться от заключенного, они отправляли его в «пресс-хату», то есть в камеру, где сидели «опущенные». Сами прошедшие ад унижений, они рьяно принимались истязать вновь прибывшего, потому что единственная доступная им поведенческая дихотомия – быть либо жертвой, либо насильником.

Других амплуа тюрьма не знает.

# Свердловка

Свердловская пересылка – Свердловка – считалась в то время худшей пересылкой в России, а может, и во всем Советском Союзе. Рассказов о ней по тюрьмам и зонам ходило много, и если им верить – было чего бояться. Но бояться неизвестного – занятие бесплодное, хоть и увлекательное, да я и не очень верил зэковским «базарам», полагая, что в них много неправды: зэка любят пугать друг друга всякими ужасами, словно реальных ужасов им не хватает. Думаю, это творческое создание еще более ужасной реальности помогает им перенести «реальную реальность»: вроде все не так уж и плохо. То есть нас здесь, конечно, бьют и плохо кормят, а вот есть одна зона, где «хозяин» так над зэка измывается, что наша жизнь по сравнению – сплошной мармелад.

Оттого я и пришел в Свердловку с оптимистичным настроем, присущим мне любопытством и желанием самому узнать, как оно там на самом деле. Мои легкомыслие и удивительная отстраненность от происходящего вообще позволяли мне относительно легко переносить тяготы тюремной жизни: я ведь был в творческой командировке, собирая материал. А жизнь вокруг шла сама по себе, словно я смотрел кино, в котором по прихоти режиссера играл одну из ролей. Сейчас это бы назвали «интерактивный перформанс», но тогда я не знал, что такое бывает, как, впрочем, и сейчас не очень понимаю, что это и, главное, зачем.

Монстр Ризванов простоял в углу, глядя в стенку, весь оставшийся путь до Свердловска. Он так ничего и не поел за прошедшие сутки, иногда принимался выть, как собака, и выл гулким глухим стонущим голосом, пока наш незаметный попутчик не свешивался с полки и не бил его тяжелым кирзовым сапогом по голове. Коля Фрунзенский не замечал факта существования Ризванова в «тройнике», только посоветовал мне не прикасаться к нему руками. Я и не собирался.

Надо сказать, что по «черным понятиям» (воровским, по «черному ходу») существует какой-то абсурдный, но крайне чтимый кодекс поведения: например, бить несчастных изнасилованных может любой зэка, но только ногами: руками трогать нельзя, иначе «зашкваришься». Также легко «зашквариться», если случайно попил из «пидорской» кружки или поел из «шлёнки», которую использовал один из «опущенных» (их посуду на зоне специально пробивают гвоздем или шилом, чтобы не спутать с другой). Такой зэка считается «зашкваренным» и переезжает в тюрьме к «параше» или в «петушиный» барак на зоне. Его не будут насиловать, то есть «официально» он как бы и не пассивный гомосексуалист – низшая каста в тюрьме, но во всем остальном с ним обращаются как с «опущенниками».

Весь этот зверский и варварский уклад соблюдался в тюрьме и лагере крайне строго, представляя собой выход для агрессии и накопившейся боли заключенных. Зверство как терапия. Страшно подумать, сколько судеб загубили подобным варварством.

С антропологической точки зрения подобное табуирование представляет интересный пример выстраивания общественной иерархии в замкнутом пространстве, где отсутствуют привычные пути социальной мобильности: накопление богатства, продвижение по карьерной лестнице и т. д. Советское тюремное общество в XX веке возвращало граждан эпохи развитого социализма в первобытно-племенной строй с его сложной системой разнообразных табу: сюда не ходи, этого не трожь, того не ешь, – с его жесткой системой ограничений и наказаний и основанной на этом варварстве кастовостью. Удивительно, что оказавшиеся в тюрьме принимали этот порядок полностью и безоговорочно.

Я был приговорен к строгому режиму, на котором содержались рецидивисты и совершившие особо опасные преступления, народ по большей части зрелый и опытный, блюдущий зэковскую честь и оттого не допускавший беспредела, творившегося на общем и усиленном режимах и особенно на «малолетке». Все эти «первоходы», то есть попавшие в тюрьму впервые – «по первой ходке» – и оттого старавшиеся утвердиться и добиться уважения (и, главное, страха) товарищей, не зная, по сути, настоящего тюремного уклада, рьяно бросались жить «по черному ходу», выбирая из тюремных понятий самое отвратительное и зверское, стараясь унизить и «опустить» других, чтобы самим удержаться в более высокой масти. Они таким образом поддерживали свое место в тюремной иерархии, не щадя тех, с кем вчера «хавали» из одной «шлёнки». Говорят, нечто подобное творилось и в советской армии, но я сам не служил, а на рассказы других полагаться не могу.

В Свердловске «сняли» весь этап: здесь нас полагалось рассортировать и отправить дальше – по местам назначения. Кроме того, здесь меняли конвой.

Нас посадили на снег – по пять человек в ряд, а затем запихнули в один за другим подъезжавшие автозаки. Фуада мы с Колей тащили под мышки, он не мог сам идти. Как я управился с Фуадом и своими двумя огромными рюкзаками – не приложу ума. Но управился и добрался до знаменитой Свердловской пересылки.

Здесь этап поставили в коридор вдоль стены и начали вызывать по фамилиям. Я еле стоял под своим рюкзаком, положив второй на пол, да, кроме того, и ослаб, оттого что ел в «столыпине» очень мало и в основном липкий мокрый «вторяк», потому что еда была ужасная. Хлеб был не лучше, но лучше, чем хлеб, ничего не было.

Нас выкрикивали по фамилиям в алфавитном порядке, и все повторялось вновь и вновь:

– Такой-то!

– Таков Таковович, такого-то числа такого-то месяца такого-то года рождения, такая-то статья, осужден таким-то судом к такому-то сроку на таком-то режиме…

И так весь этап – человек триста (в нашем этапе был, оказывается, еще один «столыпин»), все – кроме меня. Уже прошли и Рамазанов, и Разумов, а Радзинского так и не вызвали. Постепенно этап таял, отправляясь в баню и по камерам, а я оставался стоять у грязной стены, ожидая услышать свою фамилию. Пока не остался один.

Последним мимо меня провели старого зэка, похожего на лешего из русских сказок, только лешего стриженого и потерявшего зубы. Помню его фамилию – Яцюк, и был он последний в списке. Пройдя мимо меня, леший Яцюк высунул язык и показал на него пальцем. Я кивнул: «Да, за язык». Опытный, видать, был гражданин Яцюк и многое повидал в жизни.

– Радзинский!

Наконец!

– Олег Эдвардович, 11 июля…

И меня под усиленным конвоем – два «вертухая» – повели в глубь «ужасной» Свердловки. Ничего страшного, кроме облупленных стен, я не увидел и вскоре был помещен в тесный боксик, навроде тех, куда нас загоняли перед баней в Лефортове. Здесь меня оставили, проигнорировав просьбу дать попить.

Думаю, просидел я там на рюкзаке больше часа, ожидая, когда отправят мыться, а вещи возьмут «в прожарку» – обязательная гигиеническая процедура при приходе в новую тюрьму.

Наконец кто-то заглянул в «глазок», и открыли дверь. На пороге стоял длинный контролер с ключом от боксика и небольшого роста мужчина лет сорока в темном, плохо отглаженном костюме, какого-то сизого цвета рубашке и черном галстуке на резинке. Он кивнул контролеру, и тот мгновенно исчез.

Мужчина в гражданском встал в проеме двери и принялся меня разглядывать. Я же, встав с рюкзака, заложил руки за спину и вежливо поздоровался.

Мужчина не ответил, посверлил меня взглядом, и наконец представился:

— Петров-Иванов-Сидоров (не помню), замначальника по режиму Свердловского изолятора.

Заместитель «кума»? Что ему надо?

— Гражданин начальник, я просил попить уже час назад. Мне еще не дали.

— Радзинский, — проявил знакомство с моей фамилией замкума, — таких, как ты, не поить нужно, а за левую ногу к одной березе привязать, за правую к другой и отпустить!

Я молчал. А что тут скажешь, если имеется у человека желание со мной поступить подобным образом? Свобода волеизъявления – гарантируется Конституцией.

Замначальника по режиму, видимо, ободренный моим молчанием и приняв его за согласие быть разорванным надвое русскими березками, тем временем распалился и продолжал. Я много узнал о его отношении к диссидентам («мразь, холуи американские, хуже уголовников») и о его планах относительно советского правозащитного движения («живьем сжигать, как Пеньковского, все вы, по сути, такие же изменники родины»), и как бы он «вмиг все это блядство» прекратил, кабы партия и правительство доверили ему такое почетное дело. Поить он меня явно не собирался.

— Гражданин начальник, — воспользовался я наконец кратким перерывом в его патриотической тираде, — вы к чему это все мне говорите?

Замкума и сам, видать, не знал к чему. С другой стороны, по-человечески можно было его понять: хотелось гражданину очистить родную землю от вражеского элемента. А кому не хочется?

— Радзинский, ты чего «дурку гонишь»? – щегольнул тюремным жаргоном патриот Петров-Иванов-Сидоров. – Это с вами такими в Москве цацкаются, права ваши соблюдают. Здесь цацкаться не будем!

Он мне надоел. Да и пить очень хотелось.

— Гражданин начальник, вы хоть понимаете, что сейчас сказали?

— Что? – явно не понимал Петров-Иванов-Сидоров.

— А то, что вы не собираетесь соблюдать мои права, положенные советской Конституцией и Кодексом исправительных учреждений! Что вы предлагаете нарушить советское законодательство, гарантирующее *всем* гражданам установленные законом следственные процедуры и беспристрастное судебное разбирательство! Что вы мне угрожаете самосудом и физической расправой! Очень хорошо. Обещаю, что как только приду на место отбывания наказания, тут же напишу о вашей пропаганде беззакония и призывах к физическому насилию в КГБ: вы же знаете, как «конторские» теперь – после Щёлокова – любят вас, «ментов»! А сейчас позовите прокурора по надзору: я ему сообщу о нарушении вами условий содержания заключенного.

Он, кстати, пока не нарушил никаких условий содержания, но я из опыта знал, что нужно набросать как можно больше обвинений – «нагнать пурги», чтобы пурга эта запорошила глаза страхом.

Замкума опешил: он не ожидал такой атаки. Он, должно быть, собирался просто немного покуражиться над московским гостем, а может, и искренне хотелось человеку поделиться своим отношением к врагам советской власти. Мог бы я и потерпеть, перетерпеть, но, видать, не мог: весь этапный стресс, все напряжение – и физическое, и моральное – вырвались наружу и обрушились на бедного советского патриота Петрова-Иванова-Сидорова.

— Ты, Радзинский, не в Лефортове у себя, мы здесь и не таких... – начал было замкума Свердловской пересылки.

Я его прервал:

— Не хуя пугать меня, начальник: я свое отбоялся. Я страх свой давно в «парашу» высрал.

Такой матерой уголовщины Петров-Иванов-Сидоров от меня явно не ждал.

А я распалялся все больше, пытаясь довести себя до состояния психической истерики, как делают зэка, когда хотят напугать других, и как я много раз до того наблюдал:

— Вы меня здесь «прессовать» будете, я же, блядь, «вскроюсь»! И тогда Комитет начнет расследование, как вы меня до суицида довели! Они же всех вас здесь пересажают, беспредел ваш ментовской закроют к ебеням! – орал я на всю тюрьму.

«Вскрыться» означает вспороть вены – попытку суицида. Если подобный инцидент происходил, то администрацию исправительного учреждения – особенно «режимников» – начальство обычно наказывало, хотя и не сильно. Но это когда дело шло о никому не нужных уголовниках, а политический, да еще из Москвы – разговор другой.

Замначрежима, не отдав никаких указаний меня усмирить прибежавшим на крик контролерам, как-то грустно – почти разочарованно – сказал:

– Под психического «катишь», Радзинский? Ну так мы тебя здесь быстро вылечим, – и вышел.

Я остался один и, для порядка поорав еще минуты две, сел на рюкзак – отдохнуть. Орал я в основном «на технике»: я все-таки был мальчик из театральной семьи.

Надо сказать, что после ора и крика мои усталость и слабость прошли, и чувствовал я себя как-то необыкновенно хорошо и легко, был полон энергии.

Минут через двадцать дверь снова открыли, и меня повели в баню. Было тяжело тащить оба рюкзака, и я попросил сдать один на склад, но конвоиры отказались, поскольку приказа отвести меня на склад у них не было.

– В рот оно ебись, – поделился я с ними своими мыслями по этому поводу, – какой приказ вам нужен? Я имею право на пересылке вещи на склад сдать.

Контролеры отнеслись к моим правам без понимания и отправили мыться в пустую огромную баню Свердловской пересылки с десятками торчащих из стен труб, из которых лилась то слишком горячая, то ледяная вода. Тогда я не сообразил, что это называется «контрастный душ» и, должно быть, делается заботливой тюремной администрацией для оздоровления заключенных. А мог бы.

Зато удалось попить, запрокинув голову и хватая воду губами.

После мытья я получил «матрасовку» – полосатый мешок с комками ваты, изображавший матрас – и жидкое дырявое одеяло.

Меня повели по бесконечным коридорам тюрьмы; мы спускались все ниже и ниже, а когда спускаться стало некуда, оказались в каком-то недобро выглядевшем туннеле. В конце туннеля находился пост охраны, и конвой сдал меня и мой этапный конверт дежурившей по корпусу смене.

Меня повели вдоль коридора с железными дверями камер по обеим сторонам, пока мы не остановились у одной с номером 20.

Конвоир открыл дверь, и я оказался на пороге камеры, равной которой я не видел ни до, ни после.

# 32-й пост

В Лефортове – и других тюрьмах, что мне позже пришлось посетить, – камера закрывалась на толстую металлическую дверь. В моем новом жилище, кроме подобной двери, была еще одна – решетка с «кормушкой». Контролер отпер решетку и приказал мне зайти. Я зашел.

В Лефортове – и в других тюрьмах, что мне позже пришлось посетить, – заключенные спали на «шконках»: койках с железными прутьями или полыми трубками вместо сетки. В этой камере были настоящие нары: широкое ложе из струганных досок – от стены до стены. Такого я никогда не видел, и – нужно признаться – восхитился подобной аутентичности: теперь-то я точно смогу говорить, что «спал на нарах»! Вот какой я был восторженный дурак.

В Лефортове – и в других тюрьмах, что мне позже пришлось посетить, – «параша» была или обычным унитазом, или туалетом типа вокзального, где приходится приседать на корточки по большой нужде. Здесь же – в этом дивном загадочном месте – в углу между дверью и нарами зияла дыра широкого цементного слива для воды, над которой из стены торчал отрезок трубы. Эта же труба, как я выяснил позже, служила и краном для умывания – прямо над «парашей». Умно и экономно в отношении расхода воды. Администрация Свердловской пересылки явно заботилась об окружающей среде. По крайней мере о среде, окружавшей заключенных.

В Лефортове – и в других тюрьмах, что мне позже пришлось посетить, – окно располагалось высоко под потолком, забранное решеткой или «намордником». В этой камере проем окна находился прямо над нарами, так что, встав в полный рост, можно было до него дотянуться. Только смотреть было не на что, поскольку окно находилось почти вровень с землей: пост наш располагался в подвале. Оконный проем был не застеклен, а почти наглухо забран и решеткой, и «намордником». Блеклый зимний уральский свет (что-то в таком поэтическом духе) служил слабым дополнением к тусклой лампочке под низким потолком. Камера была крошечная: думаю, два на два, не больше, и почти все пространство занимали нары. Из-за тесноты помещение, однако, было вполне уютным.

Контролер запер решетку, за ней и дверь.

Я остался один. Разложил «матрасовку», лег на нары (наконец-то!), накрылся одеялом, засунул ноги в телогрейку и постарался уснуть.

Довольно скоро, впрочем, я услышал крики других заключенных:

– Два ноль, два ноль! Отзовись, братан! Два ноль, два ноль!

Я – правда, не сразу по причине присущей мне недогадливости – понял наконец, что «два ноль» означает камеру под номером 20, и крики эти, стало быть, относятся ко мне. А когда понял, отозвался.

– Я – Захар, из шестой, напротив тебя, – представился самый ближний голос.

– Олег, – тоже представился я.

– Откуда, брат? – поинтересовался чей-то дальний голос. – Местный? Тебя где приговорили?

– Из Лефортова.

Молчание – согнутый удивлением вопросительный знак – повисло на нашем посту.

Затем сразу несколько голосов, перебивая друг друга:

– Из Лефортова?

– Из Москвы?

– Лефортово? Это ж комитетовская «кича»!

– Из Лефортова? А чего сюда? По Москве Бутырка ж «исполниловка»? Бутырка же, братва?!

– Серега! Серега! – заорал мой сосед Захар. – Ты в Москве «чалился», да? Бутырка же по Москве «исполниловка»?

– Бутырка, – подтвердил Серега – молодой высокий голос. – А по Центральному округу – Владимирка.

– Я по ходу слыхал, – поделился кто-то, звучавший вполне авторитетно, – что Комитет своих «расходует» прямо в Лефортове. Сами «исполняют».

«Расходуют»? «Исполняют»? Я был знаком с этими тюремными эвфемизмами для расстрела. При чем тут это?

– Два ноль, ты шпион, что ли? Чего тебя сюда – в Свердловку?

– Я по 70-й – антисоветская пропаганда. Иду в ссылку, в Томскую область, – постарался прояснить я ситуацию. Подумал и – чтобы нарушить наступившее молчание – глупо добавил: – По этапу.

Словно были другие варианты. Например: я, знаете ли, здесь на экскурсии. Или: случайно заехал – адресом ошибся.

Идиот.

– Ты этапный, что ли? – наконец спросил кто-то. – В ссылку после срока?

– Ну да.

– А хули тебя сюда, два ноль? Ты ж не приговоренный?

Я начинал понимать.

– Что за пост, земляки? – осторожно поинтересовался я: вдруг ошибаюсь?

– 32-й, – просветил меня Захар. – Для «вышкарей». Мы здесь все приговоренные.

И вправду: хули?

Я совсем расхотел спать от такого интересного поворота событий, слушая развернувшуюся дискуссию голосов невидимых мне людей относительно моей будущей судьбы. Мнения разделились: одни полагали, что тюремное начальство определило меня на этот пост, чтобы изолировать от других заключенных как политического, другие же – сторонники конспирологических теорий – считали, что мой приговор был вынесен для успокоения общественности, а на самом деле меня решено «расшмолять», но подальше от Москвы – тайком, для чего я и привезен в Свердловку.

Мне, признаться, было лестно, что население 32-го поста так высоко оценивает мою противоправную деятельность, но я честно постарался рассеять это фантастическое предположение, признавшись, что никакой особой (да и вообще никакой!) опасности для советской власти не представляю. Поразительно, что эти люди, многие из которых провели в тюрьмах и на зонах по полжизни и, стало быть, были опытными зэка, верили в подобную чушь: кого-то могут расстрелять тайком, а не по приговору! А возможно, оттого и верили, что провели в тюрьмах и на зонах по полжизни и знали родную страну много лучше меня.

Кто из нас прав, предстояло выяснить.

По коридору начали катать тележку с баландой: ужин. Открыли дверь, за ней «кормушки» в решетке, и конвоир дал мне еле теплый чайник и «пайку» – хлеб и сахар, после чего закрыл дверь, чтобы я не мог видеть Захара в камере напротив, когда откроют его «кормушку». Кружка и деревянная ложка (металлическую в тюрьме нельзя) у меня были свои, и я принялся ждать свою первую «хавку» на посту для «вышкарей».

Вся эта ситуация захватила меня необыкновенно, я хотел выяснить о заключенных на посту как можно больше, но знал, что спрашивать нельзя: они ж «под пулей» сидят. Тут с расспросами лезть не положено.

Дверную «кормушку» снова открыли, и «баландёр» – обычно зэка, осужденный за что-нибудь несерьезное и оставленный отбывать срок в тюрьме «на обслуге», – поставил на откинутую «кормушку» «шлёнку» с горячей перловой кашей. Я ее взял и – по зэковской привычке внимательно и придирчиво рассмотрев еду – ахнул: в каше было настоящее белое мясо. Я тут же – а кого стесняться? – схватил пальцами светлые волокна – и в рот: курица! Каша с курицей!

Еще раз – для непонятливых: каша с курицей! В тюрьме это примерно как устрицы с трюфелями (если предположить, что кто-то ест устрицы с трюфелями). Я торопливо поел кашу, обтер дно «шлёнки» выданной мне «пайкой» и съел вкусно пахнущий курицей хлеб. Хлебнул чуть теплого жидковатого чайку.

– Братва, – поделился я с постом, – каша-то с курицей!

Словно они того не знали.

– С дохлятиной, блядь! – не разделяя моего энтузиазма, отозвался Захар. – Сдохла птица, они нас этим и кормят.

– Что значит «с дохлятиной»? – не понял я. – Понятно, что курица дохлая: живую в кашу не положат.

Голоса, голоса над 32-м постом:

– Два ноль, ты по ходу не пробил: курица эта сдохла – сама копыта откинула (какие у курицы копыта?), и они тухлятину эту нам скармливают. – Голос молодой, должно быть, Серега, что «чалился» в Москве.

– Мы ж не люди для них – нас падалью кормить можно. – Низкий голос, густой, с легким южным акцентом.

– И пшенка утром гнилью отдавала. – Треснутый, будто в нем песчинки скрипят; этот я уже слышал, он как раз отстаивал версию, что меня в Свердловку привезли «для исполнения».

– А с каких хуев им на тебя тратиться, Палыч? Все одно – «через трубу на волю выйдешь»! – заорал Захар.

Смех. Смех по посту. Всем весело.

Забегая вперед, должен сказать: что бы «вышкари» ни говорили про нашу еду и ее достоинства, нигде в тюрьмах – даже в Лефортове – я не ел так хорошо, как на 32-м посту для приговоренных к смертной казни в Свердловке. Нам давали борщ с мясом, а не обычные пустые щи с ломтиком картошки, в которых изредка среди капусты можно было обнаружить бледный хрящик неизвестного науке зверя. Помню, что два раза дали макароны с каким-то жиром со странным металлическим привкусом, но вполне съедобным. Мне нравилась вся еда на 32-м посту, и я отъедался после этапа и впрок. Хлеб был обычный – «вторяк», но посуше. Тюремный «вторяк» такой липкий и мокрый, что зэка в камерах часто сушат его перед тем, как съесть.

В Лефортове у меня развилась зэковская привычка смотреть в чужие «шлёнки» – что досталось соседу, и на этом посту я жалел, что сижу один (там были только одиночки), лишь потому, что не мог заглянуть в чужие миски. Впрочем, меня устраивало, что было в моей.

Да и вообще мне на этом посту нравилось: кормили хорошо; контролеры вели себя по-человечески, пока не произошло то, о чем рассказ впереди; камера была достаточно теплая; народ вокруг интересный.

Нравилось мне на 32-м посту оттого, вероятно, что меня не ждал расстрел.

«Вышкари» оказались люди веселые и особенно не унывали: все сидели «под касаткой», кто сколько, а некоторые уже больше года и относились к своей горькой судьбе с юмором, часто обсуждая, как будут «исполнять». Мои попытки «прогнать туфту», будто теперь не расстреливают, а отправляют на рудники в Среднюю Азию, были отвергнуты сразу и безоговорочно: ни у кого из них не было иллюзий относительно своего будущего. Пока я с ними сидел, никому из них не пришел отказ в помиловании, что означало бы скорое исполнение, и никто ни разу не обмолвился о тех, кому такие отказы приходили раньше и как их забирали на расстрел. Я – стыдно признаться – умирал от любопытства, но боялся об этом расспрашивать. А хотелось очень.

В начале пребывания на 32-м посту я принялся «пробивать по хатам» монстра Ризванова, выкрикивая его фамилию, чтобы сообщить остальным, кто он и за что. Ризванов не отозвался, и за две недели, что я там пробыл, на пост не привели никого нового, кроме меня. Ризванов как приговоренный к высшей мере должен был находиться на 32-м – его для того и этапировали в Свердловку. Но его на посту не было.

Я поделился с зэка этим странным фактом, рассказав им про Ризванова, и – после обстоятельного обсуждения всех возможных вариантов – «вышкари» разделились на два лагеря: одни – под руководством Сереги из 28-й камеры – отстаивали гуманную, на первый взгляд, версию, что Ризванова «бросили на крест», то есть отправили в санчасть, поскольку он явно был не в себе уже на этапе. Другие – сторонники пессимистичного Палыча, пророчившего мне расстрел без приговора, – считали, что тюремная администрация «сдала» Ризванова при приеме, то есть как бы ошиблась и посадила его в «пресс-хату», предварительно «пробив» сидящим там «опущенным», что он сделал. Лагерь Сереги, впрочем, соглашался, что ничего хорошего Ризванова не ждало в любом случае и «под касаткой» ему не сидеть: «замочат» до того.

– Палыч, ты «не рубишь» «в натуре», – пояснил свою позицию Серега. – Я ж не говорю, что козла этого «на крест» на лечение отправили! Им его там удобнее «замочить», а «лепила» напишет рапорт: сердечный приступ. В первый раз, что ли?!

Все согласились, что такое бывает сплошь и рядом и «лепила» – тюремный доктор – покрывает все грехи администрации, замучивающей зэка, и пишет, что смерть наступила от сердечного приступа.

Потому что если писать правду, нужно так: «Смерть наступила в результате истязаний».

# Бунт

Отчего меня отправили на 32-й пост? Изолировать от других заключенных? Напугать? Показать, как плохо бывает? Не знаю. Какими бы соображениями ни руководствовались сотрудники режимной части администрации Свердловского изолятора №1, я благодарен за этот опыт.

На 32-м посту сидели не люди, а их голоса. Мы знали друг друга по голосам и именам голосов – Захар, Серега, Палыч, Амирхан, другие. Я – по свойственной мне привычке домысливать жизнь – дописал голосам биографии и наделил их возрастом и внешностью: Серега стал лет тридцати высоким лысоватым правдоискателем, сиротой из детского дома и невинно осужденным, а Палыч – пожилым коренастым рецидивистом, убившим других арестантов во время лагерной разборки. Амирхан, понятное дело, был кавказским разбойником, одиночкой-индивидуалистом – Мцыри, Демон и прочие лермонтовские мятежные герои. А Захар – обыкновенным советским мужиком, спьяну убившим изменившую ему жену.

Ничто из этого, конечно, не являлось правдой: я понятия не имел, кто из них за что осужден, и ничего толком не знал об их прошлых жизнях. Они были голосами, звучавшими в общем пространстве 32-го поста – без плоти, без прошлого и без будущего. Они звучали здесь и сейчас, и вскорости им предстояло замолкнуть.

Бунт, положивший конец моему пребыванию на 32-м, начался после ужина. Утром в тот день меня вывели на прогулку на затянутую сверху высокой сеткой крышу корпуса, на которой был построен прогулочный дворик с цементными стенками и вышкой постового. Передо мной на прогулку вывели Антона – высокого, молчаливого мужика лет пятидесяти – единственного кроме меня выходившего на прогулку зэка и единственного, кого я видел вживую. Остальные сидели по камерам, отказываясь гулять, считая это лишней тратой сил и времени. А, может, им просто надоела затянутая сеткой крыша, да и не хотелось расстраиваться от вида хмурого уральского сизого зимнего неба, под которым им скоро было не жить. Так или иначе, на прогулку со всего поста ходили Антон и я. И контролеры, нарушая инструкцию о содержании особо опасных заключенных, выводили нас поодиночке, но запускали гулять вместе: им было лень выгуливать зэка по одному, как положено. Потому что в тюрьме положенное – ебут. И не только зэка.

Гулять с Антоном было скучно: он молчал и на прогулке, и на посту, никогда не присоединяясь к беспрестанно звучавшим голосам арестантов. Только один раз за проведенные мною на посту две недели Серега и Амирхан упросили его спеть.

Сначала Антон отмалчивался, затем отнекивался, но в конце концов прокашлялся и запел старую зэковскую песню:

*Заметает пургой паровоз,*
*В окнах блещет морозная плесень.*
*И порывистый ветер донес*
*Из вагона печальную песню...*

И тут же голоса моих новых друзей вразнобой подхватили припев:

*Не печалься, любимая,*
*За разлуку прости меня,*
*Я вернусь раньше времени,*
*Дорогая, клянусь.*
*Как бы ни был мой прИговор строг,*
*Я вернусь на любимый порог*
*И, тоскуя по дому родному,*
*Я в окно постучу.*

Пел Антон глубоким баритоном – низко, богато, умело модулируя голосом. Он спел одну песню и начал было другую, но вдруг замолк, не окончив ее. И сколько мы его ни просили, сколько ни сулили ему курево и другой «подогрев», Антон не отвечал на наши просьбы: молчал и все. Даже дежурный контролер упрашивал Антона допеть до конца, ну хоть одну, ан нет: мужик «ушел в отказ». Жаль: он пел хорошо.

Помню, на той прогулке я решил его разговорить и спросил про кошку. Дело в том, что на 32-м посту по так никогда и не ставшей мне ясной причине некоторым арестантам разрешали держать кошек. Когда Захар из 6-й похвастался мне, что у него в камере живет котенок, я не поверил. Захар горячо заубеждал меня, что «в натуре» у него живет кошка, и долго описывал: окрас, шерстистость, какие-то чулочки на лапках. Другие голоса тут же присоединились к голосу Захара и подтвердили, что у Захара живет котенок по кличке Мишанька, как, впрочем, и у Палыча проживает старый черный с белым брюхом ленивый кот, и еще один – настоящий сибирский – у Антона. Вот про этого кота я и спросил: как, мол? Здоров ли? Ловит ли мышей?

Антон проворчал что-то неопределенное, кивнул пару раз головой и замолк. Я не отставал и спросил, почему у него имеется кот, а у других нет. Это, кстати, навсегда осталось для меня тайной: зэка на 32-м – поголовно все, кроме Амирхана, – любили кошек и подолгу расспрашивали Захара и Палыча о том, как себя ведут их коты, что едят, как они с ними играют. Эти рассказы о кошках – Бианки какой-то – занимали много места в зэковских разговорах на 32-м посту, но при этом отчего-то коты водились только у троих. Другие зэка иногда «арендовали» кошек у Захара и Палыча – на полдня за курево или чаек, потому что на более длительное время владельцы отказывались с ними расстаться. Конвой брал мзду за передачу животных в другую камеру и обратно, и ни у кого другого, кроме этих троих, своих питомцев не было.

Спросив Антона, я надеялся разрешить эту загадку, но тут дверь в прогулочный дворик открылась, контролер выкрикнул Антона – «Семенов, на выход!», – и, пока я стоял лицом к шершавой цементной стене, положив на нее ладони, Антон подошел к решетке и, повернувшись спиной, просунул руки между прутьями, чтобы ему надели наручники. Решетку открыли и Антона спустили в камеру. Затем та же процедура повторилась со мной, и так я никогда не узнал, отчего не у всех зэка на 32-м проживали коты.

Перед ужином – как обычно – дежурившие контролеры сдали пост другой смене. Дежурили по трое: двое сидели у стола перед туннелем, соединявшим наш пост с другими корпусами, а один отшагивал по коридору, периодически заглядывая в «глазки» камер: не роют ли заключенные подземные ходы, не пробуют ли – из вредности – покончить с собой вместо того, чтобы терпеливо дождаться положенного им расстрела и тому подобное. Не знаю, чего «вертухаи» от нас ждали, но явно не ждали хорошего. И правильно.

Вечером, когда на посту начался бунт, дежурила «гнилая» смена. Я не сразу понял, что в ней «гнилого», да никто и не брался объяснить, но эту смену зэка не любили, и, как выяснилось, за дело. До того вечера при мне никаких конфликтов с этой сменой у поста не было; всему, видать, свое время.

И время это пришло; все началось с просьбы Захара передать «хавку» для его котенка от Сереги. Зэка на 32-м обычно «подгоняли» котам «подогрев», схоронив кусочки мяса из баланды или что-то вкусное из ларька, где раз в месяц можно было отовариться на три рубля (покупались обычно курево и карамель, но для котов закупалось печенье, которое размачивали в чае). Ничего крамольного или необычного в Захаровской просьбе не было, контролеры охотно передавали «подогрев» между заключенными на нашем посту, а для котов и подавно, и вообще дозволяли вольности, недоступные другим арестантам: люди-то все (кроме меня) сидели «под пулей». В любой день придет отказ на «касатку» – и пиздец: выйдешь на волю «через трубу».

Дежуривший в тот вечер контролер передавать кошачий «подогрев» отказался. Ну отказался и отказался – его право, но отказался не просто, а послав Захара на хуй. Так и сказал: «Иди на хуй со своей кошкой». Может, было у него плохое настроение, может, что еще, но такие грубости на 32-м посту не терпелись: арестанты себя уважали, да и положение у них было особое, что – по невысказанному договору – признавалось обеими сторонами.

– Сам иди на хуй, тварь ментовск*А*я. Ты, небось, и так с хуев не слезаешь, пидор дырявый, – незлобно ответил Захар и, посчитав инцидент исчерпанным, сел играть с котенком на нары.

Контролер попался обидчивый: он открыл дверь захаровской камеры и, взяв с поста охраны швабру, начал избивать Захара палкой, просунув ее сквозь прутья решетки. Одиночки на 32-м были крошечные – деться некуда, и все попытки Захара укрыться или выдернуть швабру из цепких рук контролера ни к чему не привели: тот продолжал тыкать палкой, стараясь попасть Захару то в лицо, то в пах – куда побольнее. Я пытался посмотреть, что происходит, в щель, бегущую тонким прорезным квадратом вокруг «кормушки», но было видно лишь какое-то мельтешение в плохо освещенном коридоре.

Спрятаться Захар не мог – некуда – и вскоре начал кричать – от боли и обиды:

– Братва! Беспредел, блядь! Козел этот в меня шваброй тыкает! В кровь избил!

Братва, понятное дело, отозвалась и принялась задавать вопросы: что «козел» делает, из-за чего конфликт и прочее. Больше всех волновался Серега, громко требуя от контролера прекратить беспредел.

Заключенные 32-го поста друг друга не видели и знали лишь по голосам. Мы сидели по одиночкам, и общение наше носило определенно виртуальный характер, но тем не менее мы являлись коллективом, где члены группы активно взаимодействуют друг с другом. И, как в каждом коллективе, на 32-м посту был свой лидер – Серега.

Кто он был? Сколько ему было лет? За что был приговорен к высшей мере? Не знаю, и теперь, верно, не узнаю уже никогда. Был он «положенец», активист «черного хода», живший «по понятиям» и ожидавший того же от остальных арестантов. Был он также любопытен, часами расспрашивал меня об укладе и быте заключенных в Лефортове, особенно интересуясь переменами при Андропове, пытаясь разобраться, лучше ли будет при новом «хозяине» жизнь для зэка. Непонятно, как в обществе, где никто ни от кого не зависел и никто ни в ком не нуждался, Серега стал лидером, но факт остается фактом: он им был. Должно быть, он им родился.

И сейчас наш лидер орал во весь голос:

– Захар! Захар! Прикройся бушлатом, брат! Палку у него выдерни!

Все, кроме Антона, активно участвовали в ситуации, подавая советы:

– Чайником козлу этому по еблу! Кипятком в глаза плесни!

– Одеялком закройся! Держись, братан!

– Начальник! Начальник! Захар, требуй начальника смены! Прокурора по надзору зови!

И тут – среди крика и ора 32-го поста – раздался истошный крик Захара:

– А, блядь! Падаль ебучая! Ты что наделал, урод!

Все замолчали – в момент.

Затем Серегин голос – с опаской, с осторожинкой:

– Захар, не молчи! Скажи, что козел этот сделал? Жив, братан?

И срывающийся в плач хрипловатый голос Захара:

– Убил, сука! Убил! Мишаньку моего убил!

Тишина. Тишина. И – словно по команде на счет «три» – пост взорвался: зэка принялись кричать – неразборчиво, страстно, рыча, как звери, а затем начали стучать по решеткам металлическими «шлёнками» и кружками:

– Бунт! Бунт! Бунт!

Среди этого воя только я один слышал, как в камере напротив навзрыд плакал Захар. Был он самый веселый и бесшабашный арестант на посту, нередко шутивший над своей участью, любивший поспекулировать, как его будут «исполнять», а тут рыдал – не стесняясь, не стыдясь слез. Мне было слышно, как его продолжает бить контролер, приказывая замолчать, но Захар, судя по всему, больше не укрывался, хороня от ударов палкой лишь своего уже мертвого Мишаньку.

А пост наш тем временем поднимал бунт по тюрьме.

Напротив нашего поста с моей стороны располагался «строгач» — корпус строгого режима.

И зэка по моей стороне коридора, встав на нары, начали орать в окна, что были почти вровень с землей:

— Строгий! Строгий! Братишки, менты беспредельничают — забивают арестанта! Подымайсь, братва! Поддержи 32-й! Не продайте «вышкарей»!

Пост наш, понятное дело, был самый авторитетный в тюрьме: «вышкари». Нас «подогревали» из «общака» как могли: в первый же мой день «баландёр» молча просунул мне в «кормушку» завернутую в газету порезанную колбасу и какие-то таблетки. Я не «сидел на колесах» и на следующей раздаче баланды отдал таблетки обратно, приложив пачку сигарет — раздать арестантам. А мне, как и всем на 32-м, регулярно продолжали поступать от «общака» конфеты, чай и курево.

А тут — «мусора прессуют вышкарей»! Люди и так «под пулей» сидят, им уважение положено, а их «мочат», как «бакланов»-«малолеток». Ясно, что такая беда, такая несправедливость не могла не найти отклик в сердцах заключенных строгого режима. И нашла.

По тюрьме побежала почта: «конегон» заработал, и по нему, как по телефонным проводам, полетели «малявы»: «Мусорской беспредел — менты вышкарей прессуют!» Зэка, встав «на решку» — прижавшись к решеткам окон, — взывали к солидарности: «Бунт! Бунт!»

Свердловка взвыла, и вот он — русский бунт, только в отличие от пушкинского определения в «Капитанской дочке» — осмысленный и беспощадный.

Зэка начали ломать и жечь тюрьму: мне потом рассказывали, что зэка на «строгаче» разломали сколоченные из досок столы, ломились в запертые двери, поджигали бумагу, матрасы, выбрасывая горящее тряпье из зарешеченных окон камер.

На наш пост — наконец! — прибежал начальник смены:

— В чем дело? Перестать шуметь! Прекратить немедленно!

Контролер, избивавший Захара, тут же пропал: подальше, с глаз долой. А Серега — от имени всего поста — потребовал он начальника смены дежурного прокурора по надзору и врачебное освидетельствование Захара.

— Захар, ты кровь не смывай, дождись экспертизы! — советовал опытный Палыч. — Начальник, ты должон экспертизу провести, «козел» этот ему лицо разбил! — авторитетно заявлял он, словно сам это видел.

Другие зэка на посту орали и стучали в решетки дверей, кричали в окна, продолжая разжигать страсти по тюрьме. Серега и Амирхан – два главных «авторитета» – просили арестантов успокоиться: «Не давайте ментам повода для беспредела». Их не слушали и не слышали из-за общего гама. А корпус строгого режима, который «пробил» бунт по всей тюрьме, – и не мог их слышать. И пожар неповиновения, пожар восстания против ментовской несправедливости, близкий сердцу каждого заключенного, заполыхал по Свердловке: тюрьма «встала» на бунт.

У заключенных имеются три основных вида неповиновения режиму содержания: зэка могут «встать», то есть начать бунтовать; могут «упасть», то есть объявить голодовку; и могут «уйти в отрицаловo», то есть отказаться работать. А могут всего этого не делать и быть «терпилами», то есть терпеть издевательства администрации исправительно-трудового учреждения.

«Терпил» на 32-м не было: не тот народ.

Я, охваченный общим волнением, тоже кричал что-то бессмысленное и жаркое в решетку окна своей камеры: «Братва, менты забивают! Поддержи 32-й!» – и тому подобное, а затем из солидарности несколько раз ударил алюминиевой кружкой по решетке.

Когда пришел начальник смены, я принялся звать его через дверь, пытаясь рассказать, как все было, поскольку я единственный со всего поста был свидетелем конфликта с самого начала. Начсмены подошел к двери моей камеры, открыл «кормушку» и приказал замолчать. Затем он ушел, и зэка 32-го продолжали требовать прокурора по надзору, колотя металлом по металлу.

Все напряжение, все ожидание неминуемой гибели, под которой они сидели, выплеснулось наконец наружу, и они требовали справедливости, если не для себя, то хотя бы для убитого котенка.

Топот, топот сапог в коридоре и стук по дверям камер, словно палкой бьют по железу.

Все замолчали разом.

Затем Палыч – в голос:

– Братишки, они «веселых ребят» вызвали! Держись, не поддавайся на провокации!

Я ничего не понял – какие «веселые ребята»? Единственные известные мне «веселые ребята» были герои одноименного советского фильма 30-х годов про то, как пастух Костя и домработница Анюта стали звездами советского джаза. Ассоциация явно неприменимая к нынешней ситуации.

Дверь камеры открылась, и через решетку я увидел, что у каждой камеры с обеих сторон – по двое – выстроились космические пришельцы: в мотоциклетных шлемах с непрозрачными забралами, с щитками на руках и белыми каучуковыми дубинками. На белой дубинке в руках одного из пришельцев, стоявших рядом с моей камерой, красной краской было четко написано: «Анальгин».

– Начальник! Начальник! – обратился я к почти зеркальному забралу: – Там арестант избитый, доктора нужно!

Пришелец, не взглянув на меня, ударил дубинкой по решетке рядом с моим лицом. Я отскочил. Только тут я заметил, что пришельцы были одеты в солдатскую, а не в вэвэшную контролерскую форму, как были одеты сотрудники тюрьмы.

«Веселые ребята», – наконец дошло до меня. Спецназ Внутренних войск для усмирения бунтов в местах заключения. Эти не жалели никого.

Я слышал в Лефортове и на этапе истории, как спецназ ВВ забивал доведенных беспределом и нечеловеческим режимом содержания заключенных, «вставших» на бунт, причем часто насмерть. Я испугался – второй раз за отсидку после Института Сербского: они ж не будут разбираться, что я «иду» в ссылку, – откроют камеру и отхерачат дубинкой с милой надписью «Анальгин». Напугать спецназовцев возмездием КГБ за смерть или увечья «комитетовского» зэка я не мог: они были не карьерные офицеры МВД, а солдаты-призывники, которые отслужат и уйдут домой. Им мои угрозы были по хую.

Веселье от восстания кончилось враз. Я забился к стене под окно на нары и принялся ждать.

Не хочется признаваться – стыдно, но врать нельзя: я ИСПУГАЛСЯ. Я сидел в дальнем углу нар и думал, как мне объяснить спецназовцам с дубинками, что я – не уголовник, а политический; что я не «вышкарь», приговоренный к смертной казни, а иду в ссылку по этапу. До сих пор мне стыдно, что в тот момент опасности страх взял надо мной верх и я был готов отделиться от своих товарищей по 32-му посту, лишь бы спастись. Стыдно, что я искал слова, которые бы поставили меня в привилегированное положение; слова, которые в глазах спецназовцев сделали бы меня «другим». Тем, кого нельзя забить дубинкой с надписью «Анальгин».

Других можно бить, а меня нет. Противно вспоминать. До сих пор.

Мне не пришлось объяснять «веселым ребятам» основу своей привилегированности, но не потому, что я поборол страх, а потому что на пост пришел «кум» – начальник режима со своим уже знакомым мне заместителем – недругом диссидентов и горячим советским патриотом Петровым-Ивановым-Сидоровым.

«Кум» выслушал сбивчивый рассказ Захара о случившемся, ничего не сказал и пошел к камере, в которой сидел Серега.

«Кум» поставил ему как нашему лидеру ультиматум: прекратить бунт. Или его прекратит администрация. С помощью вызванного спецназа.

– Гражданин начальник, – ответил Серега, – нас пугать – пустое: мы свое отбоялись. Мы все одно «через трубу» скоро на волю пойдем. А пацаны эти, солдатики ваши, они ж отслужат и домой вернутся. Вы кого из них делаете? Зверей? Им же на «гражданку» идти – к матерям. Кем они домой придут? Как жить потом будут?

Пока я – народный заступник, правдолюбец и героический борец с властью – судорожно искал, как спасти себя, приговоренный к смертной казни матерый уголовник подумал о спецназовцах, которые, возможно, через пять минут забьют насмерть его и его товарищей. Подумал, какими людьми они вернутся со службы. Что из них после этого выйдет.

Я чуть не заплакал: так стыдно мне стало. И сейчас стыдно. И всегда будет стыдно.

Зэка на 32-м предъявили администрации встречный ультиматум: Захара должен освидетельствовать врач, результат медэкспертизы будет передан прокурору по надзору, избивший Захара контролер будет удален с нашего поста и наказан. «Кум» согласился на эти условия, но сказал, что не может обещать наказать контролера, если факт избиения не будет подтвержден свидетелями. Вероятно, он все же допускал возможность, что Захар – на манер гоголевской унтер-офицерской вдовы – избил себя сам непонятно как взявшейся у него в камере шваброй и затем убил своего котенка.

Поняв, что убивать нас пока не будут, я решился быть смелым:

– Гражданин начальник! – позвал я «кума». – Я все видел и могу подтвердить.

«Кум» и замкума подошли к моей камере, рядом с которой, как у всех заключенных на 32-м посту, была прикреплена бумажка с моим именем, статьей и сроком. Бумажка была перечеркнута красной полосой, отмечавшей мой «особо опасный» статус: склонен к нападению на конвой.

Знакомый мне замкума что-то пошептал своему начальнику, вероятно, представив меня самым лестным образом, потому что «кум» строго спросил:

— Радзинский, ты чего — агитировать сюда приехал? Заключенных на бунт подбиваешь? Тебе одного срока мало? По 77-й прим соскучился? Так мы тебе быстро ее оформим!

Я опешил: это была реальная угроза.

Статья 77.1 — «Действия, дезорганизующие работу исправительно-трудовых учреждений» — предусматривала срок от трех до восьми лет по первой части. А ее вторая часть, применяемая к особо опасным рецидивистам или лицам, совершим тяжкие преступления (мой случай), тянула на наказание от восьми лет особо строгого режима до расстрела.

Не сладко.

— Гражданин начальник, — сказал я как можно спокойнее и вежливее, — я никого ни на что не подбиваю, но хотел бы засвидетельствовать показания Захара из 6-й камеры, поскольку моя камера, как видите, находится строго напротив 6-й, и я все видел.

— Ты чего «дурку гонишь»? Это ты через закрытую дверь все видел? — осведомился явно не питавший ко мне доверия проницательный Петров-Иванов-Сидоров. — Рентгеновское зрение, что ли?

— Гражданин начальник, — я продолжал обращаться исключительно к начальнику режима, — моя «кормушка» прилегает неплотно (что было правдой), и потому я хорошо видел весь инцидент с начала до конца (что было неправдой — да и хуй бы с ним). Я готов письменно изложить свои показания для передачи прокурору по надзору.

— Надо будет — изложишь, — закончил нашу беседу начрежима.

Он приказал отвести Захара для медицинского освидетельствования и удалился в сопровождении своего заместителя. Зэка, встав на нары, принялись кричать «строгачу» заканчивать бунт, а я, достав из рюкзака тетрадку и ручку, сел писать заявление прокурору по надзору, которое затем передал с дежурной по посту сменой.

Поздно ночью меня «выдернули» с вещами и снова повели по туннелю. Зэка на прощание пожелали мне удачи, гадая, уж не «дернули» ли меня на этап, и только пессимист Палыч мрачно предрекал мой скорый конец.

Я шел по плохо освещенному туннелю под тяжестью двух рюкзаков — по одному на каждом плече — и старался не поддаваться надежде, что меня ведут на этап. Я все-таки был преподавателем литературы и помнил слова Пушкина: надежда — вечная сестра несчастья. Особенно в мрачном подземелье.

# Дорога дальняя

Меня – ах, как бы разочаровался Палыч! – не расстреляли, а после долгого похода по коридорам и дворикам Свердловской тюрьмы посадили в одиночку в каком-то дальнем корпусе. Я устроился на новом месте и собрался лечь спать, когда над «парашей» в углу камеры раздался стук.

В Лефортове никто не перестукивался, понимая бесполезность этого занятия: стены двухметровой толщины – не достучишься. Кроме того, лефортовские контролеры несли службу строго и добросовестно, наблюдая за заключенными день и ночь.

А тут – простукивают, как в книжках про тюрьму! Как в романе «Граф Монте-Кристо»! Мое литературное сердце забилось, и я, подойдя к «параше», приложил алюминиевую кружку к стене и тоже постучал по донышку.

Неожиданно до меня донесся гул голоса, исходящего, казалось, прямо из туалетного стульчака. Я открыл деревянную крышку «параши» и заглянул туда: никого. Так близко подносить лицо к «параше» шло вразрез с тюремными гигиеническими «понятиями», но в камере, кроме меня, никого не было. А голос продолжал гудеть, хоть неразборчиво.

Снова стук: теперь под трубой «параши». Я пригляделся и заметил, что один из кирпичей стены шевелится. Нагнувшись, я потащил его на себя и выдернул из стены. Заглянул в образовавшийся проем и увидел чей-то нос и губы.

– Земляк, – спросили губы, – куревом не богат?

Я достал из рюкзака пачку «Явы», вытащил три сигареты и засунул их в дырку. Пальцы моего соседа вытянули сигареты, исчезнувшие из поля зрения, и в маленьком прямоугольном проеме снова появились нос и верхняя губа.

– Спасибо, зёма, – поблагодарил Нос и деловито осведомился: – У тебя инфильтрат или фиброза?

– Ты про что, брат? – не понял я. – Какой инфильтрат?

– Форма какая? – спросил Нос. – Инфильтрат или фиброза? Или у тебя уже открытый?

Я ничего не понимал: про что он? В чем честно и признался.

Нос, подивившись моему невежеству, пояснил, что я нахожусь в крыле для тубинфицированных. И что инфильтрат, фиброза и другие прелести являются стадиями туберкулеза. Я – на всякий случай отодвинувшись подальше от дырки – сообщил, что меня никто не диагностировал и что, надеюсь, туберкулеза у меня нет. Но имеется астма.

– Хуйня твоя астма, – вынес медзаключение доктор Нос. – Здесь тубики сидят. Чего тебя сюда «дернули»?

Я было начал рассказывать о бунте на 32-м посту, но Нос знал подробности лучше меня: тюремная почта работала исправно, и мой новый сосед поведал, как «строгач» разнес свои камеры, как они поддержали «вышкарный» пост и как пожгли «хаты».

– Пацанов «козлы» мусорскИе дубинками отхуячили и в ШИЗО «закрыли», – поделился Нос. – По пятнадцать суток, и пригрозили «через нулевку» еще на пятнадцать «закрыть». Хуево, брат.

Официально администрация не имела права посадить зэка в карцер больше, чем на пятнадцать суток. Но администрация заботилась о том, чтобы заключенные встали на путь исправления, и справедливо считала, что для некоторых особо укоренившихся в своих пагубных заблуждениях зэка пятнадцать суток – срок для исправления недостаточный. Оттого в советских тюрьмах и зонах существовал хитрый трюк – «закрыть через нулевку»: заключенного после отбытия срока в ШИЗО сажали не в камеру, а в боксик – вроде как на время, где держали до конца смены, причем без кормежки, а потом объявляли еще один срок наказания в ШИЗО и отправляли в карцер. День в боксике считался нулевым, то есть администрация как бы ничего не нарушала и формально соблюдала правила содержания заключенных, продержав сутки зэка вне ШИЗО. На выдумки, видать, хитра не только голь.

Нос «чалился» по третьей ходке, шел он по статье 146(2) – «Разбойное нападение» – и оказался словоохотливым и очень домовитым: он постоянно инструктировал меня, как что прятать от конвоя, как лучше варить чифирь и сушить «вторяк». Было в нем что-то платонокаратаевское – хозяйственное, доброжелательное, кругленькое, но скорее всего я себе это додумал по склонности к литературным аллюзиям.

Платон Каратаев, однако, не грабил людей с нанесением тяжелых увечий.

Нос сидел один, поскольку его сокамерник умер неделю назад, а нового пока не подсадили. Он радостно сообщил, что ранее сидевший в моей одиночке зэка тоже как три дня умер.

– Не бойся, – ободрил меня Нос. – Там «черти» дезинфекцию в «хате» провели.

«Черти» – тюремная масть; так называют заключенных, выполняющих грязную работу. Они живут в зоне с «мужиками», то есть работающими, но не «ссучившимися» зэка. Блатные их не «прессуют», но особым уважением «черти» не пользуются.

Нос оказался знаком с моей историей, принесенной в Свердловку нашим этапом в очень вольной интерпретации: по его рассказу выходило, что я избил на суде уже двух конвоиров, и мне ничего за это не было. Я честно попытался разубедить его и рассказал, как было на самом деле, но ему больше нравилась его версия событий.

– Понятное дело, – с завистью говорил Нос, – у тебя масть такая: «ментов» можешь пиздить.

Он был доволен тубкрылом: ему давали «диетку» – сорок граммов маргарина, белый хлеб и дополнительную горку сахара, меня же кормили «на общих»: не давали диету. Войдя в мое горестное положение, Нос предложил мне «замостырить на гной», то есть распороть кожу на животе и положить туда нитку, до этого продернутую между зубов. Через три дня появится тяжелая гнойная рана, и меня должны будут оправить «на крест» – на больничку, где, конечно же, дадут «диетку».

– На руке не «мостырь» – бесполезняк, – посоветовал опытный Нос. – Если на руке гнойник – хуй «диетку» получишь. А на брюхе – сразу молочко с маслом выпишут.

Я поблагодарил его за предложение, но вежливо отказался: я отъелся на 32-м посту и не страдал от скудной пищи, да и «общак» «подогревал» тубкрыло.

Сидели мы спокойно, без приключений, и я много спал.

Я просидел на тубкрыле три дня, и под вечер четвертого меня «дернули» на этап.

Снова орущий конвой, хрипящие от сорванного лая овчарки и сидящий на снегу этап, ожидающий погрузки.

Меня опять этапировали в «тройнике» – спецэтапом, и я не помню этого перегона совсем, потому что был он относительно коротким и ничем особенным не отметился в моей памяти: та же гнилая хамса и жидкий полутеплый чай, да стук колес «столыпина», везущего зэка в их несветлое будущее.

Меня и еще человек пятьдесят заключенных сняли с этапа в Тюмени, где я провел четыре дня в транзитном крыле тюменского изолятора № 1. Я сидел на «спецу» – в камере на восемь человек нас здесь сидело одиннадцать, – комфорт класса «люкс» по тюремным понятиям.

Тюменская тюрьма мне ничем особенным не запомнилась, кроме того, что я подрался с одним сокамерником, попытавшимся меня «прессануть».

Не знаю, почему он думал, что ему это пройдет: может, был глуп, а может, верил стереотипам об интеллигентах. Я к тому времени интеллигентность оставил далеко позади и потому получилось, что получилось.

В тюрьме, кстати, я впервые заметил свою способность *казаться*, а не *быть*. Должно быть, театральные гены моих родителей сделали свое дело, и я – практически без усилий и сознательного размышления на эту тему – оказался способным к социальной мимикрии: с уголовниками я не только говорил на их языке, но и – почти искренне – болел их болью, а окажись я среди людей интеллигентных, мгновенно и легко снова превратился бы в мальчика из «среды творческой интеллигенции», беседующего на правильные «сущностные» темы правильным литературным языком. Но превратился бы лишь внешне, на уровне кожи, а не кишок, потому что если б я действительно кем-то был – был, а не казался, – то превращаться в других, иных мне было бы много труднее.

Не свой среди чужих, которыми оказались все остальные. Казавшийся при этом вполне своим. Так и продолжаю казаться, оттого что быть никогда не получилось.

Я всю жизнь проказался кем-то другим – не собой: советским плейбоем, антисоветским диссидентом, политзэком, просто зэка на лесоповале. Никогда, впрочем, я не отождествлял себя полностью ни с одной из этих ролей. Позже, в эмиграции, я – на удивление успешно, несмотря на полное отсутствие интереса к профессии, – много лет казался инвестиционным банкиром, затем – медиамагнатом и руководителем крупной медийной компании, ничего не понимая ни в интернете, ни в телевидении. Так и шла моя жизнь, внешняя по отношению ко мне, жизнь – одежда в шкафу: надел, и стал другим.

Кем кажусь теперь? Для кого я играл и продолжаю играть эти роли? Театр одного актера. И, судя по всему, одного зрителя.

Тогда, в тюменской пересылке, я ни о чем таком не думал, а зайдя в «хату», как и положено, выложил «на общак» две пачки сигарет и чай, оставшийся со свердловских «подогревов». Зная, что «руль» – кто рулит в «хате» – всегда располагается в «козырном», то есть в самом дальнем от «параши», углу, я направился туда, представился и выложил дары. Они были приняты кивком головы.

По неопытности я просчитался: камера была транзитной, и потому в ней не могло быть явного «авторитета». Мужик, занимавший «козырный» угол, занимал его, скорее всего, потому что задержался в «хате», когда остальных «дернули» на этап, и быстро перебрался на лучшую «шконку». Я этого не понял, и жизнь взялась объяснить мне мою ошибку.

Вечером того дня, после ужина, я пошел налить себе чаю: чайник только дали, и он был еще горячий, не остывший под телогрейкой, которой в камере обычно кутают чайники, стараясь подольше сохранить тепло.

Стоявший у «дубка» – прикрученного к полу стола с лавками – зэка лет сорока с трогательной наколкой «Опять тюрьма» поверх сердца и множеством наколотых на пальцах перстней и крестиков, свидетельствовавших о его долгой и трудной тюремной карьере, ухмыльнулся и громко сказал:

– Зём, у тебя по ходу курева до хуя. Поделись, браток.

– Поделился уже, – напомнил ему я и кивнул на «руля», которому отдал сигареты и чай, справедливо ожидая от того поддержки и установления порядка во вверенном ему судьбой пространстве.

А «руль» молчал и глядел в сторону, явно не собираясь восстановить справедливость «по понятиям».

– Так это ты с ним, – громко, на всю «хату» объявил мой собеседник, после чего я понял, что «руль» – вовсе не «руль». – А меня «подогреть»?

Ситуация явно обострялась.

– А хули мне тебя «греть»? Ты мне что – отец родной? – осадил его я.

Этого мужик и ждал: он – ах, полна русская тюрьма Качаловыми и Смоктуновскими! – мгновенно взвинтил себя до состояния психической атаки и двинулся на меня, принявшись орать:

– Ты чего, пес, страх потерял? Ты как с вором говоришь? Неси, блядь, «сидор» свой поганый, сейчас поглядим чего ты там от братвы прячешь!

Я устал; хотел попить чаю – согреться – и лечь спать. Можно было, конечно, продолжать словесную дуэль и сказать что-нибудь тюремно-правильное типа: «А с каких таких хуев тебе в мой «сидор» смотреть? Ты туда клал чего?», но у меня не было на это сил. Потому – не вполне осознавая, что делаю, – я поднял горячий чайник, ручку которого все еще сжимал, и ударил им любопытного, но плохо разбиравшегося в людях собеседника по голове.

Произошло это так быстро и неожиданно – в том числе для меня самого, что он не успел ни увернуться, ни защититься: просто сел от удара на пол, а затем повалился на бок, потеряв сознание. И слава богу, потому что пока он сидел, я ударил его второй раз, но, к счастью, не попал, поскольку как раз в этот момент он свалился на пол. А то – при ударе полным чайником по голове сверху – мог бы и убить.

«Хата» замерла; все враз замолчали. Я осмотрелся вокруг, готовый защищать себя, сжимая в руке старый побитый тюремный чайник, неожиданно ставший грозным оружием. Никто не сказал ни слова. Немая сцена, но не по Гоголю: занавес-то не опускают. Представление продолжается.

Для порядка и дабы придать своим действиям логическую последовательность я – несильно – ударил лежащего на полу мужика ногой в лицо. Он дернулся, но даже не застонал. Я поставил чайник на место и пошел к своей «шконке», так и не попив чаю. Сел и стал ждать: я боялся ложиться спать, подозревая, что, очнувшись, мой оппонент может меня во сне «пописАть» заточкой или проколоть шилом. И сокамерники будут так же молчать, делая вид, что ничего не произошло: «хата» была транзитная – все друг другу чужие, и никто ни за кого заступаться не станет.

Я также думал, что надо бы вызвать конвой и сообщить, что вот упал человек и ударился головой, нужно срочно к «лепиле». С другой стороны, суетиться самому – проявлять слабость. А после произошедшего мне необходимо было казаться твердым, уверенным в правоте своих действий.

Тут открылась «кормушка», и контролер поинтересовался, почему человек лежит на полу.

– Плохо стало, – веско сообщил ему молчавший до того «руль», расплачиваясь со мной, должно быть, за курево и чаек. – Упал, головой о лавку стукнулся.

– «Колес», что ли, наглотался? – предположил опытный контролер. – Или перечифирил? Мотор отказал?

Его это на самом деле не интересовало, он просто хотел «пробить», имеются ли в «хате» покупатели на такой товар или «хата голая», поскольку почти все охранники подторговывали наркотиками, спиртным и чаем. Тюрьма – место хлебное.

– Да нет, начальник, в натуре человеку плохо, – заговорила разом вся камера. – Врача надо, помрет – тебе же начальство пиздюлей выпишет.

«Кормушка» закрылась, и минут через пять в камеру пришел дежурный начальник смены. Убедившись, что лежавшего на полу не порезали свои, он вызвал конвой с носилками, и стонущего мужика утащили в санчасть.

Я лег спать. Через час мой оппонент вернулся, довольный, с выклянченным у «лепилы» эфедрином, который тут же разошелся по камере. Со мной он не разговаривал, но мстить не собирался. Остальные делали вид, что никакого инцидента не было, и не разу не упомянули произошедшее.

Остальные три дня в тюменской тюрьме прошли спокойно и скучно: на прогулку выводили исправно, кормили плохо, но никто из администрации не объяснял мне, какой я изменник и предатель. В Тюмени на меня мало обращали внимание: я был «один из», а не «тот самый». И постепенно, впитав это отношение, как губка влагу, я превращался, а скорее, перевоплощался в одного из многих тысяч безымянных зэка, «шедших» этапом сквозь огромную сонную страну.

И снова «столыпин»: долгие простои на каких-то заснеженных пустых перегонах, томление от ожидания, пока поезд опять тронется, и задымленный воздух вагона.

Наконец мы прибыли на большую товарную станцию, где «столыпин» отогнали в дальний конец – для товарных вагонов. Здесь этап выгрузили и посадили на снег.

И по сидящим на снегу пятерками рядам черных бушлатов зашелестело страшное для любого советского зэка имя:

– Тобольск, тобольск, тобольск-тобольск, тобольсктобольск-тобольск…

# Тобольск

Много лет спустя я прочел, что в 1708 году город Тобольск был назначен русским царем Петром Романовым «столицей Сибири». Это стало административным признанием его особого значения для колоссальной и ничем, кроме имени, не объединенной территории, что русские назвали «Сибирь» по имени реки Сибирки, протекавшей у татарского становища Кашлык ниже по Иртышу – ближе к устью реки Тобол. Здесь – на татарской земле – в 1587 году воевода Данила Чулков заложил Тобольский острог – хорониться от татар. Татары, однако, не думали нападать, и, за ненужностью для оборонительных целей, Чулков использовал острог как тюрьму, обманным путем заманив и заключив туда первого тобольского зэка и последнего татарского царя Ораз-Мухаммеда.

В России как: коли имеется острог, значит, город. И крошечный форпост снаряженной купцами Строгановыми оккупационной армии Ермака Тимофеевича, который к тому времени уже два года как потонул в Иртыше, стал «разрядным градом» и центром колонизации земли, мирно спавшей к востоку от Уральских гор – аж до Охотского моря. Пока ее не разбудили казачьи нагайки.

Тобольск был популярным местом ссылки неугодных людей со всей России. В XIX веке для размещения все прибывавших и прибывавших арестантов заложили Тобольскую тюрьму. А в 1855-м обессиленная поражением в Крымской войне российская держава не нашла ничего лучшего, как гостеприимно распахнуть двери вновь построенной тюрьмы для всех нежелающих. Тюрьма та стала одной из самых страшных в России, а позже и в СССР.

Все это я узнал лет через двадцать, а тогда – холодным зимним днем 1983-го – сидел на корточках на тобольской грузовой станции среди других зэка с тюменского этапа. Сидеть с одним рюкзаком было много легче, так как в Тюмени я перепаковался, оставив только необходимые вещи и раздав не столь необходимые сокамерникам. Зэка Мише, ранее получившему от меня чайником по голове, достались теплый свитер и вторая ушанка.

Конвой быстро тасовал этап и грузил зэка в подъезжавшие один за другим автозаки. Неожиданно к выкрикивавшему фамилии сержанту подошел озабоченный лейтенант и дал ему какой-то листок.

Они что-то обсудили, сержант подозвал конвойный наряд и принялся зачитывать фамилии с нового листка:

– Нурмухаммедов!

– Ованесян!

– Попов!

– Радзинский!

Всего двенадцать человек. Нас погрузили в отдельный автозак, где мне удалось рассмотреть попутчиков: три «полосатых» – особо опасные рецидивисты – «особняк», ехавшие со мной в «тройнике», остальные – «строгач», как я сам. Всех нас объединяло наличие либо зеленой – склонен к побегу, либо красной – склонен к нападению на конвой – полосы на этапных конвертах.

Мои опытные попутчики объяснили, что нас везут в Тобольскую спецтюрьму, а не в следственный изолятор, где обычно содержали этап в транзитном крыле. Пока они пугали друг друга рассказами о Тобольском централе – СТ (спецтюрьме) № 2 – я тихо радовался: здесь сидели Достоевский, Чернышевский и Короленко. А теперь и я посижу. Это давало ощущение личной причастности к родной истории и великим мира сего. Хоть так.

Один «особняк» рассказывал, что когда-то «чалился» с самим Борей Громом – знаменитым вором, убитым лет десять назад в Тобольской тюрьме, но не воспользовавшимся этой неожиданной свободой, а ставшим привидением, бродившим по подвалам централа, где располагался карцер и где – по слухам – расстреливали: СТ № 2 была «исполниловкой». Боря Гром и в загробном мире оставался «положенцем», зорко следившим за соблюдением зэка «черного хода» и жестоко наказывавшим отклонявшихся от «понятий». Удивительно, что эти люди – мало во что верившие – горячо отстаивали существование привидения Бори Грома: каждый из них утверждал, что лично знал кого-то, кто его видел. Позже на лесоповале я слышал эти же рассказы от ссыльных, побывавших в Тобольской тюрьме: некоторые из них клялись, что лично видели Борю в его потусторонней ипостаси.

Вообще зэка подвержены разным суевериям и любят пугать друг друга страшилками, часто мистическими. Понятно почему: им хочется верить в существование чего-то еще более жуткого, чем окружающая их реальность.

Нас привезли в Тобольский централ, «приняли» и отправили в баню. Здесь выяснилось, что добрую половину нашего этапа тоже привезли сюда! Для чего было устраивать спектакль со спецэтапом, с отделением нас как «особо опасных» от остальных зэка? Сажать в отдельный автозак и везти под усиленным конвоем? Не знаю, видать, так было положено. Потому что, как часто бывает в тюрьме, никаких других объяснений на этот счет быть не могло.

В конце концов нас действительно отделили от остальных зэка с тюменского этапа, которых отправили в корпус 3, а нас – в корпус 2. Помню, как вели по двое через подвалы, которыми связаны все корпуса Тобольского централа. Подвальные коридоры – мрачные, с шершавыми цементными стенами, тусклыми лампочками и спертым сырым холодным воздухом. Потом я слышал, что в этих же коридорах и расстреливали: вроде как ведут приговоренного зэка куда-то по делу, чтобы он особо не дергался, а на повороте стреляют в затылок. Откуда брались эти истории – не ясно: кто знал, уже не расскажет. Обитавшее в этих подвалах привидение Бори Грома также хранило молчание и не почтило нас своим посещением ни тогда, ни позже: то ли Боря был занят более важными делами, то ли мы оказались недостойны его внимания.

Еще помню множество железных лестниц, спускавшихся все ниже и ниже, а затем такие же лестницы, по которым мы наконец поднялись на пост охраны по транзитному крылу корпуса 2, где конвой сдал нас дежурной смене.

Нас завели в камеру, в которой уже сидели наши товарищи по спец-этапу. Потом привели остальных, также по двое.

Камера была как раз на двенадцать человек, и мы разместились с комфортом – каждый на своей «шконке». Было достаточно просторно, но очень холодно. Зэка тут же принялись чифирить, догоняясь «колесами» – эфедрином и еще каким-то препаратом, название которого я не запомнил.

Тут я первый раз увидел, как варят «двойной» чифирь: заваривали полпачки в большой кружке, затем выкидывали заварку – «нифель», засыпали еще полпачки чая и снова варили. Зэка пустили кружку по кругу, я отхлебнул один глоток черной густой отравы и чуть не подскочил на месте: в сердце словно ударили молотком. От второго «прогона» я вежливо отказался и никогда и нигде больше не чифирил. Хотя чифирь помогает легче перенести холод и боль. Ничего, можно и потерпеть.

Мое основное воспоминание о Тобольской тюрьме связано не с какими-то нечеловеческими ужасами, а с непрерывным холодом в камере: мы надели на себя что было, но все равно постоянно мерзли. На прогулку помимо меня ходили еще двое, и нас выводили через подвальные коридоры в каменный мешок дворика, затянутого сверху металлической решеткой, через которую виднелось серое зимнее небо. Ничего особенного не происходило: зэка или спали, или чифирили, делясь историями из своего тюремно-лагерного прошлого и пугая друг друга ожидающим их мрачным будущим. Все, кроме меня, шли в зоны с большими сроками, и для всех жизнь в заключении давно стала нормой: ее этапы определялись номерами зон и названиями тюрем. Никто не говорил о воле и, судя по всему, не собирался туда выходить.

В тюрьмах и позже на лесоповале я неоднократно сталкивался с этим типом сидельцев: «уквасились по малолетке», затем «поднялись» на «взрослую» зону, ненадолго вышли на волю – и опять в тюрьму. Многие получали дополнительные срокА во время отбывания заключения за разные провинности и вообще на волю не выходили. Они не знали, да и не хотели другой жизни: тюрьма с ее строгой структурой отношений и правил – «понятий» – действительно стала для них дом родной. Жизнь на воле – без «хозяина», без четкой иерархии и привычной системы ограничений и принципов пугала, а не манила. Так что по воле никто особенно не скучал: там их ждала чужая незнакомая жизнь. Дом был здесь – за решеткой и под замком.

Сокамерники расспрашивали меня о Лефортове, дивясь тамошним порядкам и шикарной жизни постояльцев гулаговского «Националя». Особенно их удивляла вежливость следователей, обращавшихся к арестантам на «вы» и не выбивавших показаний побоями. По сравнению с этим даже наличие двух простыней казалось мелочью, хоть и отмечалось с восхищением. Отсутствие же в Лефортове «подогрева», «общака» как такового и коммуникаций между камерами тоже удивляло, и общий вердикт, вынесенный нашей камерой в Тобольском централе на основе моих подробных описаний лефортовского быта, гласил: Лефортово – не тюрьма. А диковинное место изоляции подследственных, причем подследственных особого, незнакомого им типа: барыги, шпионы, диссиденты и начальство. Ничего тюремного там не было: ни знакомой иерархии, ни жизни по понятиям, ни обычной в тюрьме структуры общения и взаимоподдержки.

– Ты, земляк, тюрьмы настоящей там не видал, – заверяли меня сокамерники. – Здесь, на этапе, – тюрьма. А в Лефортове – хуй его знает что! Особый расклад.

Они были правы: настоящую тюрьму я увидел и узнал на этапе. Чуткие сотрудники ГУИТУ позаботились восполнить этот пробел в моем воспитании в полной мере. За что я им от души благодарен.

После недели в Тобольском централе пять человек из нашей камеры, включая меня, «дернули» на этап. Я распрощался с этим милым местом, так и не ощутив духа когда-то пребывавших здесь Достоевского, Чернышевского и Короленко и не удостоившись знакомства с привидением Бори Грома. Меня ждали новые увлекательные места.

# Академгородок

Омскую тюрьму я не помню: меня держали в одиночке все пять дней, и ничего не происходило. Помню, что меня «подогрели» «с общака» чаем и конфетами, а я передал через «баландёра» две пачки сигарет «на общее дело». И что сквозь решетку окна – без «намордника» – день и ночь шел снег. Больше не помню ничего.

Следующей остановкой стал новосибирский СИЗО № 1. Тюрьма неплохая: «вертухаи» нас не «прессовали», вели себя почти дружелюбно, и вообще в этой тюрьме царила странная обстановка сотрудничества, словно и они, и мы здесь работали: они охраняли, мы отбывали.

Я сидел в большой этапной камере – человек на сто, «конегон» работал исправно, так что мы были в курсе всех новостей «единички»: кого и за что «закрыли» в ШИЗО, кто «ссучился» и «сдал» подельников (основной контингент тюрьмы состоял из подследственных) и кто «замостырил» и ушел отдохнуть «на крест». Эти увлекательные и крайне важные новости наравне с динамикой внутрикамерных отношений и составляют основу жизни заключенных в тюрьме.

В нашей камере «на коней» ставили молодых зэка, желавших «двигаться» в тюремной иерархии и принести пользу «общему делу». Мне как единственному «первоходу» предложили «встать на дорогу» (то есть дежурить на тюремной почте), я вежливо отказался, и зэка объяснили себе это тем, что я, хотя и по первой ходке, но все-таки арестант отдельного статуса – особо опасный, да еще и СНК, так что мне «стоять на дороге» – не по масти. Кроме того, история о моей «дерзости» – избиения конвоя во время суда – добралась до Новосибирской тюрьмы раньше меня, и ко мне относились с абсолютно не заслуженным мною уважением. От меня отстали и лишь, как обычно, расспрашивали о жизни в Лефортове. Как всегда, я рассказывал про ту жизнь, и вскоре мне самому она стала казаться донельзя странной, словно я увидел ее в кино.

Теперь, по прошествии многих лет, я понимаю, что это созерцательное отношение к окружающей меня действительности – словно я день за днем смотрел длинный фильм – помогло пережить заключение сравнительно легко: я как бы не был включен в происходящее и являлся сторонним наблюдателем. Этакая виртуальная, а оттого и не очень опасная реальность. Отстраненность, юношеское любопытство и отсутствие сожаления о своей «загубленной» жизни служили буфером между мною и реальностью, и оттого реальность не казалась ни страшной, ни удручающей: ведь в любое время я мог снять с головы *VR*-шлем и выключить экран.

В Новосибирске шла постоянная ротация этапников, многие из которых уходили на «восьмерку» – колонию строгого режима, расположенную тут же в городе. Вообще, судя по рассказам моих сокамерников, центр советской науки изобиловал колониями, находившимися в пределах городской черты: я уже не помню номеров зон, но, если мне не изменяет память, там были расположены три зоны общего режима, две усиленного и две строгого. А рядом – в области – располагались другие колонии, ожидавшие бесконечного пополнения, так что народ в «транзитке» постоянно менялся, и это не считая тех, что шли дальше на восток, как я.

В моей камере содержали «строгач» и «особняк», потому камера жила строго «по черному ходу» – без ненужный суеты и беспредела. Я просидел здесь дней десять, набираясь знаний и опыта тюремной жизни. Нас «грели» из «общака», но не шибко, поскольку мы были транзитные и особого места в тюремном обществе СИЗО № 1 не занимали по причине своей временности: чего на нас тратиться? Хотя «авторитетам» исправно подгонялась наркота: контролеры в тюрьме были сплошь «прикупленные» и торговали всем подряд – от наркотиков до алкоголя.

Никаких эксцессов за время моего пребывания в Новосибирске не случилось, и, дождавшись этапа на восток, я благополучно ушел на Томск.

# Последний причал

Первый раз за этап я ехал в общем купе, а не в «тройнике»: судя по всему, мой статус «особо опасного» никого больше не тревожил. Вообще я заметил, что чем дальше на восток уходил этап, тем легче и спокойнее и конвой, и администрация пересыльных тюрем относились к особо опасным преступникам: в Новосибирске я первый раз сидел в большой «хате», а не «на спецу», и в «столыпине» на Томск не удостоился спецэтапа: «прогнали на общих».

Отчего так? Может, оттого что сибирские тюрьмы и сибирский конвой за последние три века видали много разных арестантов, и удивить их было нельзя ничем; может, оттого что они обладали особой проницательностью и быстро разобрались, что хлипкий москвич-диссидент, идущий по первой ходке, вряд ли представляет серьезную опасность; а может, просто клали на разные циркуляры из центра, потому что вокруг лежала *их* Сибирь: снег десять месяцев в году, пространство, уходящее в никуда, и широкие сонные реки, что текли мимо, словно желая убежать от безлюдья своих берегов. И вообще сибирским – чего бояться: дальше не угонят. Как говорили нам вольные мастера на лесоповале: вы тут посидите и выйдете, а мы здесь живем.

Так ли, этак ли, но почета мне больше не оказывали: загнали вместе с еще восемнадцатью зэка в купе на четверых и закрыли решетку. Я сидел на второй полке, сдавленный с боков, вдыхая табачный дым, вытеснивший из купе воздух. На нижних полках сидели воры и разные прочие блатные масти, а под их полкой лежали загнанные туда «петухи». Они хотя бы могли разогнуться и вообще лечь: все остальные сидели два дня ходу до Томска. Вот и думай, кто тут привилегированный. Хотя поменяться с ними местами не согласился бы никто: жизнь их – страшная. Только еще хуевей.

Нас принял местный конвой – как обычно, на товарном перегоне. Без всякого пиетета меня погрузили в общий автозак, и мы покатили в тюрьму.

Для меня это была последняя пересылка: ГУИТУ определил мне отбывать мои пять лет ссылки в Асиновском районе Томской области.

Перекличка, баня, «прожарка», развод по камерам: несложный, привычный ритуал пересыльных тюрем.

Я оказался в огромной этапной камере, где сидели только ссыльные, причем не по режимам, как обычно в тюрьмах, а все вместе: «особняк», «строгач», усиленный. Видно, мы все считались просто ссыльными, и оттого администрация Томки не распределяла нас по режимам. Большинство, как и я, были после сроков, кроме трех шоферов из Краснодарского края: все трое были осуждены за убийство по неосторожности в виде наезда в пьяном виде, и три года ссылки было их единственным наказанием. Они – не обладая тюремным опытом – абсолютно ошалели от пересылок и держались вместе, надеясь, что это им поможет. Впрочем, после того как «братки» забрали у них оставшийся запас чая и курева – «на общее дело», никто в «хате» не обращал на них внимания. Все сидели в предвкушении свободы, коей после тюрем и зон казалась нам ссылка.

Я прибился к «семейке» чеченского ворА Зелимхана – Зелика. В тюрьмах и зонах зэка живут «семейками»: кто с кем ест и кто с кем держит «семейный общак». Чем ближе «семейка» к окружению «авторитета», «вора», тем почетнее и выше место зэка в сложной тюремной иерархии. В Томской «транзитке» Зелик был непререкаемым авторитетом, и я бы никогда не попал в его «семейники», если бы он сам не пригласил меня поесть с ним и другими ворами: чеченцем Русланом (Русиком), старым вором по кличке Дядя Вася (хотя его звали Николай – ?!), курдом Бахрамом по кличке Бахрам Лачинский (он был из Лачинского района в Армении) и другими персонажами. Этакий криминальный интернационал. Настоящая дружба народов.

Зелик слышал про мою «дерзость» – избил конвой на суде! – и слышал, конечно же, в самой невероятной интерпретации: будто я «пописАл ментов»! Вот так – пронес на суд «перо» и «пописАл мусоров»! Я честно рассказал, как было дело, напирая на то, что защитил мать. Моя сыновняя преданность и «дерзость» были встречены с одобрением.

До Зелика и его товарищей также дошли рассказы о моем участии в бунте на 32-м посту Свердловской пересылки и мой «подвиг» с чайником в Тюменской тюрьме. Удивительно, что при такой массе заключенных, постоянно кочующих по всему СССР, зэковская устная почта работала исправно, и я много раз отмечал, что зэка из самых разных уголков страны знали последние новости о многих других, кого никогда и не видели.

Выяснив, что я – это я (в чем я быстро сознался), Зелик со товарищи позвали меня чифирить. Я сел с ними, но чифирить отказался, сославшись на плохое сердце (что было враньем). Я рассказал про свой опыт с чифирем в Тобольске, они посмеялись, но отнеслись к рассказу серьезно: я был молод и должен был беречь здоровье.

Русик и Бахрам заварили чифирь «на мойке» – бритвенном лезвии, что почему-то должно было сделать его особенно крепким. Я так и не понял почему.

Зелик раздал своим «семейникам» наркоту, и опять я должен был отказаться: тут у меня была железная по воровским понятиям «отмазка» – масть не позволяет. Братва потребовала пояснить, и я – бывший учитель словесности – произнес небольшую речь, что, мол, наркотики туманят восприятие реальности, а диссиденты должны оставаться всегда готовыми воспринять реальность адекватно, потому что хотят ее изменить. Что-то в этом роде, правда, другими словами, но мой «базар» звучал убедительно – даже для меня самого.

«Семейка» приняла и мои объяснения, и меня: Русик «накрыл поляну»: белый хлеб, масло, колбаса, шоколадные конфеты! Я не мог поверить своим глазам, глядя на эти давно забытые лакомства. Затем достали водку, купленную у контролеров, причем «в стекле», то есть в «родной» бутылке – такую конвой продавал за двадцать пять рублей, а не перелитую в грелку – для удобства проноса в тюрьму на теле под одеждой, что было намного дешевле. Мы выпили и принялись за еду.

Конвой в Томской «транзитке» был сплошь «прикупленный» и исправно поставлял богатым арестантам все что угодно: еду, спиртное, наркоту. Зелик держал транзитный «общак» и не скупился на хорошую жизнь. Я отдал в «общак» все оставшиеся у меня пачки «Явы», но более ничем не мог поучаствовать в «общем деле».

Меня – в который раз?! – подробно расспрашивали о жизни в Лефортове, о моих лефортовских сокамерниках, о ГБ вообще. Я – в который раз?! – повторил все свои истории, вызвавшие веселое восхищение сокамерников. Особое веселье встретил мой рассказ о том, как Юра Глоцер «развел конторских», пообещав им выдать запрятанную в Абрамцевском парке ценную икону, а сам просто хотел погулять по лесу, хоть и знал, что будет за это наказан.

– Путевый пацан, – одобрили воры Глоцера. – Барыга, а по ходу дерзкий.

Также имел место подробный доклад о свердловском бунте, и воры внимательно слушали, изредка делясь мнениями о строгости соблюдения понятий на 32-м посту. Бахрам Лачинский, оказывается, знал Амирхана, ожидавшего расстрела в Свердловке, и это вызвало общее оживление, прибавив вес моему рассказу.

Затем Зелик провел со мной серьезный разговор о политическом положении в стране: что будет дальше, чего хочет Андропов и, главное, чего от всех этих перемен ждать воровскому миру.

После проведенной политинформации и утомленный этапом и обильной едой, я улегся спать на верхнюю «шконку» в «козырном» углу, где обитала моя новая семья.

Утром, когда в коридоре загромыхали тележки «баландёров» с завтраком, я было собрался со своей «шлёнкой» к раздаче, но не спавший Дядя Вася – а он, казалось, никогда не спал, а только и делал, что беспрерывно курил, осадил меня:

– Куда, Москва? Тебе зачем баланду хлебать: у нас своей «хавки» хватает. А если что надо, «шнырю» скажем – принесет.

«Шнырь», дежурный по бараку в зоне, – услужливый «мужик», в тюрьме обычно низкая, но не позорная масть. Это «шестерка», обслуживающий «воров» персонал. Некоторые из них пробиваются в «двигающиеся», обычно «став на дорогу» или еще каким-то образом принося пользу «общему делу». В большой камере их обычно несколько – этакие незаметные Иваны Денисовичи, и на них, собственно, и держится тюремный быт.

Мужик – опора вОра, гласит тюремная мудрость. И вправду так.

Дядя Вася был главный «положенец» в Томской «транзитке»: старый вор, то ли русский, то ли украинец с Северного Кавказа, он «чалился» уже лет тридцать, побывав за это время на свободе совокупно не больше двух лет. Казалось, не было в СССР тюрьмы или зоны, про которую Дядя Вася не мог бы рассказать в деталях, с историческими подробностями, с именами отбывавших там «авторитетов» и фамилиями «кумовей», и слушать его было интересно: живая энциклопедия ГУЛАГа. На прогулку он, как и многие бывалые арестанты, никогда не ходил, считая свежий воздух пагубным для здоровья. «Конегон» постоянно приносил ему почту с просьбой советов и мнений по сложившимся в других камерах ситуациям, и, внимательно, шевеля губами, прочитав послание, Дядя Вася звал или меня, или молодого «двигающегося» блатного по кличке Паша Духан писать ответную «маляву».

Его советы отличались краткостью и категоричностью мнения. Помню, ему прислали запрос относительно одного «фуфлыжника»; ответ Дяди Васи, продиктованный мне, состоял из трех слов: «Хуем не наказывать», то есть не насиловать, не опускать в «петухи». Зелик часто шептался – «тёр» – с ним о всяких важных воровских делах, завесив одеялом свою «шконку», на которой они сидели, и мы видели только клубящийся под потолком дым от их курева, пытаясь угадать в его причудливых клубах темы секретных бесед.

Он жаловался, что сидел себе спокойно на «особняке» где-то на Севере и собирался сидеть там до самой смерти.

– Зона хорошая, сытная, я – пенсионер, меня с работой не мучили, да я и не работал никогда, – рассказывал мне Дядя Вася, занимаясь своим любимым делом – раскладываньем пасьянса. Работать он, ясное дело, не работал, потому что настоящий «вор» не может работать по понятиям. – Когда «локалки» ввели, жизнь попортилась, но нам «локалки» – не помеха: все одно из отряда в отряд ходили. Вокруг тайга, зелено, вышел на лавочку у барака – сижу курю. Я про ссылку эту и думать забыл.

Он действительно забыл, что по последнему сроку ему к его пятнадцати «навесили» еще пять ссылки, поскольку не собирался выходить из зоны: был убежден, что в течение срока «закроют» еще лет на десять – всегда найдется за что. Когда срок подходил к концу и ему напомнили про ссылку, Дядя Вася «перетёр» с «хозяином», попросив того оставить его в зоне, оформив при бане или еще как, но «хозяин» отказался, потому что наступило новое время и «андроповцы» зорко следили за соблюдением закона. И Дядя Вася нехотя пошел в ссылку.

Ко мне Дядя Вася относился без особого любопытства, раза два поговорив со мной о порядках в Лефортове которые он, впрочем, знал не хуже меня. Он вообще знал все, что можно было знать о тюрьмах и лагерях, а также слыл большим знатоком Уголовного кодекса, часто толкуя ту или иную его статью со знанием юридических подробностей, которому позавидовали бы лучшие советские адвокаты. Он зорко следил за соблюдением «черного хода» в «транзитке», иногда посылая Русика навести порядок. Впрочем, «хата» жила тихо, и никто из более низкопоставленных блатных не понтовался, потому что один недовольный взгляд Зелика мгновенно прекращал все разборки, случавшиеся, в основном из-за скученной жизни в камере или картежных споров.

Я много читал и слышал о якобы существующей нелюбви блатных к политическим. Ни разу ни в тюрьме, ни на лесоповале никто из блатных не упрекнул меня в нелояльности советской власти и не высказал недружелюбия по этому поводу. Уголовники часто не понимали сути и причин моей противоправной деятельности, но никто из них не защищал родную власть. Наоборот, они относились к советскому режиму как к тяжелому ярму сродни фашистской оккупации. Вроде как коммунисты пришли на их воровскую родину и теперь «гнобят пацанов».

«Хата» наша жила спокойно, сытно, и не чувствовалось в ней привычной для транзитной тюрьмы тревожности – ожидания этапа и связанных с ним забот. Зэка в «транзитке» жили, словно собирались сидеть здесь век, устраивая свой быт надолго. Я не мог этого понять и на шестой день поинтересовался, когда пойдет следующий этап в Асиновский район.

– Тебя в Асиновский, на повал, поди? – спросил всезнающий Дядя Вася.

Я подтвердил.

– Ну так сиди не горюй, жируй здесь, – посоветовал Дядя Вася. – В мае поедешь.

В мае? Стоял декабрь, и снег за окном валил не переставая. Почему мне сидеть здесь до мая – целых полгода?

– А чего не раньше? – осторожно поинтересовался я, стараясь не задать глупый вопрос, что сразу бы выдало мою неопытность.

– А как тебя зимой повезут? – дивясь моему невежеству, спросил Дядя Вася. – Река-то уж давно встала.

# Голодовка

Я не мог поверить: ГУИТУ по Томской области этапировало заключенных в дальние места отбывания наказания – «на дальняк» – баржами! А баржи ходили по рекам, которые к декабрю, понятное дело, встали – покрылись толстым льдом. Оттого все ссыльные в Томской «транзитке» ожидали этапа только в мае: как вскроется река.

Зэка не роптали: во-первых, тюрьмой их было не удивить. Во-вторых, «под Зеликом» «транзитка» жила сытно. И, самое главное, срок ссылки, проведенный в тюрьме, засчитывался день за три. Таким образом, просидев в Томской «транзитке» еще полгода, они сокращали свой срок ссылки на полтора года.

Меня это не устраивало: я хотел выйти в ссылку как можно скорее, о чем и написал заявление начальнику Томской тюрьмы, передав его через контролера. На следующий день меня «дернули» из камеры и привели в маленькую комнатку со столом и двумя стульями, куда через пару минут пришел коренастый мужчина в строгом темном костюме, представившийся томским «кумом». Он держал в руках мое заявление.

– Какие проблемы, Радзинский?

– Гражданин начальник, прошу в срочном порядке этапировать меня на место отбывания наказания, поскольку у меня тяжелая форма язвенной болезни, а также…

Что «также» – ему было неинтересно; он меня прервал и посоветовал обратиться к тюремному врачу: если я действительно болен, мне выпишут диету. Я еще раз объяснил, что хочу быть этапирован в ссылку.

– И как я тебя этапирую? – резонно поинтересовался «кум». – Река стоит. Что – ледокол для тебя вызывать?

– Но люди как-то из Томска в Асиновский район добираются? – поинтересовался я. – Или зимой так никто и не ездит?

– Люди добираются, – согласился «кум». – На общественном или личном транспорте. А тебя положено этапировать под усиленным конвоем. И чего я – конвой маршрутным автобусом отправлю?

На этом разумном аргументе разговор закончился. Меня отвели обратно в камеру, где я лег на «шконку» и принялся обдумывать ситуацию. Оставаться в «транзитке» я не хотел, и единственный способ побудить тюремную администрацию к действию было стать для них проблемой. Потому на следующее утро я передал контролеру, сопровождавшему «баландёра» при раздаче завтрака, заявление о начале бессрочной голодовки, пока меня не этапируют в ссылку.

«Хата» с интересом следила за развитием событий. Многие не понимали, зачем я обостряю неплохую ситуацию: не бьют, не гнобят, работать не заставляют – сиди отдыхай, жди весны. Зелик одобрил меня из принципа: он приветствовал любую форму сопротивления властям. Некоторые бились о заклад, пойдет ли администрация на мое требование или нет.

Администрация тем временем не реагировала: хочешь уходить в голодовку – уходи.

На третий день голодовки меня снова повели в знакомую уже комнату, куда явился «кум». Он еще раз терпеливо объяснил мне ситуацию с этапом и посоветовал прекратить голодовку. Я же сообщил ему, что «упал» бессрочно, а вернее, пока мое требование об этапировании на место отбывания ссылки не будет выполнено. Я также передал ему заранее заготовленное заявление, в котором подтверждал, что готов голодать до конца и ответственность за мое здоровье и жизнь будет нести администрация. В конце заявления упоминалось, что его копия отослана мною в отдел по надзору за органами МВД прокуратуры Томской области, а также в областное Управление госбезопасности. Я и вправду утром передал копии заявления через контролера в оба ведомства, о чем «кум» прекрасно знал – потому и вызвал.

— Чего вы добиваетесь? — перешел «кум» на «вы». — Что хотите доказать своей голодовкой?

— Там все написано, гражданин начальник, — напомнил я. — Прошу областные органы ГУИТУ соблюсти закон и выполнить решение суда о направлении меня для отбывания наказания по месту ссылки.

— Река-то стоит, как мы вас повезем? — воззвал к моей логике «кум». — Вы же образованный человек, Радзинский. Должны понимать.

Понимать я был должен, но не хотел: я собирался любой ценой уйти из «транзитки» и был намерен голодать до конца. Я надеялся, что администрация тюрьмы не захочет рисковать моим здоровьем и нести ответственность перед местным ГБ, которое, в свою очередь, не захочет отвечать за меня перед центральным КГБ. Это был в чистом виде шантаж.

Голодовку я поначалу переносил легко — пил много чая и воды. Чай пил без сахара, хотя зэка советовали «замешать глюкозки», считая, что против «хозяина» можно хитрить. Я же решил соблюдать чистоту линии и, отказавшись от сахара, пил пустой чай.

На пятый день у меня начала кружиться голова, когда я слезал со «шконки» на «парашу», меня повело, завертело, и я чуть не упал. Зелик посоветовал покурить анаши, которую исправно доставляли контролеры, или принять теофедрин.

— Это же не еда, а лекарство, — объяснил свою позицию Зелик. — Спроси у Дяди Васи.

Дядя Вася как основной «понятийный авторитет» подтвердил, что, приняв «колеса» или почифирив, я не нарушу принципа: «хавать» я не «хаваю». Я поблагодарил, но отказался: не из принципа, а потому что мне потом будет хуже.

После обеда меня неожиданно «дернули» в санчасть, где милая толстая равнодушная врачиха осмотрела меня, проверила пульс, послушала сердце и легкие и сообщила, что я клинически здоров.

— Чего добиваешься своей голодовкой? — поинтересовалась она. — Лед, что ли, для тебя специально зимой растает? Бросай дурить.

Она, конечно, была права. Врачиха предложила выписать мне как язвеннику диету с усиленным питанием на время пребывания в Томской «транзитке». Я поблагодарил и отказался.

Меня вернули в камеру, и я лег спать.

Через час меня разбудили и повели по каким-то новым коридорам. Потом завели в большую приемную, на двери которой было написано «Начальник СИЗО № 1 Такой-то».

«Хозяин».

В кабинете ждали оба – «хозяин» и «кум». Они еще раз терпеливо рассказали мне про законы природы, которые отменить нельзя, как, впрочем, и установления ГУИТУ об этапировании заключенных. Мне предложили прекратить голодовку и пообещали этапировать, как только вскроется река.

– Я сам раньше «вскроюсь», – пообещал им я. – На хуй мне такая жизнь – в тюрьме. «Вскроюсь», а вы с «конторскими» потом разбирайтесь.

Я еще говорил много чего, уже не помню, потому что в голове у меня шумело и все вокруг казалось подернутым каким-то зеленым цветом. Иногда перед глазами появлялись черные точки, и мир вокруг начинал плыть, особенно по углам. «Кум» предостерег меня, что если я не прекращу голодовку добровольно, на восьмой день меня начнут кормить насильно. Или на десятый, уже не помню. Я пообещал, что не прекращу, и меня отправили в камеру.

А там шел военный совет: оказывается, в этот день в ШИЗО умер местный «авторитет» по кличке Бура. Он сидел в ШИЗО почти безвылазно – его постоянно «закрывали через нулевку» как отрицательный элемент. В «транзитку» пришла «малява» об этом горестном событии, в которой «братва» выражала сомнения в естественных причинах смерти Буры и сообщала, что тюрьма готовится наутро «упасть», то есть уйти в голодовку в знак протеста против ментовского беспредела. В конце послания задавался вопрос, поддержит ли «транзитка» тюрьму.

Не знаю, убили ли Буру в ШИЗО контролеры или он умер сам, но человек он был в Томке известный – «кристально чистый пацан» – и пользовался большим авторитетом. Мы, однако, были ссыльные, и местные дела имели к нам мало отношения: портить себе жизнь нарушениями никто не хотел. С другой стороны, «продать» братву было нельзя.

Зелик и Дядя Вася удалились на военный совет, занавесившись одеялом, и через полчаса Зелик объявил «хате»:

– Утром «падаем» вместе со всеми. Кто не хочет – пусть ест. «Предъявлять» не будем: каждый сам решает.

Наутро «транзитка» «упала» вместе с тюрьмой.

# Подстрекатель

Оглядываясь назад, я подчас и сам не понимаю свое поведение в заключении: я в принципе человек несмелый, трусоватый даже, но по юности и глупости вел себя крайне отчаянно. Думаю, этому во многом способствовали следующие факторы: мое идиотическое неверие в серьезность и реальность ситуации, словно я участвовал в затянувшемся на многие года спектакле – этаком перформансе собственной жизни, и мое почти детское любопытство, толкавшее на опробывание лимитов собственной физической и душевной выносливости. Я не страдал от тягот и лишений ни в тюрьме, ни на лесоповале, оттого что не воспринимал их как тяготы и лишения.

День, когда Томка «упала», я почти весь проспал от слабости, изредка вставая к «параше». Я много пил и оттого должен был часто ходить по малой нужде. Я – хорошо не подумав – решил проблему просто: нужно перестать так много пить, тогда и к «параше» вставать не нужно. Дальше помню, что проснулся посреди ночи от того, что в горле стояла поднявшаяся из желудка желчь, и я чуть ею не захлебнулся. Я сполз с верхней «шконки» и, держась за другие «шконки», пошел к «параше» – выплюнуть горький ком слизи.

Русик дал мне чая, который я хлебнул, и меня чуть не вырвало. У чая был странный незнакомый вкус, и я не сразу сообразил, что чай сладкий.

– Не буду, – сказал я, но не из принципа, а потому что казалось, что от сладкого чая будет хуже.

Русик уступил мне свою «шконку» внизу, я лег, накрылся телогрейкой и тут же заснул.

Наутро «транзитка» продолжила голодовку – шел второй день. После обеда, от которого «хата» в полном составе отказалась, загромыхала открывшаяся дверь, и контролер приказал всем встать со «шконок» и раскиданных по полу матрасов. В камеру вошли «хозяин» и «кум» в сопровождении двух конвоиров. Коридор был заполнен «вертухаями».

«Хозяин» поинтересовался, отчего «транзитка» отказывается от еды и какие требования предъявляет к администрации. Зелик повторил требования расследования смерти Буры и наказания виновных, изложенные в заявлении, написанном мною накануне от лица «хаты» перед объявлением голодовки под диктовку Дяди Васи.

– Расследовать тут нечего, имеется заключение медработника, что Бураков умер от острой сердечной недостаточности, – сообщил начальник тюрьмы. – Все условия содержания в штрафном изоляторе соответствуют нормам. Будете продолжать нарушать режим – ознакомитесь с этими условиями лично.

Все молчали: мы понимали, что помещение в ШИЗО будет рассматриваться как наказание за нарушение режима, и это может повлиять на наши шансы быть выпущенными в ссылку.

– Кто это заявление ваше написал? – потряс «кум» нашей «заявой». – Это кто такой грамотный?

Он смотрел на меня.

– Я, гражданин начальник, – сознался я. – Заявление написал от лица камеры, – добавил я для чего-то. Мне хотелось закрыть глаза и потонуть в густой темной вате, заполнявшей меня изнутри.

– Подстрекаешь заключенных к нарушению режима и неповиновению администрации, Радзинский? Агитировать сюда приехал? Сам «упал» и других за собой «пристегнул»? А потом что: на бунт начнешь подбивать? Ты думаешь, мы здесь не знаем про твои подвиги в Свердловке? Вы чего, не понимаете, – обратился «хозяин» к камере, – он вас здесь, как лохов, «пустил в темную»? Для своих нужд вас использует! Он же требует, чтобы его одного в ссылку вывезли, и голодовку объявил в знак протеста, а что вы здесь будете сидеть до мая – ему насрать! И на голодовку вас подбил, чтобы на администрацию давить – для себя лично! – возмущался «хозяин».

Это была полная глупость и нелепица: у меня в камере не было никакого авторитета – я был самый молодой, «первоход», и самый неопытный. Я не был «положенцем» или «двигающимся» и вообще блатным какой-либо уважаемой воровской масти, и никто бы не стал слушать мое мнение по любому, даже самому неважному, аспекту тюремной жизни.

– Это неправда: я «упал» еще раньше – до общей голодовки.

– Товарищ полковник, – обратился «кум» к «хозяину» по званию – для официальности, хотя когда они ранее уговаривали меня прекратить голодовку в кабинете начальника тюрьмы, то называли друг друга на «ты» и по имени-отчеству. – Если вы одобрите, предлагаю изолировать Радзинского как подстрекателя и зачинщика нарушения режима от других заключенных. У нас как раз в карцере место освободилось, – намекнул он на гибель Буры.

Было понятно, что они заранее приняли это решение и теперь разыгрывали перед «хатой» постановку под названием «Наказание подстрекателя в назидание другим». Отправлять меня в карцер было не за что: я мог голодать сколько влезет и ничего не нарушал. Но, привязав мою личную голодовку к общетюремной, они создавали видимость серьезного нарушения режима и срыва работы администрации исправительно-трудового учреждения.

– Гражданин начальник, – вмешался Зелик, – он никого не уговаривал «упасть»: это наше решение. Он вообще о своем голодает – один.

Спасибо, Зелик. Только защита его уже ничего не меняла: администрация тоже приняла решение – свое.

– Радзинский, с вещами – пять минут на сборы, – приказал «кум» и велел конвойным вывести меня из «хаты». – А вы, – обратился он к остальным, – кончайте «бузу»: вам здесь до мая сидеть. Будете препятствовать работе администрации, уйдете не в ссылку, а обратно по зонам – по 77 прим.

Какая здесь на хуй 77 прим? Это статью использовали после подавления бунтов, а тут тюрьма просто «упала»! Кому он гонит эту «парашу»: люди-то все бывалые.

Я не стал протестовать: не было сил, да и бессмысленно. Собрал «сидор», попрощался с камерой и пошел на выход.

Я не понимал, почему меня «дернули» с вещами: значит, после ШИЗО не вернут обратно в «хату»? А куда? Кроме нашей, в транзитном крыле была еще женская камера и две «хаты» для туббольных. И почему мне не зачитали приказ о водворении в штрафной изолятор с оглашением срока наказания? Что-то было не так.

Я был убежден, что меня ведут на склад сдать рюкзак, а оттуда в ШИЗО. Меня, однако, провели по каким-то коридорам в другой корпус, где водворили в крохотную пустую «двойку» – камеру с двумя сдвоенными «шконками». Такие камеры обычно бывают «на спецу» – в спецблоке усиленного режима содержания заключенных – особо опасных или особо важных.

Я сел на нижнюю «шконку» и огляделся: «намордник», свет с улицы – белесая полоска. Маленький стол с прикрученной к нему лавкой, на стене – квадраты ячеек для вещей. «Параша» – дырка в углу рядом с раковиной. Тюрьма как тюрьма: не хуже, не лучше.

Я засунул рюкзак под «шконку», снял ботинки и лег спать, накрывшись телогрейкой. И будто провалился в болото – с головой.

Если б я писал художественное произведение, здесь был бы хороший момент для метафоры, литературного тропа: что, мол, свет проникал с улицы узкой полоской надежды и прочая херня. Или описал бы, как герой думал о своей загубленной молодой жизни, осознав весь ужас ситуации: вдруг его не выпустят в ссылку, а оставят в этой крохотной камере до конца жизни? Заживо погребенный – с младых лет до горестной кончины. Как он стоит под забранным «намордником» маленьким окошком и думает о своей любви, о долге, о родине, наконец. И в открывшийся ему мрак отчаяния проникает песня, ну, скажем, соловья, возвращая его к жизни.

Слезы, катарсис, аплодисменты, занавес. Зрители забирают в гардеробе пальто и отправляются по домам.

Ни о чем подобном – умном и возвышенном, – как, впрочем, и не о чем другом я не думал, а просто лег спать.

Проснулся, когда вечером принесли ужин, от которого отказался. Пошел к раковине попить воды и неожиданно осознал, что чувствую себя легко, словно сон влил в меня силы. Потом я где-то читал, что после первичного выхода токсинов из организма во время голодовки наступает легкость. Судя по всему, она у меня наступила.

Утром следующего дня меня «выдернули» из одиночки без вещей и повели куда-то в главный корпус тюрьмы. Я посчитал, что уже голодаю восемь дней, и, стало быть, меня сейчас будут кормить насильно: засунут трубку в нос и закачают питательный раствор. Отвратительная, унизительная и крайне болезненная процедура. Но быстро понял, что ошибся, – меня вели не в медблок.

Вместо санчасти меня привели в комнату без окон, похожую на комнату для свиданий, где сидел коренастый мужчина с круглым лицом в гражданском костюме. На столе перед ним лежало мое заявление об объявлении бессрочной голодовки.

Мужчина приветливо улыбнулся и показал на стул:

– Присаживайтесь, Олег Эдвардович. Чай будете?

Я поблагодарил и отказался: я не знал, кто он, и не собирался с ним распивать чаи. Кроме того, я уже пил много чая с утра, когда во время раздачи завтрака мне дали чайник.

– Дроздов Василий Николаевич, сотрудник Управления госбезопасности по Томской области, – представился круглолицый. – По поводу вашего заявления.

ГБ. Значит, заявление мое все же до них дошло, и они, проконсультировавшись с Москвой, решили реагировать. Я ждал.

– Почему отказываетесь от еды, Олег Эдвардович? – поинтересовался Дроздов. – У вас и так здоровье не очень: язвенная болезнь, гастрит. Доведете себя до обострения.

Он был хорошо знаком с моим личным делом. Приятно, когда тебе оказывают личное внимание.

– Гражданин начальник… – начал я.

Дроздов меня остановил, подняв руки в знак протеста:

– Олег Эдвардович, зачем вы так? Я же не в МВД работаю! Называйте меня по имени-отчеству; у нас же беседа, а не допрос!

– Я в заявлении все изложил, – кивнул я на свое заявление на столе. – Я здесь до мая сидеть не намерен: буду добиваться этапирования. Любыми средствами.

Получилось это как-то не очень твердо и не очень убедительно. Ну да получилось как получилось.

— А куда вы спешите? — неожиданно поинтересовался Дроздов. — Здесь вы в тепле, можете до весны на койке проваляться, если не будете нарушать режим, а в тайге вас ничего хорошего не ждет. Вы же нашей сибирской зимы не знаете!

Ему явно хотелось поговорить. Я решил молчать: уже все сказал и даже написал.

Дроздов тоже помолчал, затем прокашлялся и сказал:

— Значит, вы намерены настаивать на немедленном этапировании и свою позицию менять не желаете?

Было похоже, что у него уже есть сформированное решение, и перед тем, как объявить его мне, ему нужно было подтверждение моей позиции.

— Буду держать голодовку, пока меня не этапируют в ссылку, — сказал я. — Или пока не умру.

Это я добавил для драматического эффекта: умереть я, конечно, не мог, потому что меня были обязаны кормить насильно каждые десять дней, но я решил не заострять на этом внимание.

— Понятно, понятно. Ну тогда хорошо, — неожиданно согласился Дроздов. — Если так, мы вас сейчас заберем и отвезем по месту отбывания наказания.

Этого я не ожидал. Вот так вот легко? Главное, не верить в хорошее, а то потом тебя «кинут» — одно расстройство. И кто эти «они»? ГБ не этапирует заключенных, этим занимается МВД. «Развод» какой-то.

Или правда?

Первое — не показывать волнения.

— Василий Николаевич, — сказал я как можно ленивее, словно о чепухе говорим, — в каком смысле *вы* меня заберете? Кто — *вы*? Вы же сказали, что вы из КГБ. А этапирует МВД.

— Ну, поможем товарищам, — заулыбался Дроздов. — А то они сейчас никого не возят, как мне объяснили. Не волнуйтесь, Олег Эдвардович, довезем вас в целости и сохранности. — Он осмотрел меня как-то скептически. — Вам бы, конечно, поесть нужно перед дорогой, а то вид у вас… нездоровый.

«Развод»! «Развод»! Так и знал: никакой он не гэбэшник, а просто «мусорской» опер — пришел «развести» меня на окончание голодовки. А я почти поверил! Мудак наивный.

— Я в тюрьме есть не собираюсь, — как можно жестче ответил я. — Вы же меня повезете в ссылку? Там и поем.

– Ну мы вам чего-нибудь на выезде из города купим, – примирительно пообещал Дроздов. Он встал, и дверь комнаты тут же открылась: каким-то образом «вертухай» за дверью знал, что беседа закончилась. – Вас сейчас отведут собрать вещи, а мы пока с администрацией решим формальности всякие.

Неужели и вправду сейчас выйду из тюрьмы? Поеду в ссылку?

Главное – не верить. Быть готовым, что обманут.

Меня повели обратно в камеру, где я собрал вещи и сел ждать.

Где-то через час «кормушка» открылась:

– На выход!

Я схватил рюкзак: значит, вправду?!

– Вещи оставь, – приказал контролер. – Сам – на выход.

«Кинули»! Так и знал, что «кинут».

Меня повели по коридорам, и скоро я сообразил, что ведут в медблок. Значит, будут кормить насильно. Мне было не страшно, но как-то зябко от этой мысли. Или от голода. Неожиданно, в первый раз за восемь дней, я понял, как хочу есть: до этого голода не чувствовал.

Сопротивляться я не мог: не было сил, да и изобьют, а потом все равно трубку в нос засунут. Еще порвут носоглотку. Лучше не сопротивляться, решил я.

В санчасти знакомая уже врачиха велела мне поднять свитер, прослушала сердце и легкие, проверила пульс. Я ждал, пока меня привяжут к железной койке, которую было видно через раскрытую дверь в соседней комнате, и начнут засовывать трубку в нос. Со мной был только один конвоир, значит, они не ожидали сопротивления. И правильно: я не собирался сопротивляться.

Врачиха закончила писать, поставила штамп, как на рецепт в поликлинике, и отдала бумажку контролеру. Тот кивнул мне: «Пошли».

Мы шли через тюрьму, и меня явно вели не обратно в камеру. Мы спустились в какой-то коридорный туннель и пошли под землей – это был переход в другой корпус.

«В ШИЗО, – понял я, – решили «закрыть» меня в ШИЗО и потому провели медосмотр: документом прикрыться, если со мной в карцере что случится».

Мне стало все равно. Мне стало все безразлично: в карцер, насильственное кормление, сидение в тюрьме до мая – пусть делают что хотят. Я не мог выиграть, потому что у них была власть, а у меня ничего, кроме упрямства и решимости не подчиняться.

И вот моя решимость подошла к концу: мне стало все равно.

Я хотел лечь и спать. Знал, что не лягу, потому что в ШИЗО полку-вертолет отстегивают только с отбоем – в десять. Потому мне придется простоять на ногах до вечера: сидеть на металлической тумбе, поддержи-вающей деревянную полку, нельзя – застудишься.

Да и хуй бы с ним: простою.

Мы поднялись в пустой коридор, повернули куда-то несколько раз, и конвоир завел меня в небольшую комнату со столом и стулом. На столе лежал мой рюкзак.

Контролер запер дверь и ушел. Я ничего не понимал: значит, не в ШИЗО? А куда? Если в другую «хату», почему привели сюда?

Минут через двадцать дверь открылась, вошли «кум» и Дроздов. У «кума» в руках были какие-то документы.

Я встал со стула, заложил руки за спину.

– Садитесь, Радзинский, – сказал «кум». – Вот здесь распишитесь.

И он положил передо мной несколько бумажек.

Меня этапировали в ссылку. Я перечел постановление об этапирова-нии два раза, чтобы не пропустить подвоха, но не очень хорошо понимал, что читаю: буквы прыгали, словно черные блохи. Или это было от голода? Не знаю.

Я расписался, «кум» дал Дроздову расписаться на каком-то другом документе и ушел, пожелав мне встать на путь исправления и хорошо тру-диться в ссылке. Я кивнул и ничего не сказал. Я не очень понимал, чего ожидать: обманут – не обманут. Лучше молчать.

Дроздов кивнул контролеру, и мы пошли по тюремному коридору.

В конце – у двери – Дроздов посоветовал:

– Шапку наденьте, Олег Эдвардович. Там морозно.

Неужели вправду? Не верить, не верить. Не надеяться.

Контролер отпер дверь, и мы вышли в запорошенный снегом двор, обнесенный высокой стеной. Здесь стояло несколько машин. Из УАЗика в углу двора выскочил высокий шофер. Дроздов попрощался с контроле-ром, и мы пошли к машине.

Не верить?

В кабине на заднем сиденье, куда меня посадили, сидел еще один мужчина. Он поздоровался, но ничего больше не сказал. Дроздов уселся рядом с водителем.

УАЗик тронулся, мы остановились у ворот, шофер пошел в КПП по-казать наши бумаги, вернулся, и мы выехали из Томской тюрьмы через широко распахнувшиеся ворота.

За подмерзшим окном плыла белая холодная воля. Я смотрел на улицы в снегу и ни о чем не думал.

# Жизнь шестая:
# ССЫЛЬНЫЙ

*1983–1987*

## Большой Кордон

Отчего администрация тюрьмы уступила моим требованиям? Думаю, они не хотели иметь проблемного зэка во время общей голодовки, к тому же зэка, за которого несли ответственность перед КГБ. Голодовку они, понятное дело, собирались подавить, а тут еще я со своим упрямством. Им и без того хватало хлопот. Так ли было, руководствовались ли они другими соображениями, но они от меня избавились, да еще и переложили этапирование на местный ГБ. А те, видать, тоже не хотели отвечать за меня перед московскими коллегами и побыстрее сплавили меня «органам МВД по осуществлению надзора за гражданами, отбывающими наказание в виде ссылки».

Отправившись в ссылку, а не на зону, я, кстати, немного выиграл. Во-первых, этап: что в Пермскую область, что в Мордовию – два места, где находились в СССР политзоны, – этап был бы много короче, чем в Томскую область, а этап мне выдался нелегкий.

Во-вторых, работа: на политзонах работа была в основном «на стенде» – сбор электроутюгов, как в Пермской ИТК-36, то есть внутри, и нормы были вполне выполнимые. Меня же отправили отбывать пятилетнюю ссылку на лесоповал: работа в лесу, и притом тяжелая.

В-третьих, и, должно быть, самое главное – окружение: на политзоне ты среди своих.

Заключенных на политзонах объединяла общность общественно-политической позиции и определенный образовательный ценз: все они в основном были люди образованные и интеллигентные. Среди своих и сидеть не так тяжко.

ЛЗП (лесозаготовительный пункт) Большой Кордон, куда отправили меня, был не очень большой: людской островок посреди сосновой тайги к северу от озера Тургайского. Ближе к поселку лежало еще одно озеро – Щучье, поменьше Тургайского. В поселке жило человек триста народа, из которых около тридцати – ссыльные. Ни одного, кроме меня, политического: уголовники-рецидивисты, получившие еще и ссылку в дополнение к срокам. Или «откинувшиеся» зэка, которым некуда было идти, и оттого они прибились к ссыльным, вернувшись в понятную им жизнь. Среди этих людей мне и предстояло провести «лучшие годы молодости».

Ссыльные и другой тюремный люд жили в общежитии на окраине поселка – длинном бараке. Местные жители называли барак «колонией», а нас – «колонийные». Официально ссыльные могли жить где угодно в черте отведенного им места отбывания ссылки, но на ЛЗП Большой Кордон жить было негде. И работы, кроме лесоповала, не было никакой.

Все ссыльные пришли либо с «особняка», либо со «строгача» – после многих отсидок, и оттого барак жил «по черному ходу», будто была это не ссылка, а зона. Главное отличие состояло в том, что «воры» работали наравне со всеми: в зоне настоящие блатные «на работу хуй клали», то есть – кто духовитей – «уходили в отрицаловку», отказываясь работать, а кто хотел проскочить «в легкую» за взятку начальнику отряда, устраивались в «дуркоманду», то есть в рабочую команду, которая ничего не делала, а целый день чифирила и «катала стиры» – играла в карты. На повале же работали все: «воры», «положенцы», «мужики» – все масти трудились на равных и в меру возможностей.

Меня поселили в бараке – дали койку в закутке на шестерых человек и оставшееся от кого-то одеяло. Вместо подушки я использовал сложенный втрое свитер. В бараке было тепло – топил старый зэка по кличке Чекмарь, уже как лет пять закончивший свой срок ссылки, но оставшийся жить при бараке.

– А куда я поеду? – пояснял Чекмарь. – Жить мне негде, семью, что была, давно растерял. Да и непривычно мне среди вольных. Ну их на хуй.

Всю жизнь с «малолетки» Чекмарь просидел по тюрьмам да зонам. Был он не блатной – не воровской масти, а обычный «мужик», каких по советским тюрьмам и зонам сидело видимо-невидимо. Другой жизни Чекмарь не знал. Как и многие из моих новых товарищей.

Меня приняли, расспросили, кто, за что и на сколько, и, выяснив, что у меня максимально положенный срок ссылки, посоветовали привыкать и обживаться. Подивились, как обычно, статье и оставили в покое.

Стиркой и остальным бытом в бараке заправляла старая зэчка тетя Настя, жившая тут же за фанерной перегородкой с наклеенными на стенах вырезанными из журналов фотографиями любимых советских артистов. Я было хотел похвастаться личным знакомством с некоторыми из них, да вовремя остановился. Мы платили ей по пять рублей в месяц с человека, и она стирала, убирала и зорко следила за порядком.

Тетя Настя была по молодости «простячка», то есть проститутка, но по первому сроку образумилась и твердо встала на путь воровской жизни. Так она и просидела до старых лет на разных зонах, стараясь, пока позволял возраст, уйти по амнистии как «мамка», то есть пытаясь забеременеть от охранников в этапах.

— Уж со всеми ими волками переёблась, — рассказывала мне тетя Настя о своей горестной жизни, пока я неумело помогал ей чистить картошку, — и никак. Потом «лепила» на зоне объяснил: пустая я. Во мне ребенки не держатся.

Выйдя наконец на свободу лет семь назад, тетя Настя прибилась к колонийным и делала всякую работу по бараку вместе с Чекмарем, с которым постоянно воевала и ругалась. Остальные ссыльные в их скандалы не лезли, потому что оба были люди пожилые и заслуженные: просидели всю жизнь.

Другие — помоложе — строили планы, куда поедут после ссылки, только ехать им было некуда: прописку потеряли, пока сидели, дома их не ждали. Кто-то, как и Чекмарь, уже закончил срок ссылки, но остался на повале — «подзаработать деньгу», а на самом деле оттого, что не знал, куда ехать и что с собой делать на воле.

Утром — затемно — нас вывозили по месту работы, каковых было три: делянка, верхний склад и нижний склад.

Делянка, лесосека — это, собственно, и есть повал, то есть место в лесу, где происходит вырубка. Вальщики — главные на повале работники, которым платили больше всех, — давали норму по спущенным кубам — кубометрам древесины. Валили в основном сосну, хотя дальше от Большого Кордона была и кедровая — «богатая» — делянка. Там работали лучшие вальщики: за кедр платили больше.

Верхний склад был расположен на лесосеке у лесовозной дороги. Сюда поваленные стволы вытягивал трелевочный трактор, и здесь их сортировали по обхвату (диаметру) ствола и готовили под погрузку на нижний склад. Большие тяжелые лесовозы не могли подойти к верхнему складу, потому что оттуда на нижний склад шла лежневка — дорога с настеленным деревянным покрытием, которая их не держала. Зимой, когда почва замерзала, по ней могли пройти легкие грузовики, на которые грузили стволы, довозили до нижнего склада, где лежневка подходила к трассе. Здесь стволы, зацепив железными тросами, перегружали на огромные лесовозы «МАЗы», и те уходили на Асино – районный центр, в котором располагался лесообрабатывающий комбинат. Весной-летом-осенью стволы вытаскивали трелевочным трактором и доволакивали до нижнего склада, где погрузчик грузил их на тяжелые лесовозы.

В первый день моей работы выяснилось, что я с трудом поднимал бензопилу «Урал» – шестнадцать килограммов. После проведенной в Томской тюрьме голодовки я весил меньше пятидесяти килограммов, и ходить по глубокому снегу с бензопилой, с которой я к тому же и не умел обращаться, не мог. Вальщиком меня бы все равно не поставили – должность завидная, но «братва» в принципе отнеслась скептически к моим карьерным перспективам на повале: не было во мне ни силы, ни умения. Потому меня поставили на делянку сучкорубом.

Сучкоруб, выражаясь по блатному, – низшая на повале масть: вальщик, повалив ствол, идет обрабатывать следующий, задача же сучкоруба, вооруженного топором, – обрубить со ствола ветки, оставив гладкий ствол, готовый под погрузку. Затем, когда подойдет трелевочный трактор, сучкоруб отвечает за обмотку: зацепляет стволы железным тросом и идет за трактором, следя, чтобы трос не соскочил и «обмот» – стянутые стволы – не рассыпался. Платили сучкорубам меньше всех.

Вроде ничего сложного: отрубил сучки, закрепил трос, проследил за трелевкой. Я, однако, никогда до того не работал физически и вообще ничего не умел делать руками, и потому все было мне тяжело.

Тяжело, не тяжело, думал я, легче не будет. И надеяться нечего.

# Эсэсовец Кальтенбруннер и бандеровец Пасюк

Наш ЛЗП входил в Минаевский леспромхоз, которым руководил Иван Иванович Бауэр – потомок ссыльных немцев с Поволжья, отправленных осваивать Сибирь в начале Великой Отечественной войны. Настоящее имя его было, понятное дело, Иоганн Иоганнович, но Иван Иванович звучало поприятнее. По загадочным, необъяснимым даже причинам все звали Ивана Ивановича не иначе как Кальтенбруннер.

Чем Иван Иванович напоминал местным жителям и нам, ссыльным, начальника гитлеровского СС, до сих пор остается для меня тайной. Но звали его именно так. Когда работавшие на повале были им недовольны (обычно за недоплаченные наряды или за незакрытые нормы выработки), то обзывали также Ванька Кальтенбруннер, что отчего-то считалось особенно обидным. Поди разберись.

Иван Иванович был мужчина высокий, статный и вообще солидный до крайности. Внешне он мог служить олицетворением «истинного арийца»: сероглазый, светловолосый, с выражением застывшей серьезности на длинном лице. У него в подчинении находилось множество раскиданных по тайге ЛЗП, и Большой Кордон был одним из них, причем не самым большим, однако – с моим прибытием – доставлявшим несоразмерно много хлопот.

Меня Кальтенбруннер искренне не полюбил, оттого что я оказался не обычным ссыльным, до которого мало кому было дело, а политическим, и районный отдел КГБ из Асина обязал его относиться ко мне с бдительностью. Не знаю, чего они ожидали, поскольку никакой агитации и пропаганды, кроме как среди окружавших меня рецидивистов, и без того ненавидевших советскую власть, я вести не мог: местные жители были безразличны ко всему, что не касалось их бытовых проблем и тяжелой жизни.

По справедливому мнению Кальтенбруннера, от меня было много проблем и мало пользы: сучкорубом и на обмотке – обвязке поваленных стволов железными тросами для трелевки – мог трудиться любой безграмотный идиот, и получше меня. И за идиота не нужно было отчитываться перед асиновскими товарищами с не менее, чем у Ивана Ивановича, серьезными лицами, но куда более серьезными полномочиями. Потому с самого начала Кальтенбруннер задался целью от меня избавиться и добиться моего перевода в другое место отбывания ссылки в определенном мне для того Асиновском районе Томской области.

К несчастью, он видел меня довольно часто: каждые десять дней – первого, десятого, и двадцатого числа – я отправлялся на попутке в Минаевку, куда приезжала уполномоченная районного управления внутренних дел, – отмечаться. Другие ссыльные ездили раз в месяц или вообще не ездили, и никто их не тревожил. Я же должен был аккуратно являться в управление леспромхоза, где меня ждала приехавшая уполномоченная, и это означало, что три рабочих дня в месяц у меня вылетали. Что не нравилось ни Кальтенбруннеру, ни мне, но поделать ни он, ни я ничего не могли. Ему, однако, было хуже: я просто пропускал работу и терял деньги за этот день, а Кальтенбруннер должен был еще и докладывать товарищам из Асина о моем поведении, словно не было у него других забот.

Поручить же наблюдение за мной нашему бригадиру он не мог: на ЛЗП Большой Кордон заправлял Олекса Тарасыч Пасюк, и веры ему от асиновских товарищей не было. И быть не могло: Олекса Тарасыч был бывший бандеровец.

В бандеровцы Олекса Тарасыч попал случайно по юному возрасту: после войны, будучи лет пятнадцати, он носил молоко и яйца бандеровским партизанам, орудовавшим в соседних с его западноукраинским селом лесах, в чем и был уличен бдительными органами НКВД. И примерно наказан: пятнадцать лет лагерей и пять «по рогам» – поражение в правах.

– Пожалели, – рассказывал мне Олекса Тарасыч, – малОй был. Всем четвертак в зубы, а кого и постреляли, а я ж мальчонка совсем: вот и пятнадцать.

Окончив срок на повале в Томской области, Олекса Тарасыч выяснил, что поражение в правах означает, что хуй его отпустят из Сибири на рíдну Укрáïну: живи, где Родине нужен. А Родине Олекса Тарасыч был позарез нужен в тайге. Там он и остался, работая по разным леспромхозам, пока не прибился к минаевскому, поселившись в поселке Большой Кордон.

Жил он хорошей избе, и, когда я прибыл, жил один. У него была корова, куры и две свиньи. Как он справлялся с этим хозяйством, пропадая целыми днями в тайге, не приложу ума, но справлялся. Позже Олекса Тарасыч не сдюжил и женился, что внесло определенный раскол в ряды «колонийных», но об этом потом.

Он рассказывал мне, что сходился то с одной большекордоновской дамой, то с другой, но, пожив с ними, гнал с хаты: они его не устраивали. Периодически, кстати, почти все «колонийные» уходили из барака жить по избам – подыскивали местную женщину, но почти всегда возвращались. Свободных женщин в поселке было наперечет, и оттого они ходили по кругу – в качестве потенциальных невест и хозяек.

Самой популярной слыла Вера Левчугова – высокая крепкая тетка лет тридцати пяти с усыпанным оспинами невыразительным лицом. Причины ее популярности среди мужского населения поселка и заезжих шоферов лесовозовозов являлись частой темой разговоров в бараке, но из соображений приличия я опущу подробности. Скажу лишь, что прав был поэт: есть женщины в русских селеньях…

Лесоповал Олекса Тарасыч знал до мелочей и пользовался у «колонийных» «авторитетом»: он заботился о закрытии нарядов по высшим тарифным нормам, и все мы зарабатывали неплохие деньги. В барачные дела он не лез: в общежитии заправлял Аслан – малоразговорчивый адыгейский бандит, – не особенно, впрочем, вмешивавшийся в нашу жизнь, потому что вмешиваться было не во что: все «колонийные», кроме меня, были люди бывалые, и в бараке поддерживался знакомый им порядок – «по черному ходу». Нужно сказать, что Аслан работал наравне со всеми, не пользуясь своим положением «авторитета», и был знатный вальщик.

Как и в зоне, «колонийные» жили «семейками», разбившись на группы – кто с кем ест и кто с кем делится. Готовила каждая группа для себя, подчас используя помощь тети Насти, но не часто, оттого что она готовила плохо, привыкнув к казенной кормежке в тюрьмах и на зонах. Да и не любила она готовить, ограничиваясь простой едой – яичницей, кашей, бутербродами. Супы у нее получались невкусные, и оттого ссыльные или готовили сами, или платили местным женщинам, которые варили обед человек на пять-шесть – по количеству людей в «семейке».

Я было попал в «семейку» к Ивану Найденову, тамбовскому «положенцу», «рулившему» в нашем закутке на шестерых, но ненадолго, оттого что вскорости в моей жизни произошли кардинальные перемены.

Приехала Алёна.

# Декабристка

Придя в ссылку, я первым делом явился в управление леспромхоза в Минаевке для оформления на работу. Оформившись, я попросил Кальтенбруннера отправить телеграмму домой: доехал, все хорошо. Кальтенбруннер, пораженный моей наглостью, послал меня подальше, но его секретарша с неправдоподобным именем Аэлита Ивановна позвонила на почту в Асино и продиктовала «девочкам» телеграмму по телефону. Взяла с меня рубль шестьдесят, объяснив, что заплатит почтовым «по перечету», и посоветовала не тревожить Ивана Ивановича пустяками.

Меня удивило, что она сама приняла решение, не проинформировав асиновских гэбистов, не уведомив их о тексте телеграммы (а вдруг это секретный шифр – сигнал к общенародному восстанию против советской власти?!), но Аэлита Ивановна, судя по всему, относилась к моему статусу «особо опасного» без всякого пиетета и привыкла решать все вопросы сама – без оглядки на начальство. Я ее поблагодарил, сел и тут же, в леспромхозуправлении, написал длинное письмо домой: где и как поселился, кем буду трудиться на благо Отчизны и т. д. Письмо я отдал Аэлите

Ивановне, которая запечатала его в конверт, наклеила марку, взяла с меня за эту услугу какие-то деньги и спросила, заказать ли мне конверты и марки с асиновской почты. Я поблагодарил и попросил заказать.

Дней через десять Олекса Тарасыч, получавший почту для всех «колонийных», вручил мне телеграмму:

ПРИЕЗЖАЮ 27-ГО ТЧК ВСТРЕЧАЙ ТЧК АЛЁНА ТЧК

Вот уж и вправду – ТЧК.

Куда она приедет? Где мы будем жить? Что она, московская девочка, не видевшая ничего дальше Арбата, будет делать на ЛЗП Большой Кордон среди колонийных? Я пытался разобраться в вихре охвативших меня мыслей, среди которых бордово-жарким полыхала одна: ПРИЕЗЖАЕТ. Будем вместе. И все с этим связанное.

Не могу сказать, что во время заключения я сильно тосковал по Алёне. Или по женщинам вообще. Природа отступила или, скорее, перестроилась: основные силы были пущены на вживание в тюремный быт и выживание в нем. Главные мысли были о еде. А не о женщинах.

И вот – приезжает. Воспоминания о нашем обреченном осеннем романе ожили во мне, заполонили, затуманили ум и сердце тревожным нетерпением: приезжает. Приезжает. ПРИЕЗЖАЕТ.

На следующий день я поговорил с Иваном Найденовым, объяснив ему, что ко мне приезжает девушка. И будет жить со мной в ссылке. Иван выслушал и посоветовал «перетереть» с Асланом: сложный вопрос.

– За каптеркой место возьми, – решил Аслан. – Там тепло – от сушки труба идет. Фанеру поставь – стенка.

Вопрос был решен: нам с Алёной выделили угол за каптеркой, в которой сушили ватные штаны, телогрейки, рукавицы и прочую одежду. Оставалось сделать стены из фанеры, и вот он – наш брачный чертог.

Я никогда не строил стены из фанеры – как не делал и ничто другое, связанное с ручным трудом, и оттого пошел за помощью к Чекмарю. Он незло поматерил меня, Алёну, людскую глупость, неразумную молодость, свою горькую жизнь, но согласился помочь.

Мы с ним довольно быстро возвели фанерные перегородки, отгородив наше с Алёной будущее пространство. Получился небольшой закуток с мутным, никогда не мытым окном. По совету Чекмаря я набил в бревенчатую стену гвоздей – для одежды. Сам я об этом не подумал. Сюда же я перетащил кровать и матрас. Кровать была с покрашенными грязно-белой краской металлическими спинками и скрипевшей продранной сеткой. Кровать была на одного человека – узкая. Другой кровати у меня не было.

В закутке – несмотря на находившуюся рядом сушилку – стоял сквознячный холод. Источник холода обнаружился мною быстро: щели в полу. Оттуда дуло, выхолаживая нагретый воздух. Тепло от печки, беспрерывно топившейся Чекмарем, сюда не доходило. Здесь вообще был нежилой угол барака; он и выглядел, и чувствовался как нежилой. Так, место для сушки одежды. И хранения разного ненужного инструмента. Нужный хранили в большом сарае во дворе.

Вся ночь перед приездом Алёны я не спал. Не от волнения, а потому что затыкал ватой из старых рваных ватных штанов и телогреек, брошенных за ненадобностью и найденных мною в сушилке, дыры в полу. Я всовывал куски грязной, сбившейся в войлок ваты в щели, ровнял ножом и утаптывал. А затем подолгу держал над забитой ватой щелью ладонь, проверяя, все ли еще дует из подпола.

Дуло.

Тетя Настя пришла утром посмотреть на устроенный мною нехитрый быт, неодобрительно покачала головой и принесла пару вырезанных из журналов фотографий популярных советских артистов, которыми были обклеены стены ее жилья.

– Для веселья, – пояснила тетя Настя. – Девка-то у тебя молодая, московская, ей веселье нужно. Ну поебётесь ночью, а днем чего делать? На чего она тут глядеть будет? На тебя, что ли?

Я согласился, что от глядения на меня веселья мало. Пусть лучше смотрит на Вячеслава Тихонова. Он все-таки Штирлиц.

Автобус из Асина приходил в Минаевку поздно днем, но я отправился туда на попутной леспромхозовской машине пораньше – зайти в магазин. Продуктовая автолавка приезжала в село три раза в неделю, и я купил кабачковой икры и печенья. Ни на что другое у меня не хватило фантазии, да и денег особенно не было: я занял у Олексы Тарасыча десять рублей – до получки.

Опоздав на час, уже в спускающихся на занесенную снегом землю сумерках к леспромхозуправлению подкатил асиновский автобус. Из протаявшей от тепла внутри автобуса неровно расплывшейся по замерзшему окну прозрачности на меня смотрела какая-то девочка в белой меховой шапке с длинными ушами и махала мне ладошками в красных варежках. Неужели это Алёна? Ей же лет пятнадцать, не больше. Я не мог ее узнать.

Алёна выскочила из автобуса, бросилась ко мне и стала целовать меня в обросшие бородой щеки. Мы никак не могли встретиться губами, тыкаясь друг в друга холодными носами, ошибаясь, не угадывая, где губы другого, потому что, казалось, Алёнины губы были везде. Так мы и не поцеловались по-настоящему, и я полез в автобус выгружать ее вещи. Их она привезла два чемодана и большую сумку.

Автобус приходил к леспромхозуправлению, поэтому Аэлита Ивановна и тетя-бухгалтер стали свидетельницами нашей встречи. А может, специально задержались в управлении посмотреть на Алёну, бросившую московскую жизнь из-за непонятно кого. Обе, накинув толстые теплые платки, вышли на крыльцо и следили за чужой романтикой, происходившей на виду у всего села. Затем тетя-бухгалтер ушла, а Аэлита Ивановна поинтересовалась, как я собираюсь доехать с Алёной и вещами до ЛЗП Большой Кордон.

— Леспромхозовская машина уже час как ушла, — внесла ноту трезвости в нашу эйфорию Аэлита Ивановна. — Ты, Радзинский, почему раньше не подумал?

Действительно, почему? Да все потому же.

— Ладно морозиться, — скомандовала Аэлита Ивановна, — затаскивай вещи в контору, сейчас решим.

Я занес Алёнин багаж, а сама она осталась перед управлением, осматривая жизнь вокруг.

Когда я вернулся за ней, Алёна закричала:

— Смотри, смотри — дым из труб! У них здесь печки, как на даче!

Я понял, что будет нелегко. Но интересно.

Как обычно, к вечеру пошел плотный мягкий снег, заполнивший белым кружевом тонкий от мороза воздух. Алёна засмеялась, начала прыгать вокруг меня и бросаться снегом. Она не успевала делать снежки: просто собирала снег в пригоршню, словно воду, и плескалась им в меня. Она прыгала и смеялась, откидывая голову в белой меховой шапке с длинными ушами, из-под которой выбились черные кудри. Красные варежки были как у детей – на резинке: их пришила к ее пальто моя мама, потому что Алёна все теряла.

Я смотрел на нее и жалел, что не могу больше радоваться идущему снегу. Время беззаботной радости для меня окончилось. Наступили другие времена.

# Дочка

«Колонийные» приняли Алёну сразу, ошарашенные, оглушенные ее беззастенчивой молодостью, беспричинной веселостью и детским бесстрашием перед тяготами сибирской жизни. Я познакомил Алёну с обитателями барака, представив, как положено, вначале Аслану, который неожиданно засмущался, словно никогда раньше не видел девушек. Веселый цыганский вор-рецидивист со странным именем Светлан Бебешко быстро стал ее лучшим другом, а вот тетя Настя отнеслась к Алёне крайне критично:

— Дурь в голове гуляет, — сообщила свой вердикт тетя Настя. — Ей в куклы играть, а она вон куда приехала. Как родители только пустили?! Отодрали б ремнем — быстро б в ум вошла. Два мудака — что ты, что девка твоя — нашли друг друга!

Тетя Настя оказалась сторонницей строгих воспитательных мер. И блюстительницей морали.

Чекмарь — из упрямства и привычки с ней спорить — не соглашался и неожиданно занял крайне либеральную позицию:

— Тебя, блядь старая, не спросили, — высказался Чекмарь. — Своих нарожала бы и ремнем драла. А чужих учить — каждый горазд. Пусть живут как хотят. Пока могут.

Он первым начал звать Алёну «дочкой». Вслед за ним и остальные. Только тетя Настя шипела и звала Алёну «девка», постоянно критикуя все, что та делала. Все ей было не так. Алёна, впрочем, не обращала на тетинастино недовольство никакого внимания: ей все нравилось.

И вправду — вокруг стояла удивительная жизнь: запорошивший все видимое глазу снег и всюду проникавший мороз; покрытые наколками рецидивисты, делившие с нами наш первый общий дом; санки, на которых местные женщины возили по поселку детей и тяжелые сумки с продуктами; хриплый отрывистый лай собак морозными вечерами и косой желтый свет луны, освещавший с наступлением ночи нашу любовь в огороженном фанерой закутке рядом с каптеркой. Наша узкая кровать не казалась нам узкой. И наша тяжелая жизнь не казалась нам тяжелой.

Никакой работы для Алёны на ЛЗП не было, а к помощи по бараку невзлюбившая ее тетя Настя не подпускала Алёну близко. Чекмарь научил Алёну топить печь, и она приносила сложенные в широких сенях поленья и складывала их горкой у всегда топившихся печек: в общей комнате, где играли в карты и домино, и на кухне, где заправляла тетя Настя. Печки давали тепло по всему бараку, но для этого нужно было держать двери открытыми. Так «колонийные» и жили — с открытыми настежь дверями.

Через полтора месяца после приезда Алёна сообщила мне, что беременна.

Я только вернулся со смены — усталый, промерзший и голодный. Алёна ждала меня с нехитрым обедом, приготовленным под ворчанье тети

Насти, и мы унесли еду в нашу комнату, где и ели: Алена – забравшись на кровать с ногами, а я на перевернутом ведре, служившим стулом.

– Олеж, – сказала Алёна. – У нас будет ребенок.

Я – со свойственной мужчинам тупостью – воспринял это не как информацию, а скорее как пожелание на будущее. И кивнул, наматывая на вилку макароны: будет так будет. Когда будет.

– Надо комнату побольше, – неожиданно проявила столь несвойственную ей практичность Алёна. – Чтобы кроватка помещалась. И игрушки: нужно много игрушек.

Я перестал наматывать макароны: до меня дошел смысл ее слов – у нас будет ребенок. Причем не в отдаленном будущем, не ребенок как общее пожелание, как идея, а настоящий ребенок. Живой.

В ту ночь мы долго не спали, обсуждая грядущие перемены: где станем жить, как назовем, во что с ним играть. Мы были отчего-то уверены, что у нас непременно будет мальчик. А как еще?

На следующий день я – перед разводом бригад по делянкам – отозвал Олексу Тарасыча в сторону и сообщил ему радостную весть. Тарасыч выслушал, помотал большой седой головой и ничего не сказал. Однако после съема с работы провел со мной беседу.

– Тебе хату нужно шукать, – посоветовал Тарасыч. – В бараке с малЫм жить не можна. Его купать нужно, пеленать. А на ЛЗП вильных хат нэмА. С Кальтенбруннером поговори: може, он тебе в Минаевку переведет, на квартиру к людЯм встанешь.

Через три дня я поехал в контору, где обрадовал Кальтенбруннера.

Он неожиданно принял новость близко к сердцу:

– Ты что делаешь, Радзинский? – потеряв обычное спокойствие, строго вопрошал Иван Иванович. – Ты о чем головой своей блядской думал? У тебя ж нет ни хуя, да еще сроку пятера впереди! Куда тебе детей заводить?!

Он, конечно, был прав. Понимая это, я смущенно мялся и бубнил что-то типа: «Иван Иваныч, я ж не знал. Так получилось».

– Чего получилось? – заорал Иван Иванович. – Головой бы думали оба, ничего бы и не получилось! Нашли где детей рожать! У меня здесь ни врача, ни медсестры нет, и чего делать будешь, когда время придет?! А проверяться у акушера – куда она поедет? В Асино, что ли? Не наездишься. И жить вам с ребенком негде: в «колонии» же не останетесь.

– Может, в Минаевке сможем снять комнату у кого-нибудь? – предположил я.

— В Минаевке? А ты чего здесь делать будешь? Или мне тебя в тайгу на делянку на такси прикажешь возить? — возмутился Кальтенбруннер. — Так здесь такси нет: все в Москве остались.

Это точно: такси остались в Москве. Как и многое другое.

Беременность Алёны быстро стала общим достоянием и обсуждалась и «колонийными», и жителями поселка.

Особенно бушевала тетя Настя, клявшая меня как могла:

— Ну, наеблись по радости? И чего делать будете? Ни жилья, ни хуя, а сами детей строгать. Ну она ладно — дура девка, ей в куклы играть, мозгов нет, одна рожа красивая, но ты-то думать должОн был!

— Тетя Настя, — успокаивала ее Алёна, — да вы не волнуйтесь: у других же в поселке дети есть. И совсем здесь не плохо: воздух свежий, природа. — Других аргументов в пользу семейной жизни в Сибири Алёна не могла предложить.

— Какой тебе воздух, когда жить негде? — закричала тетя Настя. — Шалаш, что ли, в таёжке поставишь? Родители твои куда смотрели?! Как они тебя к этому пустили?!

И вправду — как? Родители Алёны оказались удивительными людьми, сумевшими понять свою дочь. Ее отец — Анатолий Иванович — военный ученый, полковник, доктор наук, всю жизнь прослужил в королёвском институте в Калининграде, ныне городе Королёве. Судя по тому, что я узнал через много лет от Алёниных братьев, Анатолий Иванович делал то самое космическое оружие, которого у Советского Союза никогда не было. Оно было только у плохих, нарушавших международные соглашения американцев.

Меня Алёнины родители никогда не видели и не слышали обо мне, пока меня не арестовали. Через какое-то время Анатолия Ивановича вызвали в режимный отдел и объяснили, что имеется проблема с дочкой: она связалась с врагом. Посоветовали провести с ней воспитательную беседу и утихомирить.

Родители поговорили с Алёной, выяснили подробности моей преступной деятельности, затем встретились с моей мамой, у которой Алёна к тому времени поселилась. Они хорошо знали свою дочь и отговаривать ее не стали. Режимникам же Анатолий Иванович написал рапорт, в котором сообщил, что влиять на личную жизнь дочери не считает возможным.

Генерала ему так и не дали. Вышел в отставку полковником.

Регулярно Анатолий Иванович и Галина Петровна присылали нам продуктовые посылки. Один месяц посылали они, один месяц моя мама.

Помню, что-то у них спуталось, и в апреле нам пришли сразу две посылки. Кроме того, Анатолий Иванович всегда вкладывал в посылки письма, обращенные к нам обоим. Плевал он на режимников. Его было не запугать: он своей стране послужил.

Также иногда нам присылала посылки мама моего бывшего сокамерника Юры Глоцера – Любовь Марковна. Она, естественно, меня никогда не видела, но знала по рассказам Юры, которого посещала в лагере. Ее второй сын – Йоник, Иосиф Глоцер, знаменитый в будущем хозяин стрипклуба «Доллз», застреленный бандитами в 1996-м, тоже сидел в это время. И – будто ей не хватало сидевших по зонам сыновей – Любовь Марковна установила шефство над нами: она присылала посылки со всякими питательными вещами и письмами, которые неизменно подписывала загадочными сокращениями: «Кр-Кр Ц-Ц».

Все годы ссылки я старался разгадать этот шифр: пытается ли она передать мне что-то от Юры? В чем смысл сообщения? Как реагировать и как узнать? Когда меня освободили в 1987-м и пустили на десять дней в Москву перед эмиграцией, я приехал к Любови Марковне – познакомиться и поблагодарить за поддержку. Сыновья ее еще сидели, мы поговорили, как им там на зонах, затем я завел Любовь Марковну на кухню, включил воду и, сделав страшные глаза, спросил ее, что такое Кр-Кр Ц-Ц.

– Как что? – удивилась моей недогадливости Любовь Марковна. – Крепко-крепко целую-целую.

# Женихи и невесты

Вскоре тетя Настя начала кампанию относительно женитьбы: почему я не женюсь на Алёне. Сама она, просидев всю жизнь по тюрьмам и зонам, никогда не была замужем и вообще относилась к мужчинам как биологическому виду крайне враждебно: всех нас без исключения она считала безответственными похотливыми животными, постоянно ищущими возможность использовать и обмануть бедных доверчивых женщин. Спорить с ней никто не спорил, потому что «колонийные» побаивались тетю Настю и предпочитали ее не раздражать. Даже Аслан старался не попадаться ей на глаза без лишней необходимости.

– Ты чего не женишься? – упрекала меня тетя Настя по пять раз на дню. – Наебал ребетенка, и теперь все на девку свою свалить хочешь?

А сам в кусты?! И дальше – других дур брюхатить? Знаю я вас, блядское отродье.

Все мои заверения, что я люблю Алёну и не собираюсь бросать ее с ребенком, отвергались как очередное проявление мужской изворотливости и лживости. Единственным доказательством моей ответственности, с точки зрения тети Насти, являлась регистрация брака.

Откуда у нее – «коз*Ы*рной» воровки, старой зэчки – была такая вера в печать ЗАГСа?! Уж кто-кто, а тетя Настя должна была знать, что никакие печати и законы не гарантируют их исполнения. А вот верила в женитьбу и все тут.

Скоро у тети Насти обнаружились два неожиданных союзника, отстаивавшие мою матримониальную ответственность перед Алёной: Иоганн Иоганнович Бауэр и уполномоченная Асиновского РОВД со звучной фамилией Гормолысова.

Гормолысова – звали ее, насколько я помню, Людмила Николаевна – приезжала в Минаевку, садилась пить чай с «девочками» в конторе леспромхоза и между делом отмечала ссыльных, явившихся на регистрацию. По закону все ссыльные должны были отмечаться у нее трижды в месяц, но большинство «колонийных» этим манкировали, и никаких проблем у них не возникало. По дням регистрации – после работы – в леспромхозуправление приезжал Олекса Тарасыч и расписывался за непришедших ссыльных, гарантируя их наличие на ЛЗП «по понятиям», что вполне устраивало местное МВД.

До моего появления Гормолысова приезжала раз в месяц, и Олекса Тарасыч расписывался за ссыльных задним числом. Я же как политический не мог пропускать дни регистрации с надзорными органами и являлся регулярно. И оттого Гормолысова должна была теперь приезжать в Минаевку три раза в месяц, что ей не нравилось.

Людмила Николаевна была женщина в летах, всегда носила милицейскую форму и отличалась строгостью обращения. Меня она не жаловала, поскольку я служил источником дополнительных хлопот и особых забот: надзор за мной был не простой формальностью, а должен был вестись по всем правилам. Правила же Гормолысова, как и все советские люди – особенно в Сибири, не любила, и их исполнение не приносило ей радости. Кроме того, она не знала, чего от меня ожидать и на что именно ей нужно обращать внимание.

– Ты тут беседы никакие не ведешь, Радзинский? – спрашивала она меня, подозрительно прищурившись и отхлебнув сладкий чай. – Ничего такого не говоришь – чего не нужно?

Поначалу я искренне интересовался, что она имеет в виду и как определяет вредоносность моих потенциальных действий, но затем бросил: она сама не понимала и не могла мне объяснить.

– Не говорю, Людмила Николаевна, – заверял я ее каждый раз, явившись на регистрацию. – Никакой запрещенной литературы не распространяю, никаких высказываний, порочащих государственный строй, не делаю.

– То-то, – довольно (но строго) кивала Гормолысова. – А то поедешь у меня по статье.

Думаю, она даже не знала, какую статью должна была бы ко мне применить, если бы оказалось, что я продолжаю вести антисоветскую агитацию. Да и среди кого я мог ее вести? Среди ненавидящих власть рецидивистов, всю жизнь «прочалившихся» по тюрьмах да зонам? Или среди вольных жителей ЛЗП Большой Кордон, равнодушных к политике и знавших о трудностях советской жизни много больше меня? Кого я мог идеологически разложить посреди глухой томской тайги? Разве что волков и лис: медведи зимой спали.

Узнав о беременности Алёны, Гормолысова неожиданно отнеслась к нашей ситуации крайне заинтересованно, словно Алёна была ее дочкой, и каждый приезд проводила со мной беседы о мужской ответственности перед матерью будущего ребенка. Она пользовалась другой лексикой, но той же системой аргументации, что и тетя Настя.

– Радзинский, ты регистрировать брак собираешься? – строго интересовалась Гормолысова. – Или Алёна твоя так и останется сожительницей?

Слово «сожительница» Гормолысова произносила крайне презрительно, словно это было оскорбительное ругательство. Я пытался заверить Людмилу Николаевну в благородстве своих намерений, но убедить ее мог только штамп ЗАГСа.

Истощив аргументы, Гормолысова звала на подмогу Кальтенбруннера, сидевшего за стенкой, и требовала от него поддержки:

– Иван Иваныч, ты хоть по-мужски объясни ему, что регистрироваться нужно. Что у ребенка будет написано в графе «отец»? Незаконнорожденных плодить сюда приехал? А посадят тебя снова – она ж даже свиданку с тобой не получит.

Отчего-то Людмила Николаевна была убеждена, что меня обязательно скоро посадят. Вероятно, не могла предположить никакого другого для меня будущего. А, может, просто хорошо знала родную страну.

Кальтенбруннер, выйдя из своего кабинета – огороженного фанерной перегородкой маленького квадрата с окном, – обрушивался на меня с высоты своего огромного роста и начальственного положения.

— Радзинский, ты мужик или нет? Раз уж такое натворил (предполагалось, вероятно, что беременность Алёны являлась моим коварным умыслом), то веди себя ответственно: женись. Оформи брак как положено, тогда и жилье найти будет легче: вы ж молодая семья.

Это, кстати, как я выяснил позже, было враньем: никто в Сибири не интересовался никакими документами и никогда не просил их предъявить. И никакого жилья мне как ссыльному все равно не полагалось.

Я, собственно, был не против женитьбы, мне просто не нравилось, когда на меня давят. Алёна же относилась к регистрации брака совершенно равнодушно и не понимала, зачем это нужно. Она была поглощена мыслями о будущем ребенке и борьбой с тошнотой по утрам.

Беременность стала проблемой где-то на втором месяце: Алёну рвало по утрам. Тогда я не знал слова «токсикоз» и потому беспокоился и просил ее показаться доктору. Доктор был в Асине, куда из Минаевки шел автобус раз в день. От ЛЗП не ходило ничего и никуда. Только лесовозы.

Как и все в поселке, Алёнина тошнота скоро стала известна всем и каждому. Тетя Настя тут же принялась орать, что я «гублю девку» и ее нужно срочно везти к врачу.

— Наебут, а потом хуй кладут: не тебе ж с утра кишки выворачивает! Вас бы, кобелей, так рвало по утрам! Сразу бы в больничку побежали! А что девка страдает, так насрать!

И все в том же духе.

Чекмарь неожиданно согласился с тетей Настей: Алёну надо показать доктору. А то ребенка потеряем. Надо ехать в Асино.

— Ты не кровишь, девка? — строго спрашивала Алёну тетя Настя каждое утро. — А то дождешься: выкидыш будет.

Я тоже считал, что нужно поехать в Асино в больницу, о чем и сообщил Гормолысовой в следующий приезд. Она согласилась и пообещала договориться с доктором в женской консультации на следующей неделю.

Присутствующий при этом Кальтенбруннер одобрил и неожиданно предложил следующее:

— Людмила Николаевна, если у них беременность тяжелая, может, переведешь Радзинского в Асино? Там и с жильем, и с работой полегче: город все-таки.

Это был неожиданной поворот: по идее, мне назначили отбывать ссылку в Асиновском районе Томской области, что, конечно, включало само Асино как райцентр. Но предполагалось, что отбывать я буду на ЛЗП, на повале.

– Посмотрим, – уклонилась от ответа Гормолысова. – Сейчас пусть свозит свою на осмотр. Там подумаем.

И она выписала мне маршрутный лист, по которому я был обязан передвигаться как ссыльный, для поездки в Асино. По идее, поскольку Асино находилось в Асиновском районе, отведенным мне как место отбывания ссылки, маршрутный лист был мне не нужен. Гормолысова, однако, так не считала и тем самым показала, что даже мое передвижение внутри района будет ею контролироваться.

На следующий день, когда мы вернулись со смены в поселок, выяснилось, что я – не единственный на ЛЗП жених: Олексе Тарасычу привезли невесту.

Около «колонийного» барака стояла машина Кольки Бакакина, в прошлом вора-рецидивиста, отсидевшего в том числе и по 146-й – «Разбой», а ныне водителя лесовоза. Коля был веселый мужик из Асина, «чалившийся» на томских зонах с «малолетки», но годам к тридцати с лишним образумившийся, женившийся и получивший лицензию водителя тяжелого автотранспорта. Позже он сыграл важную роль в моей жизни. И не один раз.

Сейчас же «колонийные» толпились вокруг его машины, а сам Коля – веселый, шумный, что-то рассказывал, курил и туберкулезно кашлял на снег.

Наша смена выгрузилась, я остался в машине выполнить свою обязанность – пересчитать инструмент: бензопилы, топоры, багры для оттаскивания бревен и прочую повальную снасть, но слышал, как Бакакин хрипло заорал на весь поселок:

– Тарасыч, давай сюда, я тебе по ходу невесту привез!

И захохотал, сорвавшись в кашель.

Пересчитав инструмент – одного топора, как сейчас помню, не хватало, я вылез из кузова и хотел доложить Пасюку о пропаже топора, но ему было не до меня: у Колькиной машины стояла девочка во всем черном с двумя баулами – один болтался за спиной, другой она держала обеими руками перед собой. «Колонийные», кроме тети Насти, не любившей Бакакина, как, впрочем, и всех остальных, сгрудились еще ближе.

– Хлопчик? – спросил Тарасыч.

Девочка кивнула. На вид ей было лет шестнадцать, не больше.

Тут я понял, что баул спереди – завернутый в теплый платок ребенок. Она его чуть подкачивала, он крепко спал на морозе, и ни шум голосов, ни Колькин хохот его не тревожил.

— А шо така брудна? — поинтересовался Панасюк.

— Так ее в угольном вагоне везли, — вмешался Бакакин. — Угольный-то не пломбируется, они на станциях отгружают понемногу, вот туда ее с малым и поместили. Ничего, Тарасыч, — заржал Колька, — будешь говорить, что на шахтерке женился!

И засмеялся в кашель.

— Ладно, — сказал Тарасыч, — пошли до хаты.

Девочка кивнула и пошла за ним. Я догнал их на повороте к дому Пасюка и начал объяснять, что не достает топора, но Тарасыч не стал меня слушать: потом.

Вернувшись в барак, я застал оживленные дебаты «колонийных» относительно «невесты» Пасюка.

Коля еще не уехал и в сотый раз пересказывал свою историю:

— Я в Асине на станции машиниста встретил — еще по Белому Яру его знаю — сидел с ним, ну он мне и говорит: хочешь, ставь бутылку и забирай ее на хуй. Но я-то «парашу» эту сразу «пробил»: ему ее деть некуда, он же на Север в зону под погрузку идет, а там состав «шмонать» будут. Хошь, говорю, давай ее сюда, пока я сам у тебя за нее бутылку не попросил. Ну он и отдал. Я ее и ебать не стал: брал для Тарасыча — он давно просил ему бабу привезть.

Матримониальные планы Пасюка, о которых я не имел представления, вызвали жаркий спор среди «колонийных».

— И чего ему не жениться? — кричал поверх всех голосов мельтешной цыган Светка Бебешко. — Он пятнарик свой «звоночком» отмотал, здесь уже сколько лет вольный торчит, хозяйство у мужика, ему баба в помощь нужна!

— Все мы здесь вольные, — спорил Иван Найденов, — ты вон ссыльный, я вчистую «откинулся», только идти некуда. Надо по-путному делать, а то взял блядь с приблядком, на него ж братва смотрит.

— Ты почему такой? — удивлялся Светка-цыган. — Ему годов уже хуева куча, наперед нужно думать, а не кто чего скажет. Дом есть, деньжат подкопил, осенью еще поросят прикупит. Вот баба молодая в помощь и сгодится.

— Так баба, а не блядь всякая! — отстаивал свою позицию блюститель морали и тамбовский «авторитет» Иван Найденов.

— Ну и чего, что «простячка»? — вмешался Чекмарь. — А как ей с мал*Ы*м выжить после зоны?

И все в таком духе.

Позже вечером я пошел к Пасюку отдать деньги, что задолжал. У него на дворе топилась баня. Сам Тарасыч возился у печи. В красном углу висели образа, и Христос в тот день показался мне худее обычного.

— Березой топить, — выпрямился под потолок Олекса Тарасыч, — жару в хате много, но печь шибко грязнится.

Он разлил по стаканам стоявший в большой бутыли на столе мутный самогон, мы выпили. Тарасыч чего-то от меня ждал, каких-то слов, но я не знал, что сказать.

— Слышь, Тарасыч — я уже застегнул телогрейку, собираясь уходить, — я после смены топор один не досчитался.

— Пошукаешь — найдется, — решил Пасюк. — А не найдется, спишем.

В залу вошла закутанная в платок и совершенно потерявшаяся в пасюковском косматом тулупе девочка с ребенком. Она кивнула мне, сбросила тулуп, посадила ребенка на лавку, прислонив к столу. Затем развязала платок, и длинные светлые волосы неровно рассыпались по плечам.

На ней было летнее платье с короткими рукавами — синее с белыми цветами. На вид ей было не больше двадцати.

— Тома, — представил мне свою женщину Олекса Тарасыч. — А то Митрий.

— Митенька, — улыбнулась Тома. — Вы в баню пришли? Попариться?

Я заверил ее, что вовсе нет и скоро ухожу. Она постоянно улыбалась, но глаза ее смотрели на мир в ожидании неизбежной беды.

Пасюк пошел проверить баню, мы остались одни.

— Сама дальняя? — спросил я, чтобы что-то спросить.

— С России. С Орловской области. Меня сюда с «малолетки» на «взрослую» привезли.

— А чего на «дальняк»?

— Так мне на зоне еще срок дали и «подняли» сюда — на «взрослую». И нарушений много было.

Я кивнул: что тут скажешь? Так оно и случалось.

Тома развернула полотенце, в которое были закручены постиранные вещи, и принялась раскладывать их на лавке. Она оглядывалась, ища, куда бы их развесить сушиться.

— Давно вышла?

— А как Митенька родился, так и отпустили. — Она поправила завалившегося на лавке мальчика. — Меня девочки научили, я в этапе с солдатиком и пошла — за чаек. А потом как «мамка» под амнистию проскочила. — Она улыбнулась и погладила Митеньку по обросшей жидкими кустиками волос голове: – Он смешной был, солдатик, боялся. А вот теперь – Митенька.

Я кивнул. Мальчик сидел как-то странно, было в нем что-то неправильное.

– Калечный он, – заметила мой взгляд Тома. – Я ж в лагерной больничке рожала, а там не посмотрели, и ножки ему не вправили. Ходить не будет. В Асине сказали, операцию нужно делать. А какая операция: у нас с ним прописки нет.

– А чего домой не вернулась?

– А кому мы там нужны? – удивилась Тома. – Моим самим жить тесно, еще я с Митенькой приеду. Отец помер – спился совсем, мать нового завела – не лучше, сама пьет, сучка, а тут мы – здрасьте, приехали. Они ж меня к себе не пропишут обратно. – Она разложила выстиранное на доске за печкой – сушиться. – Да я здесь и привыкла уже.

– По поселкам ездила?

– Ну да. На той стороне – у Белого Яра. Уже больше года как с ним по поселкам ездим. Ничего, дяденьки не обижают. Да я и не прошу много: кто что даст и ладно.

Поселки, как наш ЛЗП, были раскиданы по области: зэка не могли вернуться домой и оседали в тайге, живя по-лагерному, как жили мы на Большом Кордоне. И многие зэчки помоложе, выйдя из местных зон, оставшись без прописки и не имея специальности, принимались ездить по этим поселкам, обслуживая мужские нужды. К нам на ЛЗП тоже периодически приезжали две милые дамы, и день их приезда «колонийные» называли «мокрый день».

– Одно плохо – пить заставляют, – продолжала Тома. – А я как выпью, дурная становлюсь. В тайгу бегу, словно меня кто зовет – сюда, сюда! Меня в поселке одном под Анжеро-Судженском к кровати веревкой привязали, чтоб не убёгла. Только до ведра по нужде могла дойти. Ты ж, говорят, дурочка, пропадешь в тайге, замерзнешь. Так и звали: Томка-дурочка.

Вернулся Пасюк – пригласил в баню, я отказался, попрощался и вышел. А вокруг стояла темная холодная ночь, от которой не отогреться ни в какой парилке.

Дома я рассказал Алёне о невесте Олексы Тарасыча, и она решила пойти познакомиться.

На следующий день Алёна отправилась к Пасюку с пачкой печенья «Юбилейное». Тетя Настя с ней не пошла.

Забегая вперед, хочу сказать, что я исполнил свой мужской долг, и мы с Алёной поженились в ее день рождения – 18 мая – в Асиновском ЗАГСе. Ее свидетельницей была старший лейтенант МВД Людмила Николаевна Гормолысова, поскольку она все равно присутствовала – принесла мой паспорт, в который поставили отметку о регистрации брака. Моим свидетелем стал приехавший с нами в Асино Алёнин друг – пожилой цыганский вор и картежный шулер – «катала» – Светка Бебешко. Он любил Алёну то ли за то, что она – черноглазая и чернокудрая – напоминала ему цыганку, то ли за веселый нрав и бурный темперамент. То ли просто любил.

Светка отправился на регистрацию в пиджаке, надетом поверх толстого свитера, и заправленных в начищенные сапоги темных брюках. Когда регистраторша попросила его показать документ, выяснилось, что легкомысленный Светка не привез с собой даже удостоверение ссыльного. Пришлось срочно искать кого-то в коридорах ЗАГСа, и моей свидетельницей стала какая-то совершенно незнакомая женщина.

Тетя Настя не поехала в Асино, сказавшись больной, но дала мне понять, что хоть я и женюсь на Алёне, она все равно недовольна. Когда мы вернулись на следующий день, тетя Настя первым делом потребовала показать ей свидетельство о браке. Она долго его рассматривала, читая и перечитывая записанное в нем по складам. Потом она часто приходила в нашу комнату и просила показать ей свидетельство и перечитывала сделанные в нем записи, словно боялась, что со временем они исчезнут и Алёна снова окажется «бобылкой». После нашей женитьбы она немного подобрела к Алёне, но не ко мне, считая меня виновным за будущую горькую Алёнину судьбу.

И правильно.

Никакой свадьбы не планировалось: ни желания, ни денег на организацию торжества у нас не было. Я знал, что «колонийные» обязательно соберут стол – «накроют поляну», когда мы вернемся, но предупредил их, чтобы не ждали в тот же день. Мне хотелось хоть как-то отметить нашу свадьбу, и я заранее попросил у Гормолысовой разрешения остаться в Асине на одну ночь. Она разрешила и после ЗАГСа пошла вместе с нами в маленькую гостиницу около райсовета, где показала регистраторше мой паспорт. Я заплатил четыре рубля за нас с Алёной, и регистраторша – пожилая тетя с большим родимым пятном на лице – торжественно отвела нас в наш брачный чертог.

Им оказалась большая светлая комната с десятью кроватями, но мы в ней были одни: никто больше не собирался посещать Асино, по крайней мере в тот день.

– Вот эти две пользуйте, – показала регистраторша на две кровати у окна, – а остальные не троньте: у меня там чистое застелено. А то я с вас еще за койку возьму.

Мы пообещали не трогать другие кровати. Когда она ушла, я убрал тумбочку, стоявшую между отведенными нам койками, и сдвинул их вместе. Затем я сел рядом со своей женой, и мы долго молчали, обнявшись, глядя на бушевавшую за окном майскую грозу. Было не страшно.

# Записки неохотника

Я совсем забыл о политической борьбе: жизнь-выживание с тяжелым бытом и повседневной рутиной, то есть жизнь, коей жило большинство населения страны, но дотоле мне неведомая, захватила, закрутила меня в свой омут и вытеснила из головы все книжные мысли и благородные устремления. Прошлое – с его литературно-мифологическими идеалами – казалось далеким и ненастоящим. Настоящим стало житье в настоящем: без будущего и больших целей – день за днем.

Потому я был удивлен, когда получил весточку от своих товарищей по Группе Доверия, то есть от тех из них, кто еще оставался на переднем фронте борьбы с опасностью глобальной войны между двумя сверхдержавами. Наташа и Сережа Батоврины уже эмигрировали, как и Сергей Розеноер, Миша Островский, Маша и Володя Флейшгакеры и другие основатели Группы. Блистательная идея Батоврина о Группе как механизме отъезда для отказников сработала. Остались те, у кого была серьезная секретность: мои друзья физики Юра Хронопуло, Витя Блок, Гена Крочик и Боря Калюжный. Также не выпускали бывшего советского дипломата Юрия Медведкова и его жену Ольгу, а врача-анестезиолога Володю Бродского посадили на три года по какой-то идиотской уголовной статье, причем, как я узнал от него через много лет, навестив его в Израиле, его отправили на зону общего режима в Асине – совсем близко. ГБ, должно быть, считал Асино и окрестности подходящим местом для пацифистов.

Весточка пришла через установленный мною канал связи с Москвой, исправно функционировавший все время моего пребывания-отбывания в Сибири: родная сестра жены Коли Бакакина жила в московском районе Бескудниково. А Бескудниково – два шага от Дегунина, где проживала моя мама. Я отдавал Коле письмо, он вкладывал его в конверт, адресованный сестре от жены, та, получив конверт, звонила маминой соседке Элле

Юсфиной, которой и передавала письмо. А Элла относила его маме, зайдя на чай – по-соседски. Письма от мамы – в обход чужих глаз – приходили тем же путем.

Мама рассказала о нашем канале связи моим товарищам по Группе Доверия, и они переслали мне письмо с последними новостями о деятельности Группы и их планах на мое дальнейшее в ней участие. Борьба за мир меня к тому времени (как, впрочем, и раньше) мало интересовала. Кроме того, я не хотел больше участвовать в обмане, ставшем, по моему мнению, неотъемлемой частью деятельности членов Группы, желавших, в подавляющем большинстве, эмигрировать. Обман был не «по понятиям». О чем я и написал членам Группы тайное письмо, поставив честность в этом вопросе условием для своего дальнейшего участия и использования моего имени для целей Группы: нужно отделить личное желание эмигрировать от борьбы за мир. Я был категоричен и требовал, чтобы те, кто искренне хотят продолжать борьбу за установление доверия между СССР и США, отказались от эмиграции. Или, наоборот, активно работали в этом направлении, но тогда честно заявили бы, что используют Группу для этих целей. Главное, писал я им в тайно передаваемых ничего не подозревающей сестрой Колиной жены письмах, чтобы не было вранья. Иначе мы станем такими же как постоянно врущая своим гражданам власть – ничем не лучше. А это отберет у нас моральное право ее критиковать.

Так начался период моих длительных споров с членами Группы, наотрез отказавшимися раскрыть свои истинные намерения, поскольку это скомпрометировало бы дело борьбы за мир во всем мире. Споры эти закончились моим публичным выходом из Группы. Случилось это много позже – после моего попадания в больницу с подозрением на прободение язвы и острым панкреатитом. Об этом потом.

Пока же мы с Алёной жили своими проблемами, озабоченные ее состоянием и рождением будущего ребенка.

В асиновской больнице Алёне сказали, что беременность проходит плохо и есть угроза выкидыша. Ей выписали витамины и посоветовали лечь в Асино на сохранение. Она отказалась: не хотела оставлять меня одного.

Асино был скорее большое село, чем город, но нам с Алёной после затерянного в тайге ЛЗП Большой Кордон он казался мегаполисом: магазины – продуктовый и ширпотреб, ресторан и даже маленький кинотеатр.

После консультации у врача-акушера мы – бывшие москвичи – долго бродили по центру вокруг райисполкома и РОВД, где я отметил маршрутный лист, оглушенные количеством незнакомых людей и изредка проезжавшими нерабочими машинами. Кроме того, в Асине было два трехэтажных блочных дома – со всеми городскими удобствами: канализация, водопровод, отопление. Центр городка был блочный, мало чем отличавшийся от любого советского большого поселка, а дальше начинались деревянные срубы – Сибирь. Париж, Лондон и прочее европейское захолустье не шли с Асино ни в какое сравнение.

Снег перестал идти ранним апрелем, и днем стало подтаивать. Потом – как-то сразу – показалась черная мокрая земля, и лежневка начала плохо держать тяжелые, груженные лесом машины. Вывоз с верхнего склада закончился, и мы в основном работали на погрузке на нижнем складе, отправляя уже поваленный, оттрелеванный, вывезенный с верхнего склада и отсортированный бракером-нормировщиком лес на асиновский леспромкомбинат. Оставлять стволы в тайге на лето нельзя: сгниют. Томская тайга – болото.

Летом мы в основном занимались починкой барака, заготовкой дров на зиму и походами в тайгу за ягодой и грибом. Тайга начиналась сразу за нашим двором, и мы с Алёной шли по топкой земле собирать лесной продукт, бывший нужным и желанным подспорьем в нашем рационе. Кроме того, мы договорились в поселке и брали для Алёны парное молоко.

К началу августа стало ясно, что Алёна не сможет остаться рожать в Асине: ей было плохо, и асиновская врачиха-акушер Фарида Галиповна советовала уезжать в Москву, пока срок терпит. Предполагалось, что Алёна родит в середине сентября. Совместными усилиями мне, моей маме и асиновским врачам удалось уговорить Алёну ехать рожать в Москву. В середине августа я отвез ее в Асино и посадил на автобус, идущий в Томск. Оттуда она должна была лететь в Москву. Удивительно, но никто нам не сказал, что летать на восьмом месяце беременности не рекомендуется. А сами мы, дураки, не знали.

25 августа – на три недели раньше срока – у Алёны начались схватки, моя мама вызвала неотложку, и после двухдневных мук Алёна родила девочку. Я узнал об этом из телеграммы от мамы. Дочку назвали Маша.

Маша – недоношенная, зараженная в роддоме стафилококком – до трех месяцев беспрестанно находилась в больницах. Когда ее наконец отдали домой, было абсолютно ясно, что Машу нельзя везти в Сибирь, поскольку ей требовался серьезный уход и постоянный врачебный надзор. Это можно было обеспечить только в Москве и с помощью моей ушедшей на пенсию мамы. Потому Алёна и Маша остались в Москве, а я продолжал жить в Сибири один.

# Полинезиец Матвей

Наступила осень, и «колонийные» вернулись на делянки. Надо было ремонтировать уже построенные лежневки, покосившиеся за лето, и строить новые от верхних складов у новых делянок на нижний склад у трассы. Этим мы и прозанимались в преддверии зимы. Она пришла скоро – в середине октября, хотя мелкий колючий снег посыпался еще раньше. А затем – как-то сразу – снег плотно лег на вымерзшую от холода землю, и ударили морозы.

В один выходной ко мне в барак пришел местный печник Матвей. Я читал присланную из Москвы книгу Сомерсета Моэма, действие в которой происходило на полинезийских островах, а за окном дым валил из трубы, мешаясь с белесым небом. Собаки в поселке отскулили с утра и теперь зарывались в снег греться. День затевался долгий, как все воскресные дни, и ветки в тайге за бараком щелкали от морозной хрупкости. А в книге солнце плавилось от собственного багрового жара, и напоенный южным морем воздух пах гибискусом, хоть я и не знал, как это. Чудная жизнь открывалась лазурным океаном за рифами, о которые билась пена прибоя, и смуглые женщины с цветами в темных волосах хотели любить.

Полинезия, словом.

Дверь приоткрылась, и в нее заглянул Матвей.

Был он маленький горбун, живший в поселке, и до того я никогда не говорил с ним и двух слов. Здоровались и только. А тут пришел.

Матвей стоял весь белый: кровь выстудило с мороза.

– Войду? – спросил Матвей.

Я кивнул и сел на кровати. Матвей оббил валенки от снега у порога, вошел, огляделся и за неимением стула уселся на перевернутое ведро. Он расстегнул косматый полушубок и осмотрелся по сторонам.

– Что, Олег, мерзнешь у нас в Сибири?

Я кивнул.

– Ничего, – подбодрил меня Матвей, – погода в самый раз. КлимА́т.

Я предложил ему чаю, он отказался и продолжал оглядывать мою комнату.

– Книг у тебя вона… – Он махнул на стопки книг вдоль стены. – А что на полу – не пылятся?

– Я их целлофаном накрываю, – объяснил я.

Матвей пожевал свои губы и затем, словно решившись на что-то, достал из глубины тулупа завернутый в белую тряпицу брусок.

– Это, значит, чтобы в самый раз, – заторопился Матвей. – Как положено. Ты не обижай.

– Чего ты? – спросил я. – Это что?

– Вот сальца домашнего, попостнее выбрал тебе. Нам бы, конечно, за бутылкой посидеть, но ты мужик тверезый, так я сальца тебе. Чтобы, значит, вот… – И он начал разворачивать тряпицу, словно собираясь показать сало.

– Да зачем? – не понял я. – Ты это зачем?

– Дело-то какое… – Матвей сглотнул. – Мужик я еще не старый, первый, значит, на всю округу печник…

Я слушал.

– Дом хороший, наличники резные, – продолжал Матвей. – Поросят держу, курей. Хозяйство, значит, в самый раз.

Я кивнул.

– Присмотрел я себе в Тургае одну, тоже горбатенькую. Наташа, Панкратовых дочка. Ты не думай, – заполошился Матвей, – я и прямую могу взять – за меня пойдут. Вон хоть Вера Левчугова. Но я уж сам горбатенькую выбрал, вроде под пару – мне в самый раз.

Я снова кивнул, не понимая, зачем он мне это рассказывает.

За окном начало мести белым снегом, будто на мир опустили марлю, а где-то далеко-далеко белая яхта прокалывала высокой мачтой звезды и уходила в небо Южным Крестом. Но не здесь.

– Жениться хочу, – сказал Матвей. – Вот у меня какое к тебе, значит, дело.

– А я-то что? – удивился я. – Я тут при чем? Женись.

– Как же? – удивился и Матвей. – Дело-то какое… Сомневаюсь я насчет ребятишек.

– Чего сомневаешься?

– Так ведь, – он заговорил быстро, словно все давно продумал и теперь говорил легко – на выдохе, – я горбатый да она, а ну как детишки тоже горбатые пойдут?

Я молчал, пытаясь понять, что он от меня ждет.

– Так-то в самый раз, – пояснил Матвей. – Вот только насчет ребятишек опасаюсь. Как думаешь, Олег?

– Что? – не понял я.

– Ты человек ученый, в Москве, говорят, учился, институты кончал, вот и пришел тебя спросить.

– Да я не знаю, – опешил я от такого поворота событий. – Откуда ж мне знать, Матвей?

— Как же? — подивился Матвей. — Ты человек ученый, сам, говорят, других учил. Вот скажи про детишек: как они — горбатенькие или прямые пойдут?

Мы молчали.

— Тебя же учили, — напомнил Матвей. — Если сала не хочешь, я другое что могу принесть.

И он выразительно потер подушечки указательного и большого пальцев, намекая на деньги.

— Я — филолог, — решил пояснить я. — Литературу преподавал. Что в книжках написано.

— Это нам в самый раз, — обрадовался Матвей. — Неужто в литературе про такие случаи не написано?

«А действительно, — подумал я. — Как там об этом в литературе?»

— Так-то Наташа эта, горбатенькая, мне в самый раз, — повторил Матвей. — Вот только про одно тревожусь: про ребятишек.

Мы помолчали, я глядел в окно, за которым синеватый от мороза лес стал еле виден в поднявшейся снежной круговерти. Было слышно, как трещат поленья в печи на кухне.

— А она-то за тебя пойдет? — спросил я, чтобы что-то спросить.

— Да за кого же ей идти? — удивился Матвей. — Я ж здесь первый печник.

# Смена сезонов
# и перемена мест

Держава тем временем жила странной диковинной жизнью, словно затаившись в ожидании перемен. Со смертью Андропова в феврале 1984-го закончился период закручивания гаек и наступило годовое черненковское затишье перед событиями, совсем скоро перевернувшими страну, но о которых тогда никто не мог и подумать.

Справедливости ради надо сказать, что начатая Андроповым борьба с коррупцией вяло, но все-таки продолжалось при Черненко: шло расследование громкого «узбекского дела» о взяточничестве в высших органах республиканской власти. При Черненко же был расстрелян бывший директор Елисеевского гастронома Соколов и возобновилось расследование по делу бывшего министра внутренних дел Щёлокова, из-за которого он покончил с собой. В то же время прекратилось следствие по «бриллиантовому делу», и с Галины Брежневой был снят домашний арест.

Противоборствующие друг другу силы воевали между собой, пытаясь повести страну по абсолютно противоположным путям: с одной стороны, при Черненко была предпринята закончившаяся полным провалом политическая реабилитация Сталина; с другой стороны, напечатали антисталинскую повесть Бориса Васильева «Завтра была война». Сам Черненко, будучи смертельно больным уже во время избрания генеральным секретарем ЦК КПСС, не оставил сомнения в своих симпатиях, лично объявив решение о реабилитации и восстановлении в партии 94-летнего сталиниста Молотова.

Но реабилитировать и восстановить дорогую сердцам Вячеслава Михайловича и самого Константина Устиновича сталинскую эпоху не удалось, поскольку в стране, как реакция ядерного распада, начался удивительный процесс распада страха перед властью: наши лидеры оказались больны, слабы и смертны. Члены Политбюро умирали, вымирали один за другим, и вместе с ними умирал страх народа перед застывшими на трибуне Мавзолея старичками в шапках «пирожок». Они оказались немощными старцами, и такими же немощными стали казаться и их идеология, и методы контроля и наказания за отступничество от официальной линии партии и правительства. В отличие от предсказания председателя Мао ветер с Запада начал довлеть над ветром с Востока.

Перемены эти доходили до меня отголосками – статьями в газетах, напечатанными книгами, намеками в письмах из Москвы. ЛЗП Большой Кордон жил своей жизнью – смена сезонов, повал и вывозка леса, посевная и уборка урожая, рыбалка, сбор и заготовка грибов. И тем не менее я чувствовал, что что-то меняется, что-то разлаживается, и заведенный на заре революции маховик советского карательного механизма сбавил обороты, а потом и вовсе сбился.

В марте 1985-го умершего Черненко сменил Горбачев. Большой Кордон как-то пропустил это эпохальное событие: морозы, пытаясь продлить свое время, схватили землю, и термометр опустился ниже пятидесяти. Мы не ходили на работу и теряли деньги. И вдруг – к концу марта – холод отступил разом, и началась оттепель. Погода, видать, знала, что происходит в стране, а мы – нет.

Гэбэшное и милицейское начальство были лучше осведомлены о переменах курса, хотя, думаю, и сами еще не очень понимали, куда все это в конце концов придет. Они, однако, решили держать потенциально проблемных людей ближе под наблюдением, и в июне 1985-го пришло предписание о переводе меня в Асино.

Кальтенбруннер открыто радовался, что избавился от хлопотного ссыльного. Гормолысова тоже не скрывала радости, что ей не придется больше ездить в Минаевку три раза в месяц. По переезде в Асино она торжественно выдала мне новое удостоверение ссыльного с новым адресом и красивым номером 444, из чего я понял, что нас, ссыльных, в Асиновском районе Томской области как минимум это число.

Главной проблемой в Асине было жилье: где поселиться? В Большом Кордоне мы жили в колонии, и с нас удерживали за это три рубля в месяц в пользу леспромхоза, которому принадлежал барак. В Асине же я не представлял, где и как искать жилье. Работу я собирался найти на Асиновском леспромкомбинате, куда мы отправляли лес, но жилье комбинат не выделял.

Я попросил Колю Бакакина подвезти меня в Асино – походить по городу, не сдает ли кто жилье. Оказалось, что бывший Колин «семейник», с которым он сидел на «строгаче» под Мариинском, недавно «откинулся», но живет не в материной избе в Асине, а у женщины Клавдии (которую Коля, судя по его комментариям, знал более близко, чем могла бы одобрить его жена). Эту избу Коля и предложил мне снять.

Мы приехали в Асино, быстро нашли Колиного приятеля Веньку Малышева и пошли смотреть материну избу на улице Фурманова. Мать умерла, не дождавшись сына из лагеря, и дом стоял пустой и вымерзший. Дом, собственно, был маленький покосившийся сруб, больше похожий на сарай с темными сенями, где была сложена небольшая поленница, и одной комнатой, разделенной русской печью на спальню и кухню. На кухне стояли стол и табурет. Спальня – за перегородкой, между которой и печью был открытый проход в кухню, – встретила нас паутиной по углам: у бревенчатой стенки стояла старая железная кровать, на которой умерла Венькина мать, а шкаф забрал наследник, должно быть, в качестве приданного. Больше у его покойной матери, кроме кухонной утвари, отродясь ничего не было.

Венька торжественно показал мне две отодранные доски в сенях, державшиеся на одном гвозде.

– Это зачем? – не понял я.

– Как же? – удивился Венька. – Зимой загребет тебя по крышу, ты ж дверь не откроешь. Вон здесь из сенцов выбраться могёшь, через снег лопатой пошурумкаешь, и давай отгребай туда-сюда.

Вот так странно и образно объяснялся мой арендодатель Вениамин Малышев. Нужно сказать, что он был прав: я однажды проснулся поздно утром – был выходной – и не понял, отчего так темно. Оказалось, что за ночь избу замело под крышу, и мне пришлось вылезать через отодранные доски в сенях с лопатой и «шурумкать туда-сюда». Такое случилось раза три за мою жизнь в доме на улице Фурманова в Асине.

Мы сговорились на двадцать рублей в месяц, и Венька сохранял за собой право сажать картошку на участке. Договор – под надзором Коли Бакакина – был торжественно скреплен покупкой дешевого спиртного. Я с ними пить не стал: нужно было поставить себя непьющим, тем самым отделившись от общего повального пьянства. Коля и Венька не очень настаивали и быстро, без закуски, выпили бутылку водки в холодном доме – стоя, после чего собрались за другой. Я попрощался и отправился на леспромкомбинат договориться о работе. Началась новая жизнь в новом месте.

# Срубили нашу елочку

Жизнь моя в Асине протекала тоскливо: я жил один в покосившейся от времени избе, где недавно умерла старая женщина, и спал на расшатанной кровати, на которой она умерла. Спал я на этой кровати один, поскольку мои жена и дочь, которую я пока не видел, жили в Москве и не могли ко мне приехать: Маша была серьезно больна и нуждалась в постоянном врачебном присмотре.

Алёна рвалась обратно, и наша переписка и редкие, заказанные за два дня на асиновской почте телефонные переговоры состояли в основном из моих уговоров не тащить Машу в Сибирь. А оставить Машу с моей мамой Алёна отказывалась. Впрочем, Алёна рвалась ко мне все меньше и меньше, поскольку хлопоты о Машином здоровье занимали все ее мысли, не оставляя места нашей любви: вся любовь была отдана маленькой и постоянно больной девочке.

Я устроился в леспромкомбинат на сортировку. Работа эта была не легче повала, а в чем-то, может, и тяжелее. На пилораму, куда я просился, меня, к счастью, не взяли, а то – с моей ловкостью – остался бы без рук. Там я и проработал до следующей весны.

Особенно тяжело приходилось зимой. Меня поставили на транспортер, тащивший бревна вдоль насыпи. Лесовозы подъезжали к дальнему концу транспортера, и кран цеплял вязанные тросом пакеты бревен. Вдоль дороги сугробами нависали штабеля привезенных стволов. Стволы косо торчали поперек, лесовозы иногда задевали за такой ствол, и он качался, расшатывая весь штабель.

Стояли морозы, и бревна трещали, будто сами мерзли. Мы работали посменно, и рано утром, когда вокруг стояла предрассветная мгла, прожектора освещали насыпь, на которой мы стояли в ряд с баграми в руках.

Каждый из нас отвечал за определенный сорт стволов, поскольку они шли в разные цеха. Я должен был сбрасывать с насыпи кривые и средней толщины, а очень толстые и вершинник – концы стволов – сбрасывали другие. Мы стояли вдоль транспортера, и в стылой тьме я мог видеть только двух ближних с каждой стороны. Сортовые бревна мы пропускали, и транспортер тащил их до самого конца, где они падали в бассейн с горячей водой.

Вдоль и поперек прямоугольного бассейна тянулись узкие мостки, и на мостках женщины, замотанные толстыми платками, баграми направляли бревна в бревнотаску. Бревнотаска тащила стволы в пилораму, и женщины, проявляясь из густившегося над водой пара, словно из тумана, молча толкали стволы. Они работали за садик: после года такой работы комбинат давал ребенку место в детском саду.

Сортировка – унылая работа: увидел свой ствол, просунул багор и скинул с насыпи. Главное, не надорваться, а угадать, где подсунуть лом: если ствол утолщается к вершине, подсовывать нужно ближе к комлю. Если же ствол ровный, то можно и под середину. Важно не пропустить свой ствол, а то он уедет на пилораму вместе с сортовым деревом. Тогда бракер-нормировщик при приеме сортовых стволов на пилораме определит негодный, и начальство – по сортности – сразу узнает, кто что пропустил и кого нужно наказать.

## Из других жизней

В следующий раз я услышал об Асиновском леспромкомбинате в Нью-Йорке. Стоял то ли 95-й, то ли 96-й год, и я работал не на сортировке поваленных стволов, а директором отдела Российского фондового рынка в известной брокерской фирме «Ауэрбах Грэйсон».

После окончания магистратуры Колумбийского университета я специализировался по развивающимся фондовым рынкам, занимаясь в основном Южной Америкой, пока в 1994 году только что открывшийся российский рынок не привлек внимание жадных иностранных инвесторов, готовых – по справедливому определению Владимира Ильича – продать пролетариату веревку, на которой их потом повесят, а также совершить любое преступление, коли оно сулит сто процентов прибыли. Относительно преступления, думаю, и за пятьдесят процентов можно было бы договориться.

Пока же за неимением веревки американские и европейские инвестиционные фонды покупали акции российских компаний, не имевших никакой вменяемой финансовой отчетности, не выплачивавших дивиденды и зачастую не понимавших, что такое права акционеров. Инвестфонды покупали эти акции, пользуясь почти исключительно одним критерием: сравнительная ценность компании по отношении к подобным компаниям на других рынках.

Происходило это примерно так: сидит менеджер инвестфонда Джон в Нью-Йорке или Лондоне, скучает, томится, а тут ему звонит брокер Иван из Москвы и сообщает, что местный Фонд имущества где-то, скажем, в Курске собирается выставить на приватизационный аукцион большой пакет акций компании «Курсктелеком», обеспечивающей город и окрестности телефонной связью. Никаких понятных балансовых отчетов, никакой прибыли, да и вообще ничего путного о компании Иван сообщить не может, кроме того, что «Курсктелеком» обслуживает столько-то телефонных линий. Ага, говорит себе хитрый продажный Джон, нуте-с, нуте-с, сейчас мы все посчитаем. Далее Джон умножает цену за акцию, предложенную аукционом в качестве начальной, на количество выпущенных компанией акций и получает рыночную стоимость компании. Затем Джон, который ходил в школу и знает как минимум четыре арифметических действия, делит стоимость компании на количество обслуживаемых линий и видит стоимость за линию, один из важнейших критериев оценки телекоммуникационных компаний. Скажем, стоимость за линию «Курсктелекома» получается сто долларов за линию. Джон сравнивает эту стоимость со стоимостью телекома где-нибудь в Рио-де-Жанейро и выясняет, что бедные риодежанейрцы платят аж сто пятьдесят долларов за линию. Стало быть, в Курске дешевле и стоит покупать акции «Курсктелекома» от ста долларов до примерно ста тридцати долларов за линию, потому что имеется потенциал ценового роста акций. Инвестменеджер Джон дает брокеру Ивану заказ с ценовыми параметрами и, поглубже усевшись в нью-йоркско-лондонское кресло, принимается ждать, пока российский фондовый рынок развивается, повышая стоимость его акций. Чтобы затем продать их с целью наживы.

В 1995 году процесс российской приватизации более-менее упорядочился, и Государственный комитет по управлению имуществом начал издавать журнал «Реформа», в котором печаталась краткая информация о поступающих на приватизационные аукционы пакеты акций местных компаний. В России заявки на аукционы собирали уполномоченные агенты – местные брокерские компании, и «Ауэрбах Грэйсон» удалось (не спрашивайте как, все равно не скажу) получить у Федеральной фондовой корпорации, проводившей приватизационные аукционы, статус уполномоченного брокера по Северной Америке. То есть мы могли собирать и посылать в ФФК заявки у всех американских, канадских и мексиканских инвестиционных фондов, желавших биться на аукционах за акции российских компаний. И получать аж четыре процента от суммы собранных заявок.

Ах, прошли те времена. И слава богу.

Как-то безрадостным нью-йоркским утром, придя на работу в «Ауэрбах Грэйсон», открыл я новый выпуск «Реформы» и принялся его изучать, отыскивая что-нибудь потенциально интересное для своих клиентов – этих самых североамериканских инвестиционных фондов. Дойдя до родной Томской губернии, я ахнул: на следующий аукцион выходило около тридцати процентов акций приватизировавшегося предприятия ОАО «Асиновский леспромкомбинат», на котором мне когда-то пришлось не очень доблестно трудиться сортировщиком.

Сердце мое забилось, глаза затуманились сентиментальными слезами, воспоминания тревожной юности нахлынули, и я побежал к президенту компании Джонатану Ауэрбаху уговаривать его поучаствовать в аукционе самим, не привлекая инвестфонды.

– Зачем? – не понял Джонатан. – Мы ничего не знаем о прибыльности компании, не видели финансовой отчетности, не знакомы с менеджментом и не понимаем стратегии роста. И вообще это черт знает где – в Сибири. В чем интерес?

Я рассказал ему о своей работе на леспромкомбинате и почему он мне так дорог и попросил Джонатана купить эти акции на компанию, а затем продать мне. Я не мог участвовать в аукционе как физическое лицо, а никакого юрлица у меня не было.

– Не уверен, что мы имеем право это делать, – сказал Джонатан. – Сейчас выясним.

Он позвонил нашему юристу, и тот – сука! – подтвердил, что, будучи уполномоченным брокером Федеральной фондовой корпорации, наша компания не имела права участвовать в аукционе как конечный покупатель, поскольку это считалось бы нарушением условий договора с ФФК, не позволявшей уполномоченным брокерам покупать акции приватизировавшихся предприятий для себя, дабы избежать конфликта интересов.

Разговор был закончен. Мы молчали, каждый о своем.

– Олег, а зачем ты хочешь купить эти акции? – наконец спросил Джонатан. – Ты собираешься туда уехать и управлять бизнесом?

Собираюсь ли я поехать обратно в Асино из Нью-Йорка и бросить работу на Уолл-стрит, чтобы возглавить местный леспромкомбинат? На одну секунду – правда, всего лишь на одну! – шальная мысль: «А что?» – пронеслась в моем воспаленном мозгу. И быстро потухла.

– Джонатан, это моя прошлая жизнь. Должно быть, я хотел купить свою прошлую жизнь. Чтобы окончательно знать, что она – прошлая.

Мы снова замолчали.

– Я тебя понимаю, – неожиданно сказал Джонатан. – Я сам воевал во Вьетнаме.

# Соборность

В моей смене на сортировке стволов работал дед, недавно вышедший из местной зоны. Он – как старый и немощный – сбрасывал легкий вершинник – концы стволов. Дед стыло кашлял и жаловался на грудь, но тем не менее все время дымил папиросой. Я иногда говорил с ним, но на морозе много не поговоришь.

Как-то дед спросил меня, верую ли я в нашего спасителя Иисуса Христа. Сам он веровал. Узнав про мои сомнения в сакральности Священного Писания, дед пригласил меня посетить в воскресенье местную церковь.

– Поговори с отцом Андрияном, – посоветовал дед. – Он тебе враз все объяснит. На душе полегшает.

В следующее воскресенье я, изголодавшись по беседе, решил пойти в церковь. Я представлял себе интересный разговор о текстовых и фактических неточностях Библии, о догмате веры и отличии православия от других конфессий, и, главное, об эсхатологической значимости образа Христа и его влиянии на русскую литературу. В общем, обо всем, о чем я бы говорил со знаменитым в то время священником отцом Александром Менем, в приходе которого состояли многие мои друзья. Оттого холодным воскресным утром я отправился на окраину Асина – вкусить духовности.

Церкви, какую я ожидал увидеть, не было: просто высокий сруб на четыре окна в длину и два с торца. На крыше – подле задней трубы – терялся в заснеженном небе крест.

Я опоздал и пришел к середине службы; в темной зале уже пели, и батюшка читал что-то церковное у алтаря, освещенного уставленными в полукруг свечами. Десяток старух молились, опустив глаза, пока отец Андриян в белой рясе кадил ладаном перед иконостасом. Пригласившего меня деда не было. Спал, должно быть, пользуясь выходным.

Я встал за шепчущими неясные слова старухами и вдумался в службу. Батюшка говорил скорым напевом, почти слитно, и лишь имена округляли речь, а потом тянулось длинное – со старухами вместе – «Го-о-о-споду помо-о-олимся». Я было начал тянуть вместе со всеми, усердно стараясь, но не попадал в лад и скоро замолчал, следя за другими и кланяясь и крестясь с ними в такт.

Мысли мои рвались клочьями, чередуя прочитанное в книгах, откуда-то чаще всего выскакивало слово «соборность», отдававшее чем-то круглым и безусловно благим. Чувство причастности этому забытому и потерянному миру, многократно описанному в любимых текстах любимых писателей, плыло в напитанном ладаном воздухе, и я вдыхал его, пытаясь им проникнуться и стать одним с таинством, совершавшимся вокруг. «Соборность, – думал я, – духовная общность с моим народом. Я и эти бабки – одно». Мне хотелось в это верить и умиляться.

Батюшка тем временем протянул: «И за преосвященного Гидеона, митрополита Новосибирского, Господу помолимся», старухи дружно подхватили, после чего служба закончилась и зажгли свет.

Старухи разошлись к образам помолиться о личном, сбоку вынесли ящик на высоких ножках, и все выстроились для благословения. Я прошел к ящику с надписью «На общую свечу» и опустил туда деньги. Подумал и перекрестился.

Старухи понемногу расходились, в церкви тушили свечи, и утренняя серая мгла проливалась внутрь сквозь окна. Тощая старая женщина принесла с улицы ведро со снегом и поставила к печке – таять. Я узнал у нее, когда выйдет батюшка, и подивился скудости лица под платком: все черты словно стерлись до общего невзрачья. «Надо бы поговорить с ней, – думал я, сидя на лавке у выхода, – выспросить». Но никак не мог придумать о чем.

Бабка тем временем замела сор от прихожан на картонку и пошла бросить в печь.

Из комнаты за алтарем вышел высокий старик в черной телогрейке и валенках, запер на навесной замок дверь и пошел ко мне. Я встал и поздоровался.

– Садись, – сказал старик и сам сел на лавку. – А то я за службу на ногах притомился.

Мы немного посидели молча в пустой церкви, слушая старухино бормотанье, пока она обметала углы. Половицы скрипели, переговариваясь с ней.

– Хотел поговорить с вами о вере, отец Андриян, – сказал я. – Об Иисусе Христе.

– Видел, как крестишься, – кивнул отец Андриян. – Неправильно крест кладешь: надо на плечи класть, а ты к грудкам прижимаешь.

– Я буду как надо, – пообещал я. – Просто не думал об этом.

– Сам откудошний?

– Из Москвы.

– Высланный, что ли?

– Ссыльный.

– И за чо тебя выслали? Поди, против власти пошел?

– В общем, так, – согласился я. – Я правду говорил.

В этом месте отец Андриян должен был понять, что я, как и он, носитель света истины, пострадавший за правое дело, прослезиться и проникнуться чувством соборности.

– Зачем же ты? – огорчился старик. – Власть вере не помеха: ходи молись. Работай хорошо и ходи в церковь – тебя и не тронут.

– Да меня не за веру, – пояснил я. – Работал преподавателем. И говорил правду.

– А, – понял отец Андриян, – за язык. Не то скверна, что в уста идет, а что из уст выходит.

Я молчал, обдумывая, как повернуть разговор в нужную сторону. И не мог придумать. Я ожидал, что представитель религии, несущей миру Христово сострадание, пожалеет меня, я же скромно, как и положено герою, приму его восхищение.

– Не так все тебе, значит, – подытожил отец Андриян. – Хотел научить, как по-твоему надо. Это гордыня в тебе, брат. Они, – он показал длинным узловатым пальцем наверх – в плохо беленный потолок, – править приспособились; значит, Господу так угодно. Ты что думаешь: Бог дурнее тебя, не видит, как надо? А ты решил за него все поправить? Гордыня и есть.

– Я не за Бога хотел поправить, – сказал я. – А за людей.

– А люди-то в Божьей власти, – образумил меня батюшка. – Ты думаешь, тебя против его воли наказали? Он тебя и наказал: за гордыню.

Отец Андриян явно придерживался гегелевского постулата о разумности всего действительного.

– Как звать тебя? – спросил отец Андриян.

– Олег.

– Это хорошее имя, православное. Ты молишься?

– Нет, – сознался я, обрадовавшись, что разговор повернул в нужное русло. – Я как раз хотел поговорить с вами о догматах веры, о сути христианства.

– А сейчас что? – непонятно спросил отец Андриян.

– Как что? Воскресенье.

– Нет, ты скажи, какая сейчас неделя поста, – потребовал батюшка. – Ты пост-то соблюдаешь?

– Не соблюдаю. – Я решил приподнять тон беседы. – Понимаете, для меня вера – это скорее чувство внутренней связи с идеалом. А не обрядовость.

– Ага, – покачал головой отец Андриян. – А скажи мне: кто есть Христос?

Я писал диплом о библейских образах в русской литературе XIX века и считал себя хорошо информированным в этом вопросе, оттого и, не задумываясь, ответил:

– Христос – воплощение идеи жертвенности. Абсолют любви и добра.

– Что ты?! – замахал руками отец Андриян. – Вовсе нет: Христос – Сын Божий.

Последние два слова он произнес с большой буквы.

– Да это понятно, – сказал я. Мне стало скучно.

– А если понятно, почему неправильно отвечаешь? – ехидно спросил батюшка. – Слаб ты в основах веры. Походи ко мне, я тебе Молитвослов дам и покажу, что читать. Пост соблюдай.

Он встал и повернулся к старухе, возившей грязной мокрой тряпкой по полу.

– Болеешь, Полина? – спросил отец Андриян.

– Маюсь, батюшка, – разогнулась старуха. – И помереть не помру, а внутренности нет уже: всю хворь сожгла.

– Приходи ко мне, я тебе травы дам хорошей. Будешь заваривать на ночь.

И пошел к двери на улицу.

Мне хотелось оправдать мое отношение к вере, и я догнал священника у выхода.

– Понимаете, для меня вера – это прежде всего совокупность культуры, которую несет в себе христианство.

– Так ты в кого веришь? – остановился отец Андриян. – Ты в культуру веришь или в Христа? За культурой, брат, ты в клуб иди. А здесь храм, Господень Престол на земле.

Он открыл дверь, кивнул Георгию Победоносцу, пронзающему змия на иконе у входа, надел шапку и пошел со ступенек в поселок.

Было тихо в церкви. Я тоже надел шапку, собираясь уходить.

– Ну что, поучил тебя батюшка? – спросила старуха Полина.

– Странный он у вас, – поделился я впечатлениями от разговора. – Нежалостливый.

– А чего тебя жалеть? – удивилась старуха. – Увечный, что ль?

# Болезнь

Алёна – в нашем очередном телефонном разговоре – сообщила, что следующим летом приедет вместе с Машей, и будь что будет. Она отказывалась жить раздельно и объясняла свое решение моим переводом в Асино: там была какая-никакая больница и врачи. Я согласился. Наступил декабрь, и мне оставалось полгода одиночества.

На леспромкомбинате платили мало, поскольку сортировка считалась неквалифицированной работой. Оттого до поздней осени я подрабатывал на разгрузке барж на Чулыме. Эту идею мне подал мой ангел-хранитель Коля Бакакин, перешедший с лесовоза на работу водителем автолавки в райпотребкооперации и приходивший на помощь в самые нужные моменты. За разгрузку платили хорошо, особенно за спички: ящики со спичками весили не так много – пятьдесят два килограмма, но нести их вниз по трапу было неудобно из-за объема, поскольку они закрывали видимость, и было непонятно, куда ступаешь: поскользнешься и угодишь в стылый Чулым. Вторым по неудобству и высокооплачиваемости грузом была мука: мешки по шестьдесят килограммов, и ходишь потом весь день белый. Словно тебя обсыпало снегом, только он не тает.

Я оставлял себе двадцать рублей платить за избу и пятьдесят на еду. Остальное, сколько было, отсылал Алёне и маме. Я не пил, не курил, и потому мне хватало, даже еще оставались какие-то деньги.

В конце октября река встала, разгрузка барж закончилась, и я нашел другую подработку – кочегаром. Я работал в ночь, с семи вечера до семи утра, потом двое суток выходной. Одно плохо: не высыпался, и на утро как вареный.

Уголь должны были хранить под навесом. Да вот беда: пьяный водитель, когда привез машину с углем поздним летом, не смог заехать под навес и сгрузил уголь рядом. Осенью пошли дожди, затем ударил мороз, и уголь смерзся в камень. Потому, чтобы набрать четыре корыта черной мерзлоты – закидать топку полностью, нужно было колоть его ломом. Скоро я научился, что надо бить в наклон, стараясь вогнать лом поглубже, а затем навалиться всем телом и отломить кусок смерзшегося черного камня. Рукавицы скользили по железу, не давая ухватиться накрепко, но снимать было нельзя: руки примерзнут к металлу. Набрав корыто, я тащил его в кочегарку за веревку, как санки, и сгружал около печи. Закидав полную топку – сначала по углам, чтоб огонь не погас под тяжелым мокрым углем, а потом посередине, – я садился писать рассказы.

Там, в кочегарке, я снова начал писать. Сперва я написал маленькую повесть про этап и спрятал ее под полом в сенях избы, где жил, – на случай «шмона», предварительно завернув в пластик – чтоб мыши не погрызли. Затем принялся писать рассказы – о людях вокруг. И об их жизни, которую я открывал для себя каждый день. Эти рассказы потом составили мою первую книгу «Посещение», вышедшую через много-много лет.

Между писанием я чистил котел «по горячему»: верхний, еще не сгоревший уголь отгребаешь лопатой в сторону, потухший шлак сгребаешь в ведро и выносишь прочь. Жар из топки бил аж до боли, и деревянный черенок лопаты то и дело загорался – приходилось тушить. Затем я закидывал свежий уголь, аккуратно ровным слоем распределив его по горячему котлу, закрывал заслонку и садился писать.

В жизни, о которой я писал, люди работали тяжело. Их жизнь, что я раньше не знал, была нелегкой, и они жили ею всегда – с рождения до смерти. Теперь я работал и жил наравне с ними, только труднее от неумения и непривычки. Мне, однако, было лучше: у них, кроме той жизни, ничего не было, у меня же были скошенные строчки в ученической тетрадке, что я писал по ночам в душной, задымленной сгоревшим углем кочегарке.

Ел я плохо: ленился, да и не умел готовить, получалось на ходу, всухомятку. В сочетании с работой, на которой я постоянно носил тяжести, это не могло хорошо кончиться.

И не кончилось.

Сон оборвался разом, но еще долго стоял туманом в мозгу. Сознание цеплялось за обрывки неявья, словно не хотело верить, что сон кончился и вот она – жизнь.

Боль пришла вначале сквозь пелену сна, а потом явственнее, живее, проявилась, как переводная картинка. Ударила жгучим жалом и рассыпалась тысячью огней по желудку. Я проснулся и понял, что умираю: темнота, и кто-то выжигает кишки внутри.

Боль собралась слева и дырявила в подреберье.

В избе стояла плотная тьма, и лишь мыши торопко бегали под досками пола да сверчок пиликал свое унылое за печью. В темноте было слышно, как на рукомойнике сворачиваются капли и гулко падают в таз.

Боль зажглась вновь, прожгла насквозь, и я перестал чувствовать – слышать, видеть. «Сейчас пройдет, – шептал я себе, – так долго болеть не может. Она сама так долго не выдержит».

Больше всего меня пугала не боль, а что был один и завтра – нерабочий день. Умру и буду лежать в холодной избе. Печка остынет, холод выгонит мышей из подпола, и они начнут по мне бегать. Противно.

Я лежал и думал, что лучше умереть, а не цепляться за жизнь. Да и жизни не было: так, выживание. Мозг тем временем регистрировал ощущения, запоминая, откладывая их как материал, чтобы потом это описать. Я корчился от боли, а мозг тем временем придумывал рассказ, в котором будет боль. Ощущения становились фразами и просеивались в прозу.

Эта отстраненность, двойственность восприятия держала меня в жизни. Пока будет так – буду жив.

Боль теперь приходила сверху и пузырилась в животе, а затем опускалась и лопалась горячим влажным жаром. Я смог повернуться набок и подтянуть колени к груди, помогая боли пройти мое тело побыстрее: так ей было короче спускаться. Я надеялся, боль поймет, что я с ней заодно, и пожалеет меня.

Не пожалела: темнота вдруг вспыхнула и погасла, и я прекратил дышать. Боль разлилась жаркими светлячками, затем собралась в центре и взорвалась, уйдя вглубь. Меня вырвало, и я успел порадоваться, что лежу на боку, а то бы захлебнулся. Затем я перестал радоваться, думать и быть.

Куда-то тащат, темное лицо. Не хочу, оставьте. Мне хорошо.

Холодно. На щеки падает снег. Накрыли, а лицо оставили. Снег ложится на лоб и не может растаять. Холод. Холод.

Голоса, голоса. Лица, лица. Что-то белое. Не снег – свет. Склонились. Зачем снимают одежду? Колют в руку.

Спать.

Я проснулся и не мог вспомнить свой сон про боль. Помнил, что был тяжкий сон: боль в желудке, я один в темной избе. Мыши.

Открыл глаза и удивился свету вокруг: все белое, даже крашенные в зеленую краску стены и те кажутся белыми. Что-то мешало: посмотрел – в руке игла с тоненьким шлангом. Капельница.

Меня спас Коля Бакакин: он зашел занять денег на водку – выходной же – и нашел меня без сознания на полу посередине спальни. Я не помнил, как сполз с кровати и пополз к выходу, а вот смог. Коля побежал за моим соседом – Сашей Кокориным, они погрузили меня на санки, накрыли одеялом, и Коля потащил санки в больницу. Здесь я и очнулся – через сутки.

Диагноз: панкреатогенный шок – тяжелейшая форма панкреатита на фоне обострения язвенной болезни двенадцатиперстной кишки, множественный кистоз печени. Опасность панкреонекроза. Вероятность летального исхода – пятьдесят на пятьдесят.

Я не умер: использовал свои пятьдесят процентов на выживание и выжил. И все живу.

Асиновским врачам удалось меня стабилизировать, но лечить меня они не могли и собирались отправить в больницу в Томск, как только я буду готов к транспортировке. Да и понятно: основным лечением, кроме медикаментов, считаются правильная диета, отсутствие стресса и легкая, нефизическая работа – без поднятия тяжестей. Ничего этого у меня не было и быть не могло.

Меня заставляли глотать какие-то шланги, вводили контрастную жидкость и прочие приятности. Мне становилось то хуже, то лучше, иногда я терял сознание, но не от боли, а от какого-то вязкого жара в левом подреберье. Меня держали на капельнице, и я настолько к ней привык, что забыл про нее совсем.

Коля Бакакин попросил жену написать письмо моей маме о том, что я тяжело болен (сам он писал не очень), и послал его нашим обычным каналом – через сестру жены. Я его об этом не просил, да он мне и не сказал – сам решил.

Мама, получив письмо, дозвонилась до асиновской больницы и поговорила с моим лечащим врачом. Получив диагноз и нерадостный прогноз, мама бросилась к отцу, и папа Эдик, вооруженный знанием ситуации и моральным правом родителя тревожиться о своем ребенке, отправился по гэбэшникам, курировавшим советскую культуру. Те неожиданно отнеслись с пониманием и сочувствием, да и время наступало другое: подходил 1986 год, и перестройка если еще не стучала в двери сановных кабинетов, то уже сидела в чиновничьих приемных.

После трехнедельных ходатайств в асиновское РОВД пришло распоряжение отправить меня для обследования и лечения в Москву.

Я пролежал в Асине почти месяц и после выписки попрощался не со всеми, думая, что вернусь после курса лечения. Коля с женой пришли провожать меня на автобус в Томск. Автобус отъехал, и я долго смотрел, повернувшись назад, как они стоят у трассы – черные фигурки, все больше терявшиеся в разделявшей нас дали.

## Из других жизней

Так сильно я болел только еще один раз в жизни – в Гайане. Я не мог продолжать путь, и мои попутчики оставили меня в маленьком поселке индейцев из племени Патамуна на реке Эссекибо, что течет на север, где впадает в Атлантический океан. Я провалялся в этом поселке недели две в тяжком провальном малярийном бреду.

Сам виноват: противомалярийный препарат следовало начать принимать за неделю до попадания в места с опасностью заражения, все время в этих местах и неделю после. Я же пренебрег каждым из этих трех требований и мог ругать только себя.

Мне, впрочем, было не до ругани: посреди тропических джунглей меня трясло от холода, как на сибирском морозе, потом накатывал мокрый жар, словно внутри разожгли влажный костер. Я все время спал, провалившись в обрывки кошмаров, и, когда открывал глаза, обнаруживал себя в гамаке. Было трудно дышать, словно легкие забиты ватой.

Рядом с гамаком, когда бы я ни проснулся, сидела индейская девочка лет тринадцати. Как только я выходил из бреда, она вливала в меня два стакана отвара хинина – от малярии. Хинин был горький, меня начинало тошнить, но девочка была на страже и давала запить горечь лекарства восхитительным самодельным ромом, этаким самогоном из сахарного тростника. Воды, кроме раствора хинина, мне не давали. С этих пор вкус рома ассоциируется у меня с лицом этой девочки.

Раз в день она кормила меня с ложки какой-то перетертой похлебкой. Я не знал, из чего она сделана, и предпочитал оставаться в неведении.

Однажды, когда я почувствовал себя лучше и мир ненадолго перестал расплываться в вязкой дымке малярийного тумана, я спросил ее:

– Как тебя зовут, девочка?

– Девочка, – ответила девочка. – Зови меня Девочка. Так меня никто не зовет.

Как я попал в Гайану? Случайно, как и во все другие места. Инвестиционный банк, где я тогда работал, получил мандат от канадской горнорудной компании на покупку местной фирмы, занимавшейся добычей алмазов и золота на западе страны. Основным активом фирмы – «Коррайя Холдингз» – были права на добычу в западной части Гайаны, на границе с Венесуэлой. Для правильной оценки компании и определения ее стоимости нужно было подтвердить оценку этих запасов.

Мой начальник Филл Николз выбрал для поездки двух человек – Джо Коэна и меня. Джо был финансовый аналитик, я – инвестиционный банкир. Кроме того, мы оба не были женаты, что давало Филлу моральное право посылать нас в отдаленные уголки планеты на неопределенные сроки.

Джо и я радовались поездке и представляли, как будем сидеть у бассейна в единственно приличном в столице Гайаны Джорджтауне отеле «Кемпинский», тянуть экзотические коктейли и знакомиться с не менее экзотическими гайанскими девушками. А между делом также знакомиться и с документами о подземных богатствах, принадлежавших «Коррайя Холдингз», и производить их оценку. Тропический рай и две его известные составляющие – экзотика и эротика – ожидали молодых инвестбанкиров из Нью-Йорка.

По прилете мы выяснили, что у «Коррайя Холдингз» имеется только оценка запасов, сделанная британцами еще в 1935 году, когда Гайана была их колонией. На основании этих документов компания и получила права на добычу от гайанского правительства, заплатив кучу денег кому следует. Владелец компании Майк Коррайя объяснил нам, что решение нужно было принимать в спешке, поскольку через три месяца в стране выборы и неизвестно, как себя поведет новое правительство. Куй алмазы, пока горячо, сказал Майк. Неудивительно, что он спешил продать свою компанию канадцам.

Мы с Джо отправились в Министерство геологии, где нам подтвердили, что никаких других оценок данных запасов, кроме британских многолетней давности, не имеется. И посоветовали сделать оценку самим. То есть нанять независимых геологов, поехать в джунгли и проверить концентрацию алмазов и золота в почве и речном песке.

Наше нью-йоркское начальство одобрило этот план. Во-первых, канадцы уже заплатили «Коррайя Холдингз» солидные деньги при подписании договора о намерениях, и вернуть их, если сделка не состоится, будет сложно. Во-вторых, канадцы заплатили нашему банку за оценку компании лишь часть денег, и если мы сейчас проинформируем их, что нет документов, подтверждающих запасы, они могут расторгнуть договор с «Коррайя», а стало быть, банк не получит свою комиссию полностью.

Главное же, как объяснил Филл Николз, произведя оценку сами, мы увеличим количество времени и усилий, потраченных на сделку, и возьмем за это с канадцев еще больше денег.

— Наймите самолет, возьмите геологов и слетайте туда на пару дней, — принял решение в тиши своего нью-йоркского кабинета с видом на Гудзон мудрый Филл. — Только без эксцессов.

Не знаю, что он под этим подразумевал, но без эксцессов не получилось.

Жизнь в Гайане напоминала мне Сибирь: в воздухе было разлито такое же ощущение предстоящей беды. Ничего хорошего никто не ждал, но и не особенно о том тревожился: такая жизнь, и другой ждать не приходилось. Вскоре выяснилось, что свободных геологов, готовых полететь с нами на запад страны, было немного, а именно один – бывший поляк Рафаил Свенски. Судьба занесла Рафа в Гайану лет пятнадцать назад, и он – как и другие до него – тяжело заболел магией жизни в полудикой тропической стране, когда-то названной британцами Зеленый Ад, и остался там навсегда. Я его понимаю: сам бы остался. Но не мог: меня ждали в Нью-Йорке мама и маленькая Маша.

Мы наняли крошечный самолет с двумя сиденьями – для пилота и еще одного пассажира – и полетели. На сиденье для пилота сидел пилот, на сидении для пассажира – Раф Свенски, а Джо, помощник Рафа по имени Бад Рамчаран и я устроились на мешках и ящиках на полу самолета. Все время полета пилот и Раф с удовольствием вспоминали подробности разных авиакатастроф в этой части страны.

Под нами черно-зеленым разлились темные джунгли, прорезанные серыми лентами рек. Впереди – у неясно очерченного горизонта – нас ждала синяя гора со срезанной верхушкой – Плато Рорайма, описанное Конан Дойлем в романе «Затерянный мир». Именно здесь профессор Челленджер нашел доисторическую жизнь. И именно сюда собрались мы в поисках запасов «Коррайя Холдингз».

Там, у подножия горного массива Рорайма, на притоке Эссекибо с прелестным названием Вака-вака-пу я и заразился малярией: самка комара антофелес – заразу переносят только самки – укусила меня и впрыснула слюну в мою кровь. Вместе со слюной в кровь попала зараженная клетка, спорозоит, мигрировавшая в легкие. Там клетка начала делиться, производя разносчиков инфекции – мерозоитов. Из легких мерозоиты проникли обратно в кровь, и вот она – легочная малярия. А если бы попали в мозг, то я бы заболел церебральной формой малярии – так называемой церебральной ишемией – и умер. И никакая девочка по имени Девочка не отпоила бы меня горьким хинином и сладким ромом.

Я частично использовал опыт этой поездки в романе «Суринам».

# Какое время на дворе

Я лежал на обследовании и лечении в московской больнице, и каждый день Алёна или мама приезжали меня навещать и иногда привозили маленькую Машу, которую я увидел впервые. Ей уже было больше года, она бегала по вестибюлю больничного корпуса, в котором проходили наши свидания, и мы бегали за ней, подхватывая каждый раз, когда гравитация и детская неловкость оказывались сильнее ее желания двигаться. Я тогда ничего не понимал в маленьких детях и был разочарован, что она лепечет понятные лишь Алёне слова, а не говорит развернутыми фразами, причем на интересующие меня темы: политика, история, литература.

Лечение в Москве подтвердило диагноз асиновских врачей: тяжелый панкреатит на фоне обострения язвенной болезни двенадцатиперстной кишки. Рекомендуются щадящий режим питания и легкая работа, а также покой, отсутствие волнений и еще много чего совершенно несовместимого с оставшимся сроком ссылки – чуть меньше трех лет. Я готовился к возвращению в Асино и хотел вернуться здоровым, поскольку никакой работы, кроме тяжелой физической, меня там не ждало.

Время на дворе, однако, менялось, и достаточно резко: 1 января 1986 года генеральный секретарь КПСС Михаил Горбачев обратился с речью к американскому народу, заявив о желании снизить напряженность между сверхдержавами. Он звучал абсолютно по-пацифистски, словно являлся членом Группы Доверия. Неясно было, как после такой речи руководителя страны КГБ может продолжать преследование членов Группы.

Через две недели после этой речи – 15 января – Горбачев выступил с призывом к полной ликвидации ядерного оружия, что также было одним из предложений Группы Доверия. Наступали другие времена.

Я читал газеты, лежа на больничной койке, – в перерывах между заглатыванием шлангов и капельницами – и пытался понять, что происходит. Меня навещали друзья, рассказывавшие об ощутимом ослаблении цензуры и разных идеологических послаблениях. Воздух в державе ощутимо менялся, насыщаясь кислородом свободы.

11 февраля был освобожден из заключения и обменен на советских разведчиков Анатолий Щаранский. А 13 февраля мне пришло предписание о смене места отбывания ссылки: меня переводили в город Киржач Владимирской области. КГБ, лучше других понимавший ситуацию в стране, решил держать тех, чьи судьбы могли скоро резко поменяться, ближе к центру.

# Киржач

Киржач встретил меня несильным морозом и непонятностью ситуации: где жить и работать? Я пришел в горотдел милиции, отметил маршрутный лист у своей новой инспекторши, которую, как и Гормолысову, звали Людмила (вероятно, существовал какой-то секретный циркуляр МВД по этому поводу). Людмила (не помню ее отчество) тоже носила звучную фамилию – Змеева. Она поставила меня на учет как ссыльного, но не выдала мне новое удостоверение, объяснив, что у нее нет бланков.

– Бланки придут, тогда поменяем, – заверила меня лейтенант Змеева. – Тем более что пока у вас нет нового адреса. Ищите жилье и трудоустраивайтесь.

Удостоверение она мне так и не поменяла, и до конца ссылки я сохранил выданное мне в Сибири за номером 444.

Новый адрес я обрел на третий день проживания в единственной киржачской гостинице – напротив памятника Ленину: сердобольная регистраторша, с которой я поделился своими заботами, позвонила подруге, проживавшей во Владимире и владевшей квартирой в Киржаче. Та согласилась сдать однокомнатную квартиру в блочном доме на окраине города: там были отстроены кооперативы для людей, работавших на Чукотке. Многие из них, закончив трудовой путь, переезжали в Киржач – поближе к столице, другие же продолжали жить на Чукотке, а квартиры сдавали. Моя новая хозяйка сменила Чукотку на Владимир и, договорившись о цене, пустила меня на постой.

После ЛЗП Большой Кордон и Асино крошечная квартира в городском доме казалась мне несказанной роскошью: вода текла из крана, временами даже горячая, так что не нужно носить ее из колодца, а потом греть на печи. Да и саму печь не нужно больше топить, наколов дрова на морозе: настоящие батареи обогревали жилье. Первое время я все время их трогал, проверяя – теплые ли или нужно подтопить. Потом вспоминал, что подтопить все равно нельзя, и глупо улыбался, радуясь вновь обретенной цивилизации. Я купил раскладушку, простыни и одеяло, но забыл поначалу купить подушку и спал, подложив свитер под голову. Было удобно.

С работой оказалось сложнее: мои квалификации преподавателя литературы, сучкоруба и кочегара оказались не нужны: преподавать я – осужденный за особо опасное преступление – не имел права, лесоповал в окрестностях не велся, и кочегары не требовались, поскольку городские дома отапливались местной ТЭЦ, а частный сектор отапливался сам. Оставалось найти низкооплачиваемую физическую работу, что не рекомендовали врачи. Другого выхода не было.

Я убедил Алёну подождать с переездом в Киржач до того, как я найду работу. И вскоре нашел: грузчиком в магазине. Работа по моим сибирским стандартам была легкая: пришла машина с товаром, разгрузил, перенес ящики к прилавку – и сиди читай. Сказала продавщица принести из подсобки новый товар – принес. Платили мало, и я понимал, что нужно будет искать подработку на выходные.

Через неделю после начала моей работы приехали Алёна и Маша. Они наняли в Москве «Газель», на которой перевезли Машину кроватку, коляску, манеж и прочий скарб. Первые несколько ночей мы с Алёной провели на застеленном одеялами полу, поскольку вдвоем на раскладушке спать было невозможно. Затем купили матрас и спали на нем до конца ссылки.

Недели через три, вернувшись с работы, я собрался пойти гулять с Машей и уже было оделся, когда меня вдруг согнуло пополам от резкой боли в подреберье и начало рвать. Болело не так сильно, как во время панкреатогенного шока в Асине, и я не потерял сознание, но ничего приятного не было.

Алёна побежала к соседям позвонить в больницу, чтобы приехала неотложка, которая так и не приехала. Я отлежался дома, но на следующий день не смог пойти на работу. Алёна устроила скандал, и я согласился, что работа грузчиком мне не очень полезна.

Выздоровев и получив на работе расчет, я отправился к инспектору Змеевой и объяснил ситуацию. Она оказалась в курсе моих медицинских проблем – в деле имелись выписки из истории болезни, выданные асиновскими и московскими врачами, но помочь ничем не могла: Киржач – город маленький, и с удостоверением ссыльного ни на что хорошее надеяться я не мог.

Змеева позвонила в местный отдел по трудоустройству и выяснила неутешительные для меня новости: в городе было производство каких-то токарных резцов, куда требовались фрезеровщики, и швейная фабрика, где ожидали швей-мотористок. Я не обладал ни одной из нужных квалификаций. Мы уже попрощались, и я собирался пойти попытать счастья в автобусном парке недалеко от дома – разнорабочим, когда зазвонил телефон: женщина из отдела по трудоустройству сообщила, что в музыкальную школу нужны аж сразу две уборщицы.

– Радзинский, – предложила предприимчивая Змеева, – оформись на одну ставку сам, а на другую оформи жену.

– А Маша? – не понял я. – У нас же маленький ребенок, Алёна все время с ней.

– Ты чего – совсем не соображаешь? – подивилась моей наивности инспектор Змеева. – Оформишь жену, а работать сам будешь – за двоих. И получать две зарплаты. Все так делают. Платят там копейки, но на две зарплаты прожить можно. Да и работа не особо тяжелая, не надорвешься.

Это явилось для меня полной неожиданностью: я не представлял, что в СССР можно оформить одного человека, а работу станет выполнять другой, и все закроют на это глаза. Плохо я знал, как жила страна.

Работать на женской работе – уборщицей – было как-то зазорно: я все-таки зэка, сидел в тюрьмах, трудился на лесоповале в Сибири, а тут – уборщицей! Чтобы не обидеть вызвавшуюся помочь Змееву, я поблагодарил и сказал, что посоветуюсь с женой. На прощание Змеева сообщила, что знакома с директором музыкальной школы (в Киржаче все были знакомы со всеми) и узнает у него, согласится ли он взять на работу ссыльного.

Будучи уверенным, что директор школы, хоть и музыкальной, не захочет на должность уборщицы осужденного по политической статье мужчину, предпочтя ему несудимую женщину, я заверил ее, что если директор согласится, я готов мыть полы с утра до ночи. На том и расстались.

# Руссо (но не Жан-Жак)

В автобусном парке мне сообщили, что нужен мойщик автобусов, но с весны: зимой автобусы не мыли. До весны оставалось много времени, и я серьезно задумался о карьерных перспективах уборщицы в музыкальной школе. Я прикидывал, хватит ли денег, если буду получать две зарплаты уборщицы и найду ночную работу сторожем. Получалось, что хватит. С тем я и направился в музыкальную школу – проверить обстановку.

Музыкальная школа находилась в центре, недалеко от городской площади с памятником Ленину, гостиницей, райисполкомом, райкомом КПСС и прочими нужными учреждениями. Я нашел директора и представился.

Директор оказался пожилой невысокий мужчина со скуластым лицом и внимательными карими глазами. Звали его Эдуард Давыдович Руссо, что мне сразу понравилось. Эдуард Давыдович подтвердил, что лейтенант Змеева с ним уже поговорила, но выразил сомнение, смогу ли я стать хорошей уборщицей.

– Ты полы мыл хоть раз в жизни? – поинтересовался Руссо. – А тут целая школа – два этажа. И еще актовый зал. У меня дети со всего города: приходят, несут грязь с улицы. Мне чистота нужна.

Я заверил его, что справлюсь, и, видя директорские сомнения, предложил попробовать: я приду вечером после занятий и вымою школу. Бесплатно. А он посмотрит, устроит ли его мое мытье. Руссо предложение понравилось, и он согласился.

Качество моей уборки понравилось ему меньше, но он принял меня на работу, оформив нас с Алёной уборщицами. Думаю, я ему был интересен, и Руссо хотел получше меня узнать.

Работа – по моим лесоповальным стандартам – была не тяжелая: я мыл пол в раздевалке и на входе после первой смены учащихся утром, затем лестницу и коридоры второго этажа в пересменке между утренней и дневной сменой, и все здание вечером после окончания занятий. Если в школе случались концерты, я также мыл большой, только что отстроенный актовый зал, которым Руссо очень гордился. Главное было – хорошо вымыть раздевалку и коридоры, куда наносилась грязь с улицы.

Эдуард Давыдович приходил в школу первым и уходил последним. Он воевал, был контужен, но никогда об этом не говорил (я узнал это от моей непосредственной начальницы – завхоза, неприятной злой женщины, которая всегда была недовольна и ругалась со всеми в школе).

Руссо ждал, пока я закончу мыть школу вечером, чтобы ее закрыть: он не доверял мне ключи. Мы вместе шли на автобус, поскольку он жил неподалеку от меня, и за эти совместные поездки домой узнали друг друга и подружились.

Руссо сначала осторожно, а затем менее осторожно расспрашивал меня о моем деле, о тюрьме, о жизни в Сибири и, наконец, понемножку начал рассказывать о себе.

Он родился в Бессарабии, бывшей частью Румынии, но в конце двадцатых годов его отец – румынский коммунист – перевез семью в Молдавскую АССР, входившую в то время в состав Украины. В 1938-м отца, работавшего главным агрономом, забрали, и семья больше его не видела. Эдуард Давыдович ушел на фронт после школы, а отвоевав, стал учиться музыке, по-моему, в Киеве. Уже не помню, как он попал в Киржач, но жил он в городке давно и пользовался всеобщим уважением. И было за что.

Постепенно Эдуард Давыдович становился все более и более со мной откровенен, и выяснилось, что он настроен к советской власти довольно критически: он, конечно, был коммунист, не мыслил жизни ни в какой другой политической системе, но при этом оказался готов воспринимать критику политики партии и государства как в отношении инакомыслящих, так и в управлении народным хозяйством. Многие вещи, например требование идеологической чистоты в таком абстрактном искусстве, как музыка, казались Руссо излишними, избыточными, и он искренне расстраивался от ненужного расходования сил и ресурсов на поддержание партией единомыслия в державе. Меня Руссо считал не врагом, а заблудшим патриотом, и ценил мое стремление переделать жизнь в державе как искреннее желание ее улучшить.

При этом Руссо осторожно относился к происходившим переменам, не понимая, куда они заведут страну. Мы с ним подолгу обсуждали, что все это значит, и оба не понимали. Больше всего Руссо боялся, что нынешняя политика либерализации закончится очередной реакцией – закручиванием гаек и репрессиями. Эдуард Давыдович хорошо помнил хрущевскую оттепель и последовавшую за ней брежневскую эпоху подавления всяческого инакомыслия.

Помню: сидя у него в кабинете после того, как я закончил мыть школу вечером, мы долго разбирали постановления только что прошедшего

XXVII съезда, провозгласившего курс на удвоение экономического потенциала страны к 2000 году. Для меня главным в тезисах съезда был отказ от принимаемой на всех предыдущих съездах цели построения коммунизма – вместо этого декларировалась необходимость совершенствования социализма. Мы соглашались, что приоритетом стала не идеология, а экономика. Эдуард Давыдович называл это «косыгинской программой».

Где-то через месяц он позвал меня в свой кабинет и сообщил, что наша склочная завхоз уходит с работы.

– Иди ко мне завхозом, – предложил Эдуард Давыдович. – Материальную часть школы ты уже хорошо знаешь, я тебе на первых порах помогу. Ты парень грамотный – МГУ все-таки. Справишься.

Я не знал толком, что делает завхоз, потому что наша не делала ничего, целыми днями пропадая вне школы по каким-то важным делам.

– А органы? – осторожно спросил я. – Это все-таки ответственная работа. Думаете, разрешат?

– Матответственности завхоз не несет, – успокоил меня Руссо. – Матответственность только у меня и бухгалтера. Да я уже со Змеевой поговорил, она проверила в районном управлении (имелось в виду КГБ): возражений нет.

На следующей неделе я принял у недоброй тети-завхоза имущество музыкальной школы по описи. Алёна сохранила ставку уборщицы, и теперь я получал зарплату и завхоза, и уборщицы.

Жизнь налаживалась.

## Из других жизней

Как когда-то случайно я стал завхозом в киржачской музыкальной школе, так же непреднамеренно – в результате совпадений не планируемых мною обстоятельств – началась моя карьера на Уолл-стрит.

Я получил степень магистра международных отношений и экономики в Колумбийском университете и, скорее от незнания, что делать с собой дальше, поступил в докторантуру того же университета по специальности «Политическая экономика». С детства я усвоил, что хорошие еврейские мальчики становятся или писателями, или, на худой конец, профессорами. Мои шансы стать писателем в англоязычной Америке казались невелики; оставалось быть профессором.

Американские профессора в начале карьеры ведут кочевой образ жизни: их – после получения докторской степени – берут адъюнкт-профессорами по двухлетнему контракту, и за эти два года они должны или настолько понравиться (и преодолеть интриги коллег по факультету), что им предложат контракт еще на три года, или найти место в другом университете. Покатавшись по разным университетам лет десять, лучшие получают tenure, то есть становятся полноправными профессорами, коих практически невозможно уволить – работа до конца жизни, а если у них имеются успешные публикации или они действительно сделали вклад в развитие науки, то их берут не просто в какой-нибудь штатный (государственный) университет где-нибудь в Арканзасе, а в престижный, принадлежащий к Ivy League, как мой родной Колумбийский. Это считается вершиной академической карьеры.

Американские (да и европейские) профессора живут крайне привилегированной жизнью: живут в кампусе в окружении других интеллектуалов, читают лекции и от силы два раза в неделю, пишут книги и долго-долго отдыхают во время студенческих каникул. Получают они сравнительно немного денег, что компенсируется приятностью и легкостью существования. Социализм выжил, но не в СССР, а в американских университетах.

Вот такую жизнь я себе и готовил: без стресса, без особых денег и среди самых образованных людей в Америке. Я надеялся – лет через пятнадцать – получить кафедру в каком-нибудь приличном провинциальном университете и жить там до конца жизни. На большее я не рассчитывал. Получилось, конечно, совсем по-другому.

К концу второго года обучения в докторантуре у меня закончились деньги. Жил я на студенческие займы, положенные в Америке всем не могущим платить за образование, и займы эти постепенно накапливались, обрастая небольшими, но все же процентами, которые, правда, я не должен был платить до окончания докторантуры.

Пока я учился на магистра, у меня оставалось время на какие-то подработки, в докторантуре же времени не было ни на что. Студенческий заем был рассчитан на расходы одного студента: оплата образования и жилье. Я же должен был кормить не только себя, но и приехавшую маму и маленькую Машу. Да еще помогать Алёне, которая к тому времени со мною развелась и сама училась. Кроме того, пришла пора расплачиваться за студенческие займы, взятые за обучение в магистратуре.

В общем, средств не хватало. Я подумал, посчитал... и решил взять академический отпуск: заработаю денег и продолжу учебу через год. Оформил отпуск в деканате и быстро нашел работу аналитика по рискам в знаменитом банке J.P.Morgan: со степенью магистра Колумбийского университета это оказалось несложно.

Меня взяли аналитиком в отдел мировых рынков (Global Markets). Я приходил на работу в шесть утра, знакомился со всем, что происходило за ночь на Дальнем Востоке, и к семи – когда появлялись трейдеры – должен был подготовить анализ и прогноз рыночных рисков на сегодня. Нужно было уместить весь мир на одной странице: больше трейдеры не читали.

В течение дня я собирал информацию о происходящем, скажем, в определенных странах Латинской Америки и к 12:00 выпускал двухстраничный отчет. Или мне поручали проанализировать риск национализации какой-то определенной индустрии или большого предприятия, которым интересовались западные инвесторы, где-нибудь в Индонезии. Аналитики обычно специализировались по регионам или секторам экономики, но моя позиция считалась временной (при приеме на работу я честно сообщил, что нахожусь в академическом отпуске и собираюсь вернуться в университет), поэтому мною затыкали аналитические дыры на развивающихся рынках. Работа похожа на академическую, но все нужно делать очень быстро и писать очень кратко.

Мне – младшему аналитику безо всякого опыта – платили сорок две тысячи долларов, дали десятитысячный бонус при приеме на работу и пообещали заплатить еще один бонус в конце года (на усмотрение начальства). Адъюнкт-профессор, однако, получал меньше тридцати тысяч в год. Что-то не так в академическом мире, задумался я. Особенно когда через полгода одна из моих коллег удалилась в декретный отпуск, и меня временно сделали стратегическим аналитиком, повысив зарплату до пятидесяти пяти тысяч. Что являлось зарплатой полного профессора в солидном провинциальном университете после двадцатилетней карьеры. Уолл-стрит нравился мне все больше и больше.

Стратегический анализ рынка – вещь интересная: нужно определить тенденции развития внутри региона или индустрии, сравнительную конкурентность и привлекательность для инвесторов отдельных индустрий или компаний и предсказать рыночные стратегии участников данного рынка. Писать сухие, изобиловавшие статистическими графиками отчеты было не то чтобы сложно, а скучно, и я решил их расцветить и включить не только рыночные, но и более общие прогнозы регионального развития. Меня, учитывая мое советское прошлое, поставили в это время – 1992–1993 годы – анализировать зарождающийся восточноевропейский фондовый рынок. Я следил за его становлением и писал об этом уже не отчеты, а целые обзоры. Обзоры постепенно разрастались и теперь занимали аж три страницы, а то и больше. Так продолжалось до лета, пока в аналитический отдел не пришла сама Николь Бакалар.

Николь была начальницей отдела мировых рынков J.P.Morgan. Она считалась большим боссом и, как большинство женщин, сделавших успешную карьеру в сугубо мужском, сочащемся тестостероном мире Уолл-стрит, отличалась решительностью и резкостью нрава. Женщинам, чтобы преуспеть в финансовой карьере, нужно было казаться бОльшими мужчинами, чем мужчинам.

– Кто тут… Раздски? – не справилась Николь с моей фамилией. Она держала в руках мой последний аналитический обзор.

Раздски, понятное дело, был я. «Сейчас уволят», – подумалось мне, но без особого страха, поскольку срок моей работы все равно подходил

к концу.

– Так, – сказала Николь, после того как я признался, что Раздски – это я. – Пойдем со мной.

Мы пошли в трейдинг – святая святых, где обезумевшие от стресса и кофеина трейдеры пялились в мониторы, а затем вдруг начинали стучать по клавишам или орать в телефонные трубки. Усевшись у нее в кабинете – стеклянном кубе, из которого просматривался весь торговый зал, – Николь предложила мне кофе. Я отказался.

– Что собираешься делать? – спросила Николь.

Я не понял: после увольнения за плохую работу или вообще в жизни? Подумал и сообщил, что осенью вернусь в докторантуру Колумбийского университета. А потом стану профессором. На мой взгляд, это звучало солидно.

– Профессором? – удивилась Николь Бакалар. – Зачем? Им же ничего не платят.

Я пробурчал что-то про интеллектуальный интерес, но уже менее уверенно.

– У тебя есть свой взгляд на рынки, – сообщила Николь. – Необычный. Ошибочный, но необычный. Хоть ты и слишком фокусируешься на фундаментальных факторах, а не на технических.

Фундаментальный и технический анализы демонстрируют два противоположных подхода: фундаментальный аналитик прогнозирует рыночную стоимость компании или ее акций исходя из различных финансовых показателей и оценки производственной деятельности данной компании в индустриальном секторе или регионе: конкурентность, объем продаж, прибыльность, конъюнктура цен на продукцию, компетентность менеджмента, политические риски и прочее. Технический же анализ рынка ценных бумаг целиком базируется на статистике, учитывая объем торгов и историю цен на данную бумагу. Технический анализ не принимает во внимание конкретные данные о компании, выпустившей ценные бумаги, а просто анализирует диаграммы и графики, отражающие историю изменения цен на эти бумаги, пользуясь разными статистическими методами. Надо ли говорить, что я – бывший гуманитарий – склонялся к фундаментальному анализу. Что честно и подтвердил г-же Бакалар.

— Почему бы тебе не стать трейдером? – вдруг спросила Николь. – Подготовишься, сдашь на лицензию, будешь получать в разы больше, чем аналитик. И в десятки раз больше, чем профессор.

Так и случилось. С тех пор я взял за правило слушаться женщин.

# Лихорадка

В последних числах апреля 1986-го по Киржачу поползли слухи о катастрофе на какой-то атомной энергостанции на Украине. Толком никто ничего не знал, официальные сообщения рассказывали про аварию на четвертом энергоблоке и временную эвакуацию местных жителей в безопасные места. У нас с Алёной не было телевизора, поэтому мы не видели показанные стране карты распространения воздушных потоков из зараженной местности, да и никто в городке, насколько я помню, особенно не волновался: люди не осознавали ни масштабов, ни последствий Чернобыльской катастрофы.

Для меня Чернобыль стал своеобразным водоразделом между эпохами: ранее советская власть скупо делилась (если вообще делилась) с населением важной негативной информацией о жизни в стране, и мы часто узнавали о событиях на родине из «вражеских голосов»; теперь же правительство не скрывало, что иногда в СССР не все в порядке, и признавало наше право это знать. В новом отношении к свободе информации чувствовалось растущее уважение власти к людям: из подданных мы становились гражданами. Кроме того, правительство не только известило о катастрофе, но и согласилось принять международную помощь, в том числе от американцев, признавая тем самым свою неспособность справиться с аварией самим. Это было проявлением слабости, чего СССР ранее никогда не допускал. Мир пока не осознал, а советская власть уже готовилась к падению.

Страну лихорадило перестройкой, и каждый день появлялось что-то новое: издавались дотоле не разрешенные книги, выходили ранее запрещенные фильмы, печатались невозможные до того статьи в когда-то безобидном журнале «Огонек». Я решил, что время пришло. И отправил два рассказа в журнал «Знамя», где главным редактором недавно стал известный своей антисталинской позицией прекрасный фронтовой писатель Григорий Бакланов. Журнал под его руководством печатал книги, дотоле невообразимые: «Собачье сердце» Михаила Булгакова, «Верный Руслан» Георгия Вадимова, «Добро вам!» Василия Гроссмана. Мы читали, перечитывали, читали снова и не верили тому, что это происходит наяву.

Один мой рассказ был о жизни в сибирской деревне, другой – о тюрьме. Ничего особо крамольного. Я подписался псевдонимом Олег Тимошин и в сопроводительном письме сообщил, что в основном живу и работаю в провинции (что было правдой), но в Москве живет моя мать (что тоже было правдой), с которой можно связаться по следующему номеру телефона.

Через месяц маме позвонил молодой редактор из «Знамени» и сообщил, что оба рассказа приняты для публикации. Он спросил, как со мной связаться и когда я вернусь в Москву. Мама пообещала перезвонить после разговора со мной. В тот же выходной она приехала в Киржач навестить нас и рассказала про звонок. Нужно было что-то решать.

Я понимал, что не могу подвести редактора и журнал: несмотря на все перемены в стране, я оставался государственным преступником, отбывающим ссылку, и никто пока не отменил мое наказание и мою судимость. Если журнал напечатает эти рассказы под псевдонимом, а потом выяснится, что автор я, им могло здорово влететь.

В понедельник я подождал, пока никого не будет рядом с телефоном на работе, набрал номер редактора и, представившись Тимошиным, честно ему все рассказал. И предложил посоветоваться с начальством. Он обещал.

Через два дня редактор позвонил маме и сказал, что, к сожалению, журнал «Знамя» не может принять мои рассказы к публикации. В настоящее время, добавил редактор. Ни он, ни я не могли представить, что «настоящее» время стремительно подходило к концу и в дверь стучались другие времена.

Правоохранительные органы знали о грядущем не больше нашего, но пытались сохранить знакомую жизнь укреплением процедур. Находясь в Киржаче, я продолжал отмечаться у Змеевой три раза в месяц, но часто, придя в назначенный час, не заставал ее на работе. Тем не менее в следующий раз я убеждался, что она отметила мою явку – задним числом.

Начиная с сентября 1986 года Змеева из равнодушно-доброжелательной превратилась во враждебно-исполнительную: она придирчиво следила за соблюдением графика моих появлений и каждый раз строго предупреждала об ответственности за нарушение отбывания режима ссылки, чего раньше никогда не делала. Вероятно, ее более информированное начальство ощутило, что старому порядку приходит конец и грядет решающая битва за будущее страны. В период перемен они решили усилить дисциплину, понимая, что в СССР служивых людей никогда не наказывали за рвение. А там посмотрим, чья возьмет.

Ошиблись.

Впрочем, тогда никто и представить не мог, чем все окончится: гласность лишь делала первые шаги, и самое большее, на что мы могли надеяться, – оттепель по типу хрущевской. Или послабление и попытка реформ *а-ля* Александр II. В лучшем случае – Октябрьский манифест 1905-го. Все три, однако, закончились плачевно: репрессиями и закручиванием гаек.

23 октября пошел пятый год со дня моего ареста и пребывания сперва в тюрьме, затем в ссылке. Я начал задумываться о будущем, прикидывая, что делать после окончания срока. Судьба моя, однако, решилась в более скором времени и совсем иначе, чем мне думалось.

# Война и мир

Горбачев никогда не стал массово популярен в СССР: он плохо и сбивчиво говорил о непонятных вещах и обещал перемены. Перемен советские люди боялись, оттого что они никогда не делали жизнь лучше. Потому, кроме интеллигенции, его никто особенно не любил. Это, однако, с лихвой возмещалось колоссальной популярностью нового генсека на Западе: здесь его чтили как историческую фигуру и ждали от него демонтажа советской системы. Главным для Запада была, конечно, не гласность, а разоружение, поскольку ядерный СССР представлял экзистенциальную опасность.

Михаил Сергеевич быстро это понял и ударился в миротворчество: в феврале 1986 года в Москве собрался форум «За безъядерный мир, за выживание человечества», который Горбачев лично открыл в Кремле. В своей вступительной речи он не только провозгласил курс на всеобщее ядерное разоружение, но и пообещал «подлинно революционные перемены, имеющие огромное значение для нашего общества, для всего мира…».

Горбачев хотел войти в историю как человек, спасший мир от ядерной угрозы. Его личным триумфом должен был стать Рейкьявикский саммит, прошедший в Исландии 11–12 октября 1986 года, на котором он собрался убедить Рейгана свернуть американскую программу СОИ (Стратегическая оборонная инициатива), ответить на которую СССР не мог ни технологически, ни финансово. Поэтому Горбачев сделал первый жест, послав Рейгану письмо с изложением новой мирной инициативы еще 15 января 1986 года.

Американцы не спешили с ответом, внимательно присматриваясь к происходящему в Советском Союзе. К осени они пришли к выводу, что Горбачев не пользуется поддержкой старого партийного аппарата и не полностью контролирует ситуацию. Советский посол в США Добрынин, ставший впоследствии советником Горбачева по международным вопросам, пытался их в этом разуверить, но безуспешно: убедить их могли только конкретные действия, а не слова зачарованного звуками своего голоса генсека.

Рейган в ответе на письмо Горбачева 15 сентября потребовал, во-первых, уничтожения всего класса вооружений среднего радиуса действия (между 500 и 1500 км) и, во-вторых, уничтожения ракет средней дальности по всему мировому периметру. Одно такое требование остановило бы любого из кремлевских предшественников Горбачева. Но он жаждал сцены, и оттого любые условия не казались ему непреодолимыми.

Чтобы смягчить позицию американцев перед встречей в Рейкьявике, советское правительство в качестве жеста доброй воли 5 октября освободило из ссылки правозащитников Юрия Орлова и Беньямина Богомольного и выслало их из страны. Следующим шагом стало возвращение из горьковской ссылки академика Сахарова 23 декабря. Думаю, одним из факторов, подстегнувших Горбачева к такому решению, явилась трагическая гибель 8 декабря правозащитника Анатолия Марченко, умершего от бессрочной голодовки в Чистопольской тюрьме: Горбачев понимал, что если что-то случится с Сахаровым, его образ либерального реформатора и борца за мир будет безнадежно испорчен.

После освобождения и возвращения Сахарова стало ясно: страна меняется. Мы дышали другим воздухом – воздухом перемен. И они не заставили себя долго ждать.

Утром 26 января 1987 года ко мне на работу явилась Змеева и вручила маршрутный лист во Владимир на следующий день. Вместе с маршрутным листом она передала мне повестку в областное управление МВД. В повестке не стояло имя вызвавшего меня человека, что было по крайней мере странно. На мои вопросы «зачем?» и «к кому?» Змеева сообщила, что я приеду и там все узнаю.

– В дежурной части вас направят к кому следует, – пообещала Змеева, неожиданно обращаясь ко мне на «вы», чего никогда не делала раньше. Это было еще более странно.

Зачем меня вызывали в МВД? Вариантов было не так много, и самым вероятным могли стать новое следствие и новый срок: практика, прежде широко используемая КГБ, если они не хотели выпускать политзаключенного на свободу: когда срок подходил к концу, вытаскивали из дела что-то еще или пользовались сфабрикованными показаниями стукачей и «навешивали» новый срок. Так, например, поступили с обоими братьями Подрабинеками – Александром и Кириллом.

Времена, однако, были другие, и подобные действия КГБ шли бы вразрез с политической либерализацией режима. Кроме того, почему меня вызвали в областное УВД, а не в КГБ? Не будут же они после 70-й давать мне новый срок по 190-й – более легкой политстатье, находившейся в ведомстве МВД? Да и не за что: я вел себя осторожно, не делал никаких публичных высказываний, хотя в частных разговорах с Руссо критиковал прошлую советскую политику довольно активно. Я не мог поверить, что Эдуард Давыдович «настучал» на меня властям.

Оставалось одно: посланные в журнал «Знамя» рассказы. Или – каким-то таинственным образом – нашли написанную мною повесть про этап. Ничего особенно крамольного в моих текстах не было, но – с натяжкой – можно было придраться и найти клевету на советский общественный и государственный строй. Посадили же меня по 70-й за вещи, никак на эту статью не тянувшие?! Захотят – найдут за что, решил я. Нужно было подготовить Алёну.

Вечером после работы я сказал жене, что меня вызывают во владимирское УВД.

– Если не вернусь, значит, арестовали. Сразу уезжайте с Машей в Москву, – пояснил я, хотя в душе не мог – не хотел в это верить. Кроме того, обычно перед арестом Комитет проводил обыск. Возможно, они начнут «шмон» завтра, пока я буду трястись в автобусе по дороге во Владимир.

Мы проговорили полночи, планируя, что делать, если меня снова посадят. Говорил в основном я – думал вслух, Алёна молчала, глядя на меня огромными черными глазами. Вдруг она закрыла мне рот ладонью и прильнула ко мне с ласками.

Оставшуюся часть ночи мы не говорили. Ее любовь была как заклинание, как разговор с миром или тем, кто миром управляет: смотри, как я его люблю. Ты не можешь его тронуть. Он мой.

В этой любви было что-то колдовское.

Рано утром – затемно – я поцеловал Алёну и пошел на автобус – ехать в неизвестность. Все повторялось: я так же ушел из дома почти пять лет назад

Теперь, однако, мне было что терять.

# Сюжетный поворот

Владимир – стольный град всея Руси, обязанный своим расцветом внуку половецкого хана Аепы князю Андрею Боголюбскому, примечателен Золотыми воротами, Успенским и Дмитриевским соборами и прочими золотокольцовскими памятниками русской старины. Не менее примечателен город и Владимирским централом – знаменитой тюрьмой, построенной Екатериной II и изначально предназначенной для политических арестантов. В дохрущевское советское время, когда власть еще была откровенна и не прятала предназначение карательных учреждений за стыдливыми эвфемизмами типа «исправительно-трудовые колонии», Владимирский централ носил ясное и точное имя – Владимирская тюрьма особого назначения МГБ СССР.

Кто здесь только не сидел! От угодившего туда еще при царе будущего советского полководца Михаила Фрунзе до советского правозащитника Анатолия Щаранского, от соседок по камере – певицы Лидии Руслановой и актрисы Зои Федоровой до депутата трех дореволюционных Государственных дум Василия Шульгина и его тезки – боевого летчика Василия Сталина, от другого летчика – американского шпиона Фрэнсиса Пауэрса до диссидента Владимира Буковского. В это милое место я и собрался, понимая, что если меня арестуют, то отправят во владимирский СИЗО № 1 до окончания следствия или до этапирования в родное Лефортово. С таким праздничным настроем я прибыл в областное управление внутренних дел поздним утром 27 января 1987 года.

Как и много лет назад – в районном военкомате, – у меня была повестка без имени вызвавшего меня официального лица. Тогда в повестке стоял хотя бы номер кабинета, теперь же и того не было. Просто такому-то явиться туда-то такого-то числа. В этой лаконичности чувствовалась определенная конечность замысла. Я еще не знал его сути.

Как и много лет назад – в районном военкомате, – в дежурной части сидела милая девушка в форме, но не в армейской, а милицейской. Я, будучи теперь женатым и повзрослевшим, не стал тратить ее время и свои силы на комплименты и молча протянул повестку. Девушка сверилась с лежавшим перед ней журналом записей, ничего не нашла, и – как и тогда – позвонила тем, кто знал. Получив ответ, она сообщила, что за мной спустятся. Странный визит нравился мне все меньше и меньше.

Очень скоро (что тоже не сулило ничего хорошего) за мной пришел молодой человек в гражданском и повел на второй этаж. Он не представился, и я решил ничего не спрашивать, пока он не заговорит первым. Разговаривать со мною он, однако, не собирался, а просто подвел к двери какого-то кабинета, постучал и, дождавшись приветливого «Входите», открыл дверь, пригласив меня войти кивком головы. Сам не вошел.

За столом большого, светлого от зимнего солнца кабинета сидел мужчина лет сорока в штатском. Он встал и поздоровался, указав мне на стул для посетителей. Мне сразу стало ясно, что он – не хозяин кабинета и вообще не из Владимира. Было в нем нечто неуловимо московское – начальственно-столичное.

– Валерий Павлович, – представился мужчина. Он посмотрел в лежавшие перед ним бумаги и улыбнулся. – Как добрались?

Я коротко поблагодарил и замолчал: сам все расскажет.

– Олег Эдвардович, пожалуйста, ознакомьтесь с Указом президиума Верховного Совета, – протянул мне листок.

С каким указом? При чем тут президиум Верховного Совета? Я ничего не понимал.

На листке потертой бумаги синим прерывистым, почти пунктирным шрифтом сообщалось, что президиум Верховного Совета Союза Советских Социалистических Республик, проявив очередной акт гуманности, помиловал меня и сократил мне срок отбывания назначенного наказания до фактически отбытого. Два параграфа.

Указ, насколько я помню, был датирован 14 января 1987 года. Получалось, что уже две недели я – свободный человек. О чем мне никто не сказал.

Я перечел Указ еще раз. Потом еще. Посмотрел на Валерия Павловича, ожидая, что скажет он.

А он сидел и улыбался.

За окном неожиданно пошел снег. Солнце продолжало светить.

– Почему меня помиловали? – наконец спросил я. – Я же не подавал прошения о помиловании.

– А не обязательно, – разъяснил мне радушный, не прекращавший улыбаться Валерий Павлович. – Президиум Верховного Совета может решать подобные вопросы по своему усмотрению. Вот и решили.

Я молчал, пытаясь осмыслить происходящее. Ожидая подвоха.

– Да не вас одного, Олег Эдвардович, – рассмеялся Валерий Павлович. – Многих других по вашей статье тоже освободили. – Он протянул мне еще какой-то листок. – Распишитесь, что ознакомились с Указом.

Я прочел написанное и расписался в конце: с Указом от такого-то числа ознакомился. Фамилия, дата, подпись.

Посмотрел на Валерия Павловича.

– А теперь? – спросил я, словно он мог прямо сейчас расписать всю мою последующую жизнь. – Что теперь будет?

– А это уже от вас зависит, – перестал улыбаться Валерий Павлович. – Вот. – И он придвинул мне еще одну бумажку. – Если согласны – вернетесь в Москву, продолжите трудовую деятельность по специальности. Заживете нормальной жизнью.

На гладком – в отличие от несколько помятого Указа президиума Верховного Совета – листке было напечатано (помню почти дословно) следующее:

«Я, Радзинский Олег Эдвардович, 11 июля 1958 г. рождения, обязуюсь исполнять советские законы и в дальнейшем не заниматься противоправной деятельностью». Фамилия, дата, место для подписи.

Я перебирал возможные варианты.

Вариант первый: помилование – фальшивка, подсунутая для того, чтобы я подписал обязательство не нарушать советские законы. Не подпишу – мятый листок с Указом выбросят в мусор, а мне предъявят обвинение по 190-й, а может, и по 70(2). Если по 190-й, больше трех строгого, учитывая прошлую судимость, дать не могут, а вот по второй части 70-й – плохо: там до «червонца» плюс ссылка.

Но 70-ю вроде не за что: я если что и говорил, то осторожно и только людям, которым верил. Значит, нашли рассказы и повесть про этап.

Вариант второй: помилование – настоящее, но зависит от того, подпишу я или нет. Подпишу – отпустят, откажусь – отзовут помилование.

И сделали по-гэбистски умно – сначала показали Указ о помиловании, поманили надеждой: человек уже чувствует себя свободным и полон счастья, а тут у нас зацепочка, самая малость – вот, подпишите – и на свободу с чистой совестью.

Так и знал: бесплатный сыр бывает только в мышеловке. И, однажды захлопнувшись, мышеловка эта просто так не распахивается.

Не верь, не бойся, не проси.

– Не могу подписать, – отодвинул бумажку подальше. Жду: что теперь? Что будет теперь?

Валерий Павлович совсем не расстроился. И не удивился. Даже головой не покачал – хотя бы для виду.

– Понятно. – Убрал листок, не настаивает. Слежу, уберет ли он со стола бумажку с Указом – показать, что свобода теперь под вопросом; нет, не отодвинул. – Значит, вы не подпишите, потому что и дальше собираетесь заниматься противоправной деятельностью, нарушать закон? Правильно я вас понимаю?

Шьет дело, готовит почву для обвинения. Хер ему.

– Я ничего подобного не сказал.

– А почему тогда отказываетесь подписать? Мы же не просим вас дать показания на ваших товарищей или сотрудничать с органами. Нормальное требование от советского гражданина: не нарушать закон. Почему отказываетесь, Олег Эдвардович?

– Потому что если я не согласен с законом или трактовкой закона властями, мне придется его нарушить. Я свою позицию уже объяснял на следствии. Зачем мне брать на себя обязательства в ущерб своим принципам? Я же должен буду или вас обмануть, или принципы нарушить. И то, и другое мне не подходит.

Валерий Павлович кивнул: да-да, как же, знаем. Помолчали. Оба посмотрели в окно; там шел снег – хлопья в солнечном свету.

Странно: не думал, что снег может идти при ясной погоде.

– Мы в принципе такой реакции от вас и ожидали, Олег Эдвардович, – признался мой собеседник. – И в связи с этим считаем, что если вы не собираетесь выполнять советские законы, вам не место в Советском Союзе. Уезжайте туда, где вам больше нравится.

Куда? О чем он?

– Куда? – спросил я. – Куда – туда?

– Как – куда? – удивился Валерий Павлович. – В ИзраИль, конечно. Вы же еврей, у вас там родственники.

Родственники? Да, правда, родственники там живут: сестра моего непутевого прадеда Берке уехала с мужем и детьми в Палестину еще в 1923-м. Они там расплодились, у меня множество кузин и кузенов в Иерусалиме и Тель-Авиве со странными именами: Леора, Лиат, Ехуд, Орин. Мы с ними раньше переписывались. И что?

– Ну? – заговорщически кивнув мне, снова заулыбался Валерий Павлович. – Едем?

– Едем? – переспросил я, пытаясь уяснить происходящее. И от неожиданности задал совершенно дурацкий вопрос: – И вы тоже?

– Нет-нет, что вы! – громко, почти выкрикнув, отодвинулся подальше вглубь начальственного кресла Валерий Павлович. – Мы – остаемся у себя на родине.

Я вообще не очень быстро соображаю. А в этот момент меня совсем застопорило; сидел и думал – что делать, что сказать.

Совершенно не ожидал такого поворота: ехал быть арестованным, а тут – эмиграция. И никаких мыслей – в голове гулкая светлая пустота.

Валерий Павлович меня не торопил, ждал ответа.

– А если откажусь? Если я хочу остаться?

– А зачем, Олег Эдвардович? – поинтересовался мой собеседник. – Законы наши вы исполнять отказываетесь, стало быть, рано или поздно снова сядете. Раньше, по молодости, этот срок вам – как медаль на шею: проявили героизм. А теперь у вас семья, ребенок. Подумайте о них тоже: вы в тюрьме, а они что? Так и будут за вами по Сибири ездить?

Он подождал, давая мне время представить последствия.

Затем продолжил:

– В Москву вас, конечно, не пустят, по специальности работать вы не сможете, и что остается? На случайных работах перебиваться? Вагоны грузить? С вашим-то здоровьем?

Вагоны я, кстати, никогда не грузил. Баржи на Чулыме разгружал – было. А вагоны – никогда. Значит, имеются у меня впереди еще невзятые высоты.

Мой друг диссидент Кирилл Попов примерно в это время, как и другие диссиденты, тоже освобожденный из пермского лагеря, рассказывал мне впоследствии о таком же разговоре при освобождении: его ознакомили с Указом президиума Верховного Совета, затем подсунули бумажку – отказ от дальнейшей противоправной деятельности. Кирилл не согласился, ему предложили эмигрировать. И объяснили все про его дальнейшую жизнь в СССР в случае отказа.

Кирилл им не поверил. И жизни этой не испугался. Остался, вышел из лагеря и… потерялся: все, против чего он раньше боролся, сыпалось само собой. Все, что раньше было запрещено, теперь печатали в газетах и журналах, и ответственные государственные люди говорили это с высоких трибун. Получалось, что вроде как Кирилл победил советскую власть и наступила новая жизнь, но места ему в этой жизни не было: миссия его закончилась, потому как власть эту миссию у него украла. А ничего другого он делать не хотел. С этой пустотой он и остался наедине. И другие советские диссиденты вместе с ним оказались на периферии политики, на окраине общественной жизни. Время востребовало других людей. Время Сахарова, только начавшись, уже стремительно летело к концу. Наступало – по определению Петра Авена – время Березовского.

Ничего этого мы тогда знать не могли. И не знали. Потому каждый решал за себя. А кто семейный, решал и за семью. Это решение и ждало меня в залитом снежной белизной за окном казенном кабинете.

– Я должен посоветоваться с женой. Это слишком серьезный шаг – навсегда уехать. Мне нужно время.

Валерий Павлович посмотрел на меня с недоверием. Ухмыльнулся.

– Олег Эдвардович, вы в чем пытаетесь меня убедить? Что ваша жена, которая поехала за вами в Сибирь, откажется с вами эмигрировать? Вы это серьезно?

Он был прав: Алёна поедет за мной куда угодно. А теперь не только *за* мной, а *со* мной. И с Машей.

– Принимайте решение, Олег Эдвардович, – повторил Валерий Павлович. – Вы же теперь взрослый человек. Семейный. Мы рекомендуем вам эмигрировать. Настоятельно.

В голове – пустота. И в этой пустоте – строчки Бродского:

*Мне говорят, что нужно уезжать.*
*Да-да. Благодарю. Я собираюсь.*
*Да-да. Я понимаю. Провожать*
*не следует. Да, я не потеряюсь.*

*Ах, что вы говорите – дальний путь.*
*Какой-нибудь ближайший полустанок.*
*Ах, нет, не беспокойтесь. Как-нибудь.*
*Я вовсе налегке. Без чемоданов.*

– Хорошо, – сказал я. – Едем.

– И правильно, Олег Эдвардович, – снова заулыбался Валерий Павлович. – Между нами: правильное решение. Построите новую жизнь, вы же молодой...

Он еще много чего говорил – подбадривал, объяснял, что нужно будет заполнить анкеты на выезд и подать во владимирский УВИР, звонил в этот самый УВИР, что-то с ними согласовывал. Давал указания.

Я его не слушал. И не слышал. Я смотрел на снег за окном – светлый и легкий. Солнце зашло, и в мире остался только снег.

*Да-да. Пора идти. Благодарю.*
*Да-да. Пора. И каждый понимает.*
*Безрадостную зимнюю зарю*
*над родиной деревья поднимают.*

*Все кончено. Не стану возражать.*
*Ладони бы пожать – и до свиданья.*
*Я выздоровел. Нужно уезжать.*
*Да-да. Благодарю за расставанье.*

# Отъезд

Владимирский УВИР оформил наши выездные визы на постоянное жительство за два дня. 2 февраля мы их получили. Милая женщина майор сообщила, что у нас имеются две недели попрощаться с родственниками и подготовиться к отъезду. Эти две недели мы провели в Москве.

17 февраля – ранним холодным темным утром – мы сели на самолет, отбывавший в Вену. Нас ждала другая жизнь.

Самолет покатился по серой взлетной полосе, набирая скорость. Алёна баюкала Машу, я смотрел в окно, пытаясь запомнить каждый миг. Понимая, что больше никогда этого не увижу.

Мы оторвались от земли и устремились в небо.

# ИЛЛЮСТРАЦИИ

Этот снимок сделан 11 июля 1959 года. Мне 1 год. Я – гордый «репис». Бабушка Лия отвела меня к фотографу на улице Горького. Меня поставили на стул, я крутился, вертелся и не давал себя сфотографировать. Тогда бабушка начала читать вслух стихотворение Николая Заболоцкого «Признание»: «Зацелована, заколдована, С ветром в поле в степи обвенчана, Вся ты словно в оковы закована…» Я тут же замер, словно и меня заковали в оковы. О, тайна художественного слова.

Мама Алла – актриса и папа Эдик – драматург. Начало 1960-х гг.

Город Радзин Подлясский, родина радзинских хасидов
и место рождения моей фамилии

1918 год. Эвакуация из родного для Квартирмейстеров Новороссийска, откуда Берке с Маней, Дорой и Лией отправился в свою новую итальянскую жизнь.

Одесса, куда из Лодзи переехал один мой прадед Абрам Радзинский и куда часто часто отлучался «на гастроли» с актрисами мой второй прадед, непутевый Берке Квартирмейстер.

1919 год. В Батум, где закончилось это незадачливое путешествие маминой семьи, входят британские войска. Еще через год Батум станет советским.

Мой прадед Берке Давидович Квартирмейстер. Он никогда не слушал ничьих советов. 19 ноября 1941 г. немцы, оккупировавшие Бердянск, где он осел, окончательно бросив праба-

бушку Маню, приказали всем евреям собраться с вещами на Базарной площади. Сосед Панас прибежал и стал уговаривать Берке «сховаться, потому что на рынке гутарят, будто немцы собираются всіх жідів поубивать». «Глупый ты человек, Панас, — засмеялся мой всезнающий прадед: — Немцы — культурный народ. Я часовому делу учился у немца. Они же написали в приказе: „Для отправки еврейского населения в безопасное место“». И тут Берке оказался прав: немцы действительно отправили всех бердянских евреев в безопасное место. Безопаснее не бывает.

Моя прабабушка Маня – Мариам Боруховна Бабкова, в замужестве Квартирмейстер. На обратной стороне её рукой написано: «Дарю на добрую память дорогому брату Семочки от его сестры Маруси. Прошу нерозвать (?) и меня, сестру, не забывать. 1902 года, Сентября 26-го дня». И маминой рукой «Моя бабушка Маня». Мане – 16 лет. Через месяц она выйдет замуж за Берке. Ее отец Борух Бабков умолял ее этого не делать, но Маня отказалась: она уже сказала всем подругам, что выходит замуж, и они ей завидовали. Особенно Фрума Голосовкер.

1927 г. Старшая сестра бабушки Дора, прабабушка Маня, бабушка Лия. Дора умерла через пять лет от туберкулеза. Мой прадед Берке всегда хотел мальчика, и, когда родилась младшая дочь Лия, он прямо из больницы уехал в Шанхай, откуда вернулся только через четыре года. Бабушку Лию он до конца жизни никогда не звал по имени: он называл ее «эта».

Тот же 1927 год. Справа – семнадцатилетняя Лия. Рядом – ее лучшая подруга Таня, покончившая с собой через год после этого снимка, устыдившись арестованного отца-троцкиста. Юноша слева – Мирон Зандлер, ухаживавший за бабушкой лет с пятнадцати. Через год после этого снимка он был арестован по обвинению в распространении троцкистской пропаганды вместе со своим одноклассником, моим будущим дедушкой Василием Гераскиным.

Василий Самуилович Гераскин, 1927 г. Через несколько месяцев его и Мирона Зандера арестовали. Мирон умер в тюрьме, а деда отправили отбывать срок под Караганду. Он сидел со «спецами» – царскими чиновниками и управленцами. Попавший в тюрьму пламенным революционером и борцом за «перманентную революцию», вышел на свободу законченной «контрой» и оставался «контрой» всю жизнь. Он пришел рассказать Лии о гибели Мирона, и вскоре они поженились.

Бабушка Лия. На обратной стороне написано бабушкиной рукой: «На память Васильку о семнадцатой весне Сероглазочки». Эту фотографию бабушка подарила вышедшему из заключения Василию Гераскину – моему дедушке Васе. Снизу приписано моей мамой: «Маме 19 лет. Краснодар, 1929 г.» Думаю, мама ошиблась: бабушке здесь действительно 17, а вот фотографию она подарила в 1929 году.

1930 год. Бабушка Лия и дедушка Василий только поженились. Бабушка явно решила быть модно постриженной. Ее, как дочь «кустаря-одиночки», не приняли в медицинский институт, и она пошла учиться на электромонтера: забиралась на столбы и, в соответствии с заветом Ильича, электрифицировала Родину.

1931 год. Четыре поколения женщин моей семьи (справа налево): прапрабабушка Мина, прабабушка Маня, моя годовалая мама Алла и молодая бабушка Лия. Когда прапрабабушке Мине было 4 года, через маленькое еврейское местечко под Бердянском проходил цыганский табор. Пройдя, цыгане захватили кое-какое сушившееся во дворах белье, двух тощих лошаденок и игравшую на улице Мину. Семья была многодетная, за всеми не уследишь, и Мину хватились лишь к вечеру. К тому времени табор ушел далеко. Через десять лет этот табор (а, может, и какой другой) проходил через те же места. Родители Мины к тому времени умерли, но ее тетка узнала в цыганской девочке-подростке Мину и закричала на идиш: «Мина, Мина, это ты?!» Девочка ответила на ломаном идиш, что это она, и взволнованные евреи бросились на табор и отбили свою Мину у цыган. До сих пор не ясно, была ли это настоящая Мина или похожая на нее цыганская девочка, выучившая на идиш пару фраз. Так ли, этак ли, девочку водворили в семью тетки, а через год выдали замуж за вернувшегося после 25-летней службы в царской армии 41-летнего кантониста и хасида Боруха Бабкова. В свадебную ночь Мина – дикая, молчаливая, неласковая – повесилась в сарае. К счастью Борух нашел свою маленькую жену вовремя, вынул из петли и уговорил жить. «Я тебя торопить не буду, – сказал Борух. – Поживем вместе, а когда ко мне привыкнешь, станем мужем и женой». Судя по тому, что через год у них родился первый ребенок, а потом еще одиннадцать детей, Мина все-таки привыкла к своему мужу. И счастливо прожила с ним всю жизнь. Он был хасидский мудрец и колдун.

Моя прабабушка Маня в старости, года за два перед смертью. Из вечно напуганной и влюбленной в мужа Мани она стала строгой, аскетичной старухой Мариам Боруховной (Марией Борисовной) Квартирмейстер. Так и любила Берке до конца жизни.

Самое читающее детство в мире: мама с подружками в Красноярске, 1938 г.

Июнь 1941 год, Красноярск. Бабушка Лия, мамин младший брат Витя, моя мама Алла и дедушка Вася. Через месяц дедушка уйдет на фронт и провоюет всю войну начальником санитарного поезда. Дважды контуженный, он вернется только в 1946 году. Он не смог интегрироваться в послевоенную жизнь, запил, и через несколько лет бабушка с ним развелась. Дед умер в 1959 году, немногим старше пятидесяти. Он никогда меня не видел.

Бабушка Лия,
1950 г.
Ей сорок лет,
она начала
писать пьесы.

Бабушка Лия – уже настоящая писательница, в Доме Творчества Союза Писателей в Пицунде. 1956 г.

Бабушка Лия за полгода до смерти; она умерла, не дожив нескольких месяцев до 100 лет. Последние два года жизни бабушка Лия жила в своей реальности, периодически интересуясь, зачем ее привезли в Китай. Почему она считала, что она в Китае, оставаясь в своей московской квартире, где прожила пятьдесят лет – загадка. Китай и все тут. 2010 г.

Мама подарила эту фотографию отцу в период их романа. Через год они поженились.

Папа Эдик – молодой писатель. Он выбрал свое призвание в ранней юности и никогда ему не изменил. Первую пьесу «Мечта моя... Индия» у него поставили, когда он только окончил Историко-архивный институт, – о путешественнике Герасиме Лебедеве, основавшем первый театр европейского образца в Индии в XVIII веке (как они там жили без европейского театра до этого времени – ума ни приложу). С тех пор папа писал пьесы и, позже, прозу.

Моя мама – актриса Русского Драматического Театра в Грозном в образе цыганки. 1957 г. Она собиралась стать режиссером, но приехала поступать в год, когда не было набора на режиссерский факультет. Она поступила на актерский, закончила, но была актрисой недолго: пока не родила меня. Мама считала себя острокомедийной характерной актрисой, но у нее была внешность героини. Роли же героинь казались ей скучны. После окончания училища мама попала по распределению в Грозный, где проработала год вместе с Леонидом Броневым. Папа приезжал навещать ее каждый месяц. Я – результат этих визитов.

Меня принесли из роддома. 19 июля 1958 г.

Таня Покрасс – жена маминого брата Вити из знаменитой музыкальной династии Покрассов, дядя Витя, мама, бабушка Лия. В кроватке – я. Что-то плохо помню тот день.

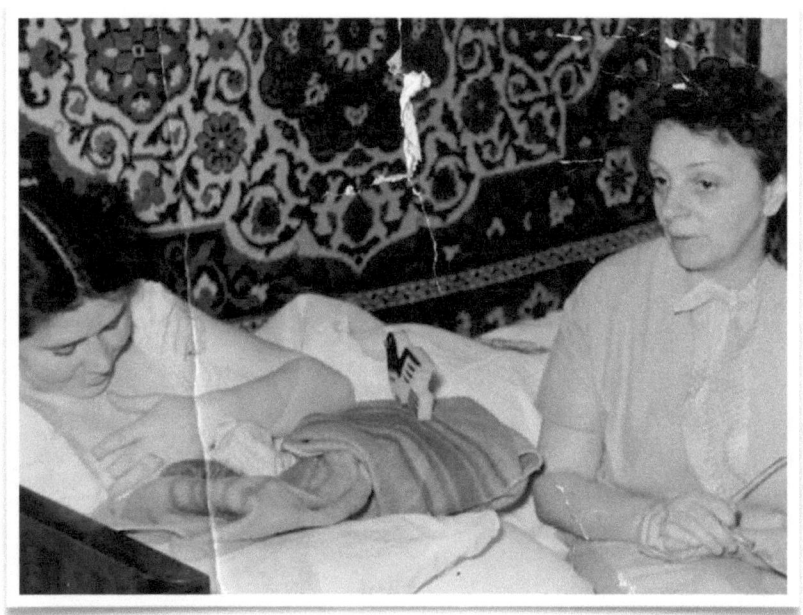

Я, доставленный из роддома, с мамой и бабушкой Соней – матерью моего отца Эдварда. Тоже не очень помню этот день. Бабушка Соня – маленькая, решительная, властная. В 14 лет она сбежала из дома своего отца, знаменитого судовладельца Юлиана Казакова, с 17-летним революционером Александром Щепкиным-Куперник, внуком известного киевского адвоката Льва Абрамовича Куперника (это про него говорили «умный еврей при генерал-губернаторе») и племянником известной переводчицы и драматурга Татьяны Львовны Щепкиной-Куперник (правнучки великого актера Михаила Щепкина). Саша Щепкин-Куперник увез мою маленькую Джульетту-бабушку Соню в Среднюю Азию, где он служил комиссаром в дивизии у Михаила Фрунзе. Здесь, среди барханов и басмачей, у них родилась моя тетя Аля, – Александра Александровна Щепкина-Куперник, которая умерла в 2018 г., прожив долгую и трудную жизнь. Ее отец умер молодым – от тифа, и бабушка Соня вернулась в Москву, где через какое-то время вышла замуж за моего деда Станислава. После войны бабушка Соня каким-то образом устроилась работать в уголовный розыск, где проработала всю жизнь старшим следователем, выйдя в отставку майором – Шерлок Холмс ростом метр пятьдесят. Все ее друзья были либо писатели, либо художники, либо режиссеры. Менее милицейского человека трудно было себе представить.

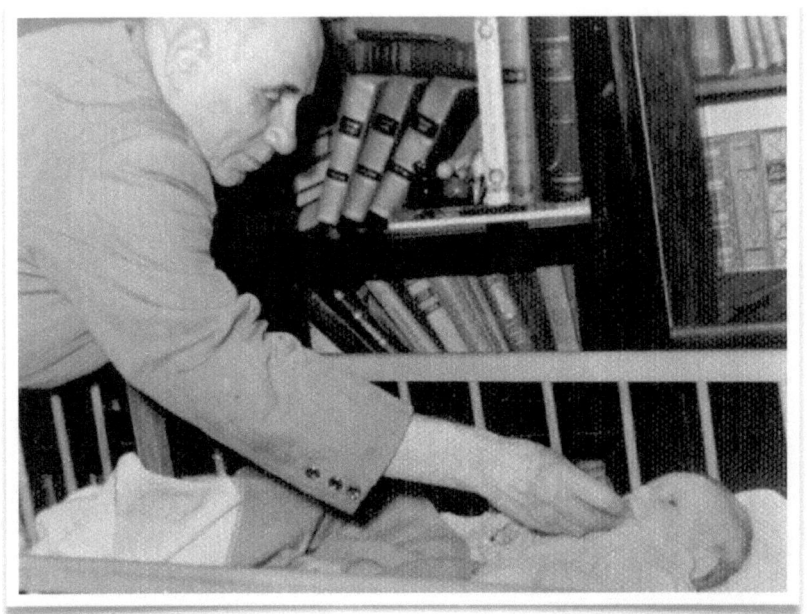

Осень 1958 г. Мой дед Станислав Адольфович Радзинский проверяет, все ли со мною в порядке.

Дедушка Стася был удивительный человек: энциклопедическое гуманитарное образование, знание языков и поразительная доброта и участливость. Он всю жизнь кому-то помогал, устраивал чьи-то дела, за кого-то хлопотал и, главное, за всех волновался. Раз по сто в день он засовывал мне два пальца за шиворот, проверяя нет ли у меня температуры, и старательно закрывал все окна и форточки, чтобы я не простудился и не умер от сквозняка. Он был начисто лишен практичности – черта, полностью унаследованная моим отцом. Моя мама рассказывала такую историю про дедушку Стасю: однажды они пошли в кино на какой-то французский фильм. Дедушка купил три билета, хотя они были вдвоем.

– Станислав Адольфович, – удивилась мама, – а для кого еще один билет?

– Аллочка, это для моего пальто, – объяснил дедушка: – Если станет жарко, я сниму пальто и положу его на это сиденье.

– Можно же положить пальто на колени! – сказала мама. – И тогда не нужно платить за лишний билет.

– Какая поразительная идея! – воскликнул дедушка. – Я бы никогда об этом не подумал.

Мы у бабушки и дедушки Радзинских, пришли справлять мой первый Новый Год. Это 31 декабря 1958 года. Сейчас пробьют куранты. Помню, налили мне шампанского. Мы с папой Эдиком ждем чего-то нового. До сих пор ждем. По крайней мере папа: я-то в конце концов повзрослел.

А это, видимо, уже 1 января 1959 года.

Куда я, трехлетний, бегу?
Лето 1961 г.,
дача на станции Сходня.
Я ее совсем не помню.

Польза от папы
Эдика тоже была.
Дача на Сходне,
1961 г.

С бабушкой Лией в Голо-
винке. 1963 год. Я тоже помогал носить воду, в меру сил.
Меня приучают к труду. Пока
домашними методами.

Идем в санаторий –
в столовую. Бабушка лени-
лась готовить, и мы часто
туда ходили. Перед похо-
дом меня заставляли пере-
одеваться – настоящий ку-
рортник. Но радости на
лице что-то не видно.

Мы купались в море, прыгая с волнореза и презрительно посматривая на бледных туристов-дикарей, задорого покупающих полуспелую алычу у местных женщин в черных платках, бродивших с ведрами вдоль рассыпанных по пляжу приезжих тел.

Здесь я уже на год постарше, но также недоволен: заставили одеть комбинезон-шорты с лямками. Я его ненавидел. Одну лямку мне все-таки удалось спустить: с детства стремился к свободе. И, должно быть, к наготе.

Лето 1963 г. Реписовское детство. Мне уже пять. Летний выезд детского сада Литфонда в Малеевку. Обнимаюсь с Аллой Гладилиной – дочерью известного писателя-мовиста (были и такие в советской литературе) Анатолия Гладилина. Мы, реписы, в ту далекую обнимались только друг с другом. Летом 2018 виделись с Аллой в Париже, где она живет уже больше сорока лет. Алла – французский юрист, жена профессора философии и мать четверых детей. Надо было бы сфотографироваться также обнявшись, но за разговорами забылось.

Там же в Париже живет еще одна наша детсадовская и пионерлагерная подруга Маша Зонина.

Дом, описанный Львом Толстым в романе «Война и мир». В нем, как считается, жила семья Наташи Ростовой. А когда Ростовы выехали, туда заехали советские писатели. Здесь вершились судьбы отечественной словесности.

Реписы не расстаются! В пионерском лагере родного Литфонда во Внуково, 1971 г. Нам с Аллой Гладилиной (первая справа, рядом со мною) уже тринадцать. Совсем большие. Но сердце мое в то время было отдано не ей, а Оле Корчагиной (вторая слева). Ах.

Родители уже как год развелись, и мама встретила Рустема Губайдулина – папу Тему, с которым она работала в литературно-драматической редакции Центрального Телевидения. Служебный роман. Через год они поженятся.

И скоро мы переехали из комнаты в коммунальной квартире в Сокольниках в квартиру на окраине тогдашней Москвы – в Дегунине. В конце 60-х – начале 70-х годов прошлого века город пришел в Дегунино новостройками и дорогами. Это вид карьера, где я гулял с нашими собаками. А потом и его застроили. Где сейчас гуляют дегунинские собаки? Хорошо бы знать.

Сказал же – поженятся. 1966 г. Папе Теме пока весело.

Через пять лет: уже не так весело. Папа Тема, 1971 г.

1972 год. Зарабатываю первые деньги: в четырнадцать лет я получил диплом инструктора служебного собаководства и теперь мог обучать собак. Летом я устроился младшим инструктором на собачью площадку в Лианозово, и тренировал особенно нерадивых собак. Эту овчарку я хорошо помню: его звали Джерри, и он, с редким для восточно-европейской овчарки упрямством — не хотел выполнять команды своей хозяйки. Я был крайне заинтересован в положительных результатах, и не только из-за трех рублей, получаемых за каждое занятие: хозяйке было лет восемнадцать, и звали ее Марина. Но как я не старался, она не обращала на меня внимания. За что Джерри доставалось от меня вдвойне.

Другое лето. 1973 г. Мне уже пятнадцать. Хорошо помню это время: мама уехала на гастроли с театром, папа Тема жил на даче – писал какой-то сценарий, и я остался один в летней Москве в свободной от родителей квартире. То есть, конечно, не один, потому что квартира наша тут же превратилась в место вечного праздника для всех моих друзей. Нагретый солнцем асфальтово-бензиновый воздух большого города, листва спальных районов, бочки с квасом, предчувствие ожидающего лично тебя приключения за каждым углом, и девочки, девочки, девочки. Счастливое время. Эх, еще бы раз в то лето. Хоть на денек.

Здание гуманитарных факультетов – «стекляшка». Здесь находились, исторический, экономический, философский факультеты, а на девятом и десятом этажах – родной филологический. Прямо напротив «стекляшки» размещалась типография МГУ с дорогой нашему сердцу редкой машиной – ксероксом.

Группа за установление доверия между СССР и США. 1982 год. Сидят: Юрий Медведков, Валерий Годяк, сын Юрия и Ольги Медведковых, Ольга Медведкова. Стоят: Сергей Батоврин, Марк Рейтман, Мария Флейшгаккер, Владимир Флейшгаккер, Владимир Бродский. Эта фотография членов Группы Доверия была сделана на квартире Сережи Батоврина. Его жена Наташа и я сидели на кухне и пили чай. И не попали в историю.

Главное орудия самиздата – печатная машинка.

Значок выставки «60 лет Советского кино». Я работал на этой выставке самым неглавным администратором, хотя в трудовой книжке отчего-то было записано «инженер». Эта работа запомнилась мне, поскольку один из моих коллег Н. регулярно снабжал меня «тамиздатом», и от него я узнал принцип распространения запрещенной литературы: прочел сам – дай прочесть другим.

Лефортовская тюрьма. В этом уютном здании находились и Следственный отдел КГБ СССР, и собственно тюрьма – СИЗО 4 г. Москвы. Потому здание имело два адреса: Лефортовский вал, 5 и Энергетический переулок, 3. В советской тюремно-лагерной системе Лефортовка носила прозвище «Националь» за роскошные условия содержания заключенных. А сейчас, говорят, стало еще лучше: 26 сентября 2017 года уполномоченный по правам человека в Москве Татьяна Потяева заявила, что до конца года в СИЗО «Лефортово» должны провести горячую воду. Балуете нас, гражданин начальник…

Юрий Владимирович Андропов. Рано умер Юрий Владимирович. Пожил бы подольше – глядишь, СССР бы сохранили. Дело его, однако, живёт. Но с его приходом к власти в стране, в Лефортове «жить стало лучше, жить стало веселей».

Лефортовская тюрьма. Моя первая камера № 117 находилась на третьем этаже в самом конце.

Виктор Иванович Илюхин, прокурор по надзору за КГБ. Недонадзирал – и страну развалили. После развала СССР Виктор Иванович стал активным оппозиционером новому капиталистическому режиму – с марксистско-ленинских позиций. Он возглавил общественный офицер-

ский трибунал по делу Путина, разоблачение «фальсификаций» по Катынскому делу и вокруг пакта Молотова-Риббентропа. Такая интенсивная работа оказалась ему не по плечу, и вскоре он умер – один в квартире. Хотя, говорят, был совершенно здоров.

Институт судебной психиатрии имени В.П. Сербского. Здесь было страшно: у психиатрии нет срока – будут держать, пока не «вылечишься». «Комитетовских» заключенных, присланных на судебно-психиатрическую экспертизу, держали в 4-м отделении. А в соседних отделениях сидели маньяки и «косившие» под них зэка, в основном, чтобы избежать «вышки». Потому как при всех других раскладах в тюрьме и лагере лучше, чем в спецпсихбольнице.

Свердловская пересылка. СИЗО № 1. Свердловка считалась самой страшной пересылкой в СССР. Мне там было неплохо, хоть меня и посадили на 32-й пост – для приговоренных к расстрелу. А, может, было неплохо как раз и поэтому. Не расстреляли же, в конце концов.

Внутри «столыпина». Я ехал с комфортом – в «тройнике», спецэтапом. Обычно же конвой набивает в каждое купе человек по двадцать, так что сидят, прижавшись друг к другу. И спят сидя. Лежат в «столыпине» только загнанные под полки «петухи» – изнасилованные зэка. Их жизнь страшнее ада.

Тобольская спецтюрьма, транзитное крыло. Тобольская СТ 2 считалась страшной тюрьмой: здесь держали особо опасных заключенных, здесь же их и расстреливали. Я провел там неделю без особых приключений. Холодно, правда, было ужасно.

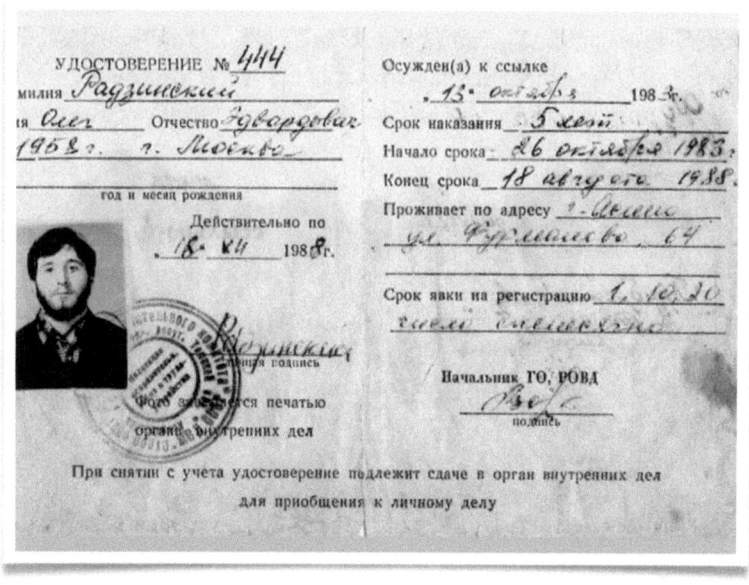

Удостоверение ссыльного № 444. Такие удостоверения являлись единственным документом ссыльных, и ссыльные могли передвигаться только в пределах назначенного им места отбывания наказания в виде ссылки. Его нужно было носить с собой постоянно. Я сохранил это удостоверение до самого конца и увез с собой. Оно до сих пор у меня. На всякий случай. Если кто спросит – предъявлю.

Поселок Большой Кордон Асиновского района Томской области. Это фото я нашел в Интернете. Когда я отбывал ссылку в этих местах, никаких указателей на дороге не было. Потому что кому надо и так знал, как туда доехать. А кто не знал, тому туда и не надо.

Лесоповал. Верхний склад: подготовка стволов и трелевка. На верхнем снимке видна фигура сучкоруба с топором. Внизу — фигуры людей, идущих за трелевочным трактором. Вот так ходил и я после того, как прикреплял «обмот» — обмотанные тросами бревна к трактору. У нас таких больших тракторов не было: были поменьше. Остальное то же самое: тайга, поваленные стволы, люди в снегу.

К сожалению, у меня нет фотографий Алёны того периода, это фото сделано через два года после ее приезда ко мне в ссылку, в 1985 г.

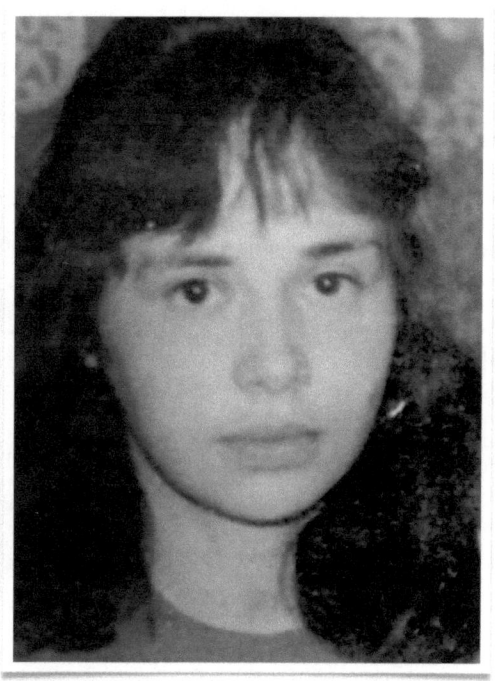

Когда я попросил Алену прислать мне свои фотографии того времени для книги, она прислала эту, сделанную в 2017 году, с надписью: «Малыш, забудь ты свою Сибирь. Лучше посмотри, как я загорела в Пуэрто Рико». Некоторые люди не меняются. И слава Богу.

Перемены эти доходили до меня отголосками – статьями в газетах, напечатанными книгами, намеками в письмах из Москвы. И тем не менее я чувствовал, что что-то меняется, что-то разлаживается. В марте 1985-го умершего Черненко сменил Горбачев.

Асиновский леспромкомбинат – сортировка по комлю. Сортировка – унылая работа. Главное – не пропустить свой ствол, вовремя поддеть его багром или ломом и при этом не надорваться. Не надорваться у меня не получилось.

Мой дом на улице Фурманова в Асине. Я жил в этом доме один. Хотя нет: со мной жило множество мышей, копошившихся под полом по ночам. Днем они старались не попадаться мне на глаза, а я – им. В общем, жили мы мирно.

Декабрь 1985 г., Асино. Эту фотографию сделал Коля Бакакин: меня только как три дня выписали из больницы. Вернувшись, я обнаружил в сенях замерзшего котенка. Котенок по кличке Полосатик потом жил у моей мамы в Москве. Уезжая в Америку в 1988 г., она отдала его своей подруге Элле Юсфиной.

Михаил Горбачев и Роналд Рейган в Рейкъявике. Октябрь 1986 г. На знаменитом саммите эти двое и договорились: освободить советских диссидентов в обмен на неразмещение Америкой ракет «Першинг» в Европе. Среди освобожденных диссидентов оказался и я. Так я стал частью большой политики. Кто б мог подумать.

Алёна с нашим «мальчиком» – дочкой Машей в первое лето в Америке. 1987 год.

Второе лето в Америке, Машин день рождения на даче в Касткильских горах. Маша – 4 года, крайняя слева (с бантом). Алена (на переднем плане) и, только как три дня назад приехавшая в Нью-Йорк мама, выкрасившаяся в медно-рыжий цвет. Счастливое несоветское детство. Алена уже ушла от меня, но мы остались друзьями. На всю жизнь. 1988 г.

И взрослая Маша
через тридцать лет
со своей дочкой Софи.
2017 г.

Колумбийский университет. Нью-Йорк. Моя вторая Alma Mater.

Декан Алфред Степан вручает мне диплом Магистра Колумбийского
Университета. Теперь открыты все пути… 1990 г.

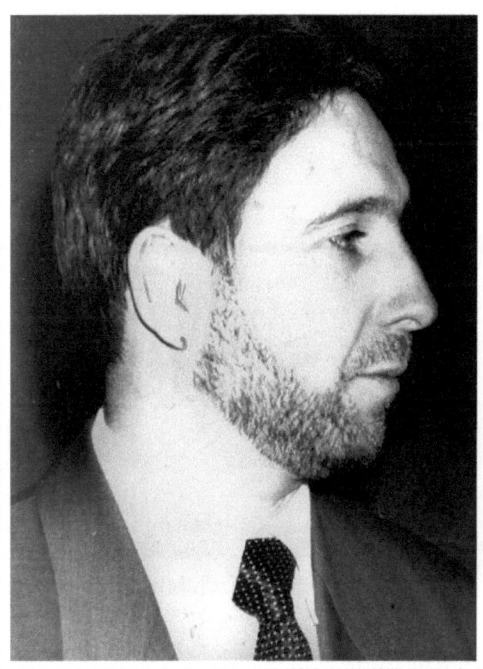

И вот – уже инвестиционный банкир. То есть, конечно, делаю вид, что банкир…

Самолет, на котором я отправился вглубь Гайаны.
О чём я думал? Как обычно – ни о чём.

Плато Рораима – «затерянный мир» Конан-Дойля.

Под крылом самолета: пилот, автор и Раф Свенски.

Наш лагерь на Вака-Вака-пу: индеец-проводник Ллойд, автор, Джо Коэн, Бад Рамчаран, Раф Свенски. В джунглях, как в тайге, все время какие-то звуки: что-то трещит, урчит, ломается. Правда в тайге по утрам не кричали обезьяны.

Моем золото: проверка содержания золотого песка в аллювиальном месторождении. Бад Рамчаран, автор, Раф Свенски, Ллойд. И чего я вернулся в Нью-Йорк?

Я заболел малярией и вскоре, когда дело приняло серьёзный оборот, мои спутники отвезли меня на лодке в индейский посёлок племени Патамуна. Я провалялся здесь две недели в малярийном бреду. Всё, что помню, девочку, поившую меня отваром из хинина и самогоном-ромом. Хорошие были времена.

Малярия. Я лежу еще в лагере на Вака-вака-пу.

# В издательстве BAbook вышли книги

| | |
|---|---|
| **Борис Акунин** | Серия «ПРИКЛЮЧЕНИЯ ЭРАСТА ФАНДОРИНА» с расшифровками |
| | Серия «ПРОВИНЦІАЛЬНЫЙ ДЕТЕКТИВЪ» |
| | «ИСТОРИЯ РОССИЙСКОГО ГОСУДАРСТВА» в 10 томах |
| | «ЛЕГО» |
| | «СКАЗКИ СТАРОГО, НОВОГО И ИНОГО СВЕТА» |
| | «МОЙ КАЛЕНДАРЬ» |
| | «ГОД КАК ХОККУ» |
| | ИНТЕЛЛЕКТУАЛЬНЫЕ АНЕКДОТЫ, собранные и прокомментированные Борисом Акуниным |
| | «МОСКВА–СИНЬЦЗИН» |
| | «ПРОСНИСЬ!» |
| | «ЗЛАТАЯ ЦЕПЬ НА ДУБЕ ТОМ» |
| | «ДВА ДАО» |
| **Акунин-Чхартишвили** | Серия «СЕМЕЙНЫЙ АЛЬБОМ» |
| **Анна Борисова** | «ТАМ…», «КРЕАТИВЩИК», «VREMENA GODA» |

| | |
|---|---|
| **Роман Баданин, Михаил Рубин** | «ЦАРЬ СОБСТВЕННОЙ ПЕРСОНОЙ» |
| **Андрей Кураев** | «МИФОЛОГИЯ РУССКИХ ВОЙН» (в 2-х томах), «СВЯЩЕННЫЕ ВОЙНЫ ПРАВОСЛАВНОГО МИРА» |
| **Андрей Макаревич** | «РАССКАЗЫ», «РАССКАЗЫ И СКАЗКИ», «ПОВЕСТИ. Книга 1», «ПОВЕСТИ. Книга 2» |
| **Олег Радзинский** | «ПОКАЯННЫЕ ДНИ» |
| **Михаил Шишкин** | «МОИ. ЭССЕ О РУССКОЙ ЛИТЕРАТУРЕ», «ВЕНЕРИН ВОЛОС», «ВЗЯТИЕ ИЗМАИЛА», «ЗАПИСКИ ЛАРИОНОВА», «ПИСЬМОВНИК» |
| **Евгений Фельдман** | «МЕЧТАТЕЛИ ПРОТИВ КОСМОНАВТОВ» |

https://babook.org/